国家"双一流"建设学科
辽宁大学应用经济学系列丛书

学术系列

总主编◎林木西

中国人口城市化水平与质量协调发展研究

Study on the Coordinated Development of
Population Urbanization Level and Quality in China

宋丽敏 著

中国财经出版传媒集团
经济科学出版社
Economic Science Press

图书在版编目（CIP）数据

中国人口城市化水平与质量协调发展研究/宋丽敏著.
—北京：经济科学出版社，2020.7
（辽宁大学应用经济学系列丛书.学术系列）
ISBN 978 - 7 - 5218 - 1718 - 8

Ⅰ.①中…　Ⅱ.①宋…　Ⅲ.①城市人口 - 人口质量 -
研究 - 中国　Ⅳ.①C924.24

中国版本图书馆 CIP 数据核字（2020）第 126436 号

责任编辑：刘战兵
责任校对：杨晓莹
责任印制：李　鹏　范　艳

中国人口城市化水平与质量协调发展研究

宋丽敏　著

经济科学出版社出版、发行　新华书店经销
社址：北京市海淀区阜成路甲 28 号　邮编：100142
总编部电话：010 - 88191217　发行部电话：010 - 88191522
网址：www.esp.com.cn
电子邮箱：esp@ esp. com. cn
天猫网店：经济科学出版社旗舰店
网址：http://jjkxcbs. tmall. com
北京季蜂印刷有限公司印装
710 × 1000　16 开　21.25 印张　300000 字
2021 年 2 月第 1 版　2021 年 2 月第 1 次印刷
ISBN 978 - 7 - 5218 - 1718 - 8　定价：85.00 元
（图书出现印装问题，本社负责调换。电话：010 - 88191510）
（版权所有　侵权必究　打击盗版　举报热线：010 - 88191661
QQ：2242791300　营销中心电话：010 - 88191537
电子邮箱：dbts@ esp. com. cn）

国家社科基金青年项目"中国人口城市化水平与质量协调发展研究"（13CJL047）

辽宁社科基金重点项目"东北地区人口流动与经济发展协同演化机制研究"（L19ARK001）

辽宁省教育厅一般项目"辽宁省人口趋势变动及均衡发展战略研究"（LJC201932）

辽宁省社科联一般项目"辽宁省人口发展关键问题及应对策略研究"（2021lslybkt–059）研究成果

总　序

　　本丛书为国家"双一流"建设学科"辽宁大学应用经济学"系列丛书，也是我主编的第三套系列丛书。前两套系列丛书出版后，总体看效果还可以：第一套是《国民经济学系列丛书》（2005年至今已出版13部），2011年被列入"十二五"国家重点出版物出版规划项目；第二套是《东北老工业基地全面振兴系列丛书》（共10部），在列入"十二五"国家重点出版物出版规划项目的同时，还被确定为2011年"十二五"规划400种精品项目（社科与人文科学155种），围绕这两套系列丛书取得了一系列成果，获得了一些奖项。

　　主编系列丛书从某种意义上说是"打造概念"。比如说第一套系列丛书也是全国第一套国民经济学系列丛书，主要为辽宁大学国民经济学国家重点学科"树立形象"；第二套则是在辽宁大学连续主持国家社会科学基金"八五"至"十一五"重大（点）项目，围绕东北（辽宁）老工业基地调整改造和全面振兴进行系统研究和滚动研究的基础上持续进行探索的结果，为促进我校区域经济学学科建设、服务地方经济社会发展做出贡献。在这一过程中，既出成果也带队伍、建平台、组团队，使得我校应用经济学学科建设不断跃上新台阶。

　　主编这套系列丛书旨在使辽宁大学应用经济学学科建设有一个更大的发展。辽宁大学应用经济学学科的历史说长不长、说短不短。早在1958年建校伊始，便设立了经济系、财政系、计统系等9个系，其中经济系由原东北财经学院的工业经济、农业经济、贸易经济三系合成，财税系和计统系即原东北财经学院的财信系、计统系。1959年院系调整，将经济系留在沈阳的辽宁大学，将财政系、计统系迁到大连组建辽宁财经学院（即现东北财经大学前身），将工业经济、农业经济、贸易经济三个专业的学生培养到毕业为止。由此形成了辽宁大学重点发展理论经济学（主要是政治经济学）、辽宁财经学院重点发展应用经济学的大体格局。实际上，后来辽宁大学也发展了应用经济学，东北财经大学也发展了理论经济学，发展得都不错。1978 年，辽宁大学恢复招收工业经济本科生，1980 年受人民银行总行委托、经教育部批准开始招收国际金融本科生，1984 年辽宁大学在全国第一批成立了经济管理学院，增设计划统计、会计、保险、投资经济、国际贸易等本科专业。到 20 世纪 90 年代中期，辽宁大学已有西方经济学、世界经济、国民经济计划与管理、国际金融、工业经济等 5 个二级学科博士点，当时在全国同类院校似不多见。1998 年，建立国家重点教学基地"辽宁大学国家经济学基础人才培养基地"。2000 年，获批建设第二批教育部人文社会科学重点研究基地"辽宁大学比较经济体制研究中心"（2010 年经教育部社会科学司批准更名为"转型国家经济政治研究中心"）；同年，在理论经济学一级学科博士点评审中名列全国第一。2003 年，在应用经济学一级学科博士点评审中并列全国第一。2010 年，新增金融、应用统计、税务、国际商务、保险等全国首批应用经济学类专业学位硕士点；2011 年，获全国第一批统计学一级学科博士点，从而实现经济学、统计学一级学科博士点"大满贯"。

在二级学科重点学科建设方面，1984 年，外国经济思想史（即后来的西方经济学）和政治经济学被评为省级重点学科；1995 年，西方经济学被评为省级重点学科，国民经济管理被确定为省级重点扶持学科；1997 年，西方经济学、国际经济学、国民经济管理被评为省级重点学科和重点扶持学科；2002 年、2007 年国民经济学、世界经济连续两届被评为国家重点学科；2007 年，金融学被评为国家重点学科。

在应用经济学一级学科重点学科建设方面，2017 年 9 月被教育部、财政部、国家发展和改革委员会确定为国家"双一流"建设学科，成为东北地区唯一一个经济学科国家"双一流"建设学科。这是我校继

1997 年成为"211"工程重点建设高校 20 年之后学科建设的又一次重大跨越，也是辽宁大学经济学科三代人共同努力的结果。此前，2008年被评为第一批一级学科省级重点学科，2009 年被确定为辽宁省"提升高等学校核心竞争力特色学科建设工程"高水平重点学科，2014 年被确定为辽宁省一流特色学科第一层次学科，2016 年被辽宁省人民政府确定为省一流学科。

在"211 工程"建设方面，在"九五"立项的重点学科建设项目是"国民经济学与城市发展"和"世界经济与金融"，"十五"立项的重点学科建设项目是"辽宁城市经济"，"211 工程"三期立项的重点学科建设项目是"东北老工业基地全面振兴"和"金融可持续协调发展理论与政策"，基本上是围绕国家重点学科和省级重点学科而展开的。

经过多年的积淀与发展，辽宁大学应用经济学、理论经济学、统计学"三箭齐发"，国民经济学、世界经济、金融学国家重点学科"率先突破"，由"万人计划"领军人才、长江学者特聘教授领衔，中青年学术骨干梯次跟进，形成了一大批高水平的学术成果，培养出一批又一批优秀人才，多次获得国家级教学和科研奖励，在服务东北老工业基地全面振兴等方面做出了积极贡献。

编写这套《辽宁大学应用经济学系列丛书》主要有三个目的：

一是促进应用经济学一流学科全面发展。以往辽宁大学应用经济学主要依托国民经济学和金融学国家重点学科和省级重点学科进行建设，取得了重要进展。这个"特色发展"的总体思路无疑是正确的。进入"十三五"时期，根据"双一流"建设需要，本学科确定了"区域经济学、产业经济学与东北振兴""世界经济、国际贸易学与东北亚合作""国民经济学与地方政府创新""金融学、财政学与区域发展"和"政治经济学与理论创新"等五个学科方向。其目标是到 2020 年，努力将本学科建设成为立足于东北经济社会发展、为东北振兴和东北亚区域合作做出应有贡献的一流学科。因此，本套丛书旨在为实现这一目标提供更大的平台支持。

二是加快培养中青年骨干教师茁壮成长。目前，本学科已形成包括长江学者特聘教授、国家高层次人才特殊支持计划领军人才、全国先进工作者、"万人计划"教学名师、"万人计划"哲学社会科学领军人才、国务院学位委员会学科评议组成员、全国专业学位研究生教育指导委员会委员、文化名家暨"四个一批"人才、国家"百千万"人才工程入选者、国家级教学名师、全国模范教师、全国优秀教师、教育部新世纪优秀人才、教育部高等学校教学指导委员会主任委员和委员、国家社会科学基金重大项目首席专家等在内的学科团队。本丛书设学术、青年学者、教材、智库四个子系列,重点出版中青年教师的学术著作,带动他们尽快脱颖而出,力争早日担纲学科建设。

三是在新时代东北全面振兴、全方位振兴中做出更大贡献。面对新形势、新任务、新考验,我们力争提供更多具有原创性的科研成果、具有较大影响的教学改革成果、具有更高决策咨询价值的智库成果。丛书的部分成果为中国智库索引来源智库"辽宁大学东北振兴研究中心"和"辽宁省东北地区面向东北亚区域开放协同创新中心"及省级重点新型智库研究成果,部分成果为国家社会科学基金项目、国家自然科学基金项目、教育部人文社会科学研究项目和其他省部级重点科研项目阶段研究成果,部分成果为财政部"十三五"规划教材,这些为东北振兴提供了有力的理论支撑和智力支持。

这套系列丛书的出版,得到了辽宁大学党委书记周浩波、校长潘一山和中国财经出版传媒集团副总经理吕萍的大力支持。在丛书出版之际,谨向所有关心支持辽宁大学应用经济学建设与发展的各界朋友,向辛勤付出的学科团队成员表示衷心感谢!

林木西

2019 年 10 月

城市化是现代文明进程的重要标志之一，也是深刻影响我国经济社会发展的重大社会现象，其本质是城市生活方式的扩张和普及，是人类现代化的过程和结果。城市化的核心要义是人口向城市集聚，最终实现农民市民化。我国正处于全面建设小康社会的关键时期，统筹兼顾、缩小差距和改善民生是现阶段社会经济发展的基本目标，城市化有利于扩大消费需求，优化产业结构，平衡城乡关系，是建设小康社会和城乡统筹发展的重要推动力。城市化即生产要素由农村向城市转移的系统演化过程，其中具有核心性质的人口城市化目前存在明显的质与量不匹配现象，表现为高速度、低效率、强制增长等特征，形成了"半城市化""双轨制城市化"甚至是"伪城市化"现象。构建人口城市化水平与质量协调发展的理论分析框架与检验标准，正确判定人口城市化"质"与"量"的协调性，明确人口城市化的发展目标与方向，建立"量质权衡"的人口城市化实现机制，对于中国未来的经济发展与社会和谐至关重要，极具理论和现实意义。

一、本书主要内容

本书立足于人口城市化水平与质量非均衡发展的"现实背景"，提炼出二者协调统一的"理论框架"，依据理论框架构建"数理模型"，针对数理模型设计具体"检验标准"，依据检验标准进行"理论检验"，在理论检验的基础上进行"经验概括"并得出"相关结论"，在研究结论基础上依据中国经济社会现实条件，提出"对策建议"。研究内容主要概括为"两翼、一主线、一载体、四模型、四标准、两目标、三效应、六机制、六路径"。本书立足于社会经济发展阶段，以人口城市化水平与质量为"两翼"，以人口城市化"量质权衡"为"主线"，以农村迁移劳动力为"载体"构建人口城市化水平与质量协调发展"四模型"；以适度性、包容性、协调性和稳定性为检验"四标准"，以城乡一体化、产业结构合理化、基本公共服务均等化、城市持续发展健康化和农村流动人口市民化为"五目标"，检验适度人口城市化的社会经济发展"三效应"，确立人口城市化水平与质量协调发展的"六机制"和"六路径"。

本书共由七部分内容构成。第一章是绪论，概述了研究背景和意义、研究主线和内容、主要创新点和贡献。第二章从经济发展水平、工业化进程、农村劳动力迁移、城乡差距测度补偿等方面提炼了人口城市化水平与质量"四大协调理论"，构建了人口城市化水平与质量协调发展理论分析框架。在此基础上，第三章从经济增长水平、二元经济结构、人口迁移决策和社会福利差异"四大现实背景"出发，构建了人口城市化水平与质量协调发展"四大理论模型"。第四章界定了人口城市化水平与质量检验标准，构造了人口城市化水平与质量两大综合指数，并对二者关系进行了协调性检验。第五章采用计量分析方法检验了人口城市化的生产效率提升、产业结构优化和城乡收入差距调节"三大经济效应"。第六章和第七章则依据人口经济现实条件确定了人口城市化水平与质量协调发展的总体框架、战略目标、实现机制及对策建议，提出了消除体制障碍构建均等共享市民化社会、实现城乡平衡发展的总体构想。

二、本书创新之处

（一）构建了人口城市化水平与质量协调发展多维互动理论分析框架

本书利用多学科分析范式，构建了人口城市化水平与质量协调发展的多维互动理论分析框架，提出了人口城市化发展应立足于社会经济发展阶段、城乡福利差异适度补偿实现城乡平衡发展等理论观点。以往关于人口城市化质量的研究缺乏多维度协同演化规律分析，更缺乏多学科的交叉与融合。本书立足于我国经济社会发展阶段及现实背景，从人口学、经济学和社会学角度构建人口城市化水平与质量关系理论分析框架，不仅丰富了人口城市化理论，而且为解决人口城市化的现实问题提供了新的视角。第一，立足于"人口城市化与经济发展协调理论"，借鉴发达国家成功经验，从经济增长水平、工业化进程等角度提出人口城市化发展应立足于社会经济发展阶段的理论观点。人口城市化与社会经济发展水平具有内在逻辑关系，人口城市化对社会经济发展阶段（二元结构、工业化与人口转变）存在路径依赖。经济社会发展具有阶段性，不同阶段城市化水平与质量具有不同的发展关系，在推进城市化过程中必须高度注意发展的阶段性。第二，立足于"城乡福利差异测度与补偿理论"，提出了城乡二元福利差理论观点，揭示了城乡经济福利分配差距的内在成因和现实表现，为通过城乡社会保障收入再分配调整初次经济福利分配失衡提供了理论依据。城乡二元福利差是在二元经济结构条件下，初次分配存在的经济福利差异，是从产业分工层次角度出发，衡量工农业经济在偏斜运行过程中，劳动主体从事第一产业和第二、第三产业活动存在的历史性福利差距。城乡二元福利差为国家运用财政税收、社会保障等收入再分配手段，按照养老生命周期对应补偿农民经济福利历史亏欠，实现城乡平衡发展提供了内在的理论依据和参考标准。

（二）形成人口城市化水平与质量研究的定量模型体系

本书立足于多学科理论分析框架，形成了人口城市化水平与质量研究的定量模型体系，拓宽了计量分析方法在人口城市化领域的实践应用。本书立足于人口城市化水平与质量理论分析框架，从经济增长水平、二元经济结构、人口迁移决策和社会福利差异"四大现实背景"出发，构建了人口城市化水平与质量协调发展"四大理论模型"。本书改进了托达罗模型，构建了附加福利因素的农村劳动力迁移决策模型。以往研究仅将城乡收入差异与就业概率作为农村劳动力迁移决策的主要依据，本书整合托达罗模型、推拉人口迁移理论，从经济学和人口学角度引入福利水平、社会认同等变量研究农村劳动力的迁移决策行为，并采用全国流动人口动态监测数据对模型进行检验。本书发展了二元经济模型，构建了城乡二元福利差测度模型。以往研究多用"比较劳动生产率""二元生产率对比系数"分析二元经济的异质化程度及劳动主体福利差别问题，本书依据"劳动公平"原则将"均衡状态"作为经济福利分配标准，构建"二元福利差数理模型"，以此来检验人口城市化水平与质量的协调程度。本书应用钱纳里模型，构建了人口城市化与经济增长联动模型，从人口城市化与经济增长互动关系出发，构建了单因素分析模型与多因素互动模型，考察了经济增长对城市化的拉动效应以及城市化对经济增长的推动作用。本书整合了差距测度指标，构建了城乡差距综合指数模型，从收入差距、养老保障、医疗服务、教育水平四个维度构造城乡差距分类指数，同时采用熵值法确定权重，综合得出城乡差距综合指数，并进行地区间横向类比和纵向趋势分析。

（三）检验了人口城市化水平与质量的协调性标准

本书通过人口城市化水平与质量检验标准的合理界定，构造了人口城市化水平与质量两大综合指数，并利用协调度模型确定了影响二者协调关系的核心要素。本书以"四大理论模型"为核心，确立了人口城市化水平与质量协调的"四个理论标准"：适度性，即人口城市化水平与经济增长速度、工业化进程和人口转变相适应；包容性，即乡城迁移人口在城市中应获得均等的生存与发展机会，主要体现在公共服务、福利制度和社会认同等方面；协调性，即人口城市化进程中应实现城乡协调发展、人口与资源环境的协调互生；稳定性，即农村迁移劳动力在城市应实现就业稳定、家庭完整、社会网络关系固定。依据理论标准和现实数据构造城市化水平和城市化质量"两个指数"，并采用协调度模型测算人口城市化水平与质量的协调程度及主要影响因素，人口城市化质量的测量维度根据重要程度依次划分为经济发展水平、生态环境治理水平、公共服务水平和生活质量水平四个维度。

（四）测算了人口城市化水平与质量协调发展的社会经济效应

本书依据随机效应模型、空间计量分析和协整回归结果，检验人口城市化的生产效率提升、产业结构优化和城乡收入差距调节"三大效应"，明确人口城市化水平与质量的协调发展方向。本书以 DEA－Malmquist 指数模型测算的全要素生产率水平为自变量，以城市化率为因变量，构建"城市化效率随机效应模型"，发现城市化水平的提升实现了农村劳动力资源的合理配置，提高了全要素生产率水平；以空间计量分析为基础，构建"产业结构升级效应模型"，利用 Moran's I 指数检验区域产业结构升级的空间自相关性，判定地区经济发展是否存在极其稳健的空间依赖关系。本书采用距离权重空间杜宾模型（SDM）测算人口城市化对产业结构升级产生的效应，通过直接效应、间接效应及总效应分解，发现人口城市化不仅对本地区产业结构升级具有明显促进效应，而且对周边地区产业结构升级也具有显著的正向促进与溢出效应；以泰尔指数为因变量，以人均国内生产总值、城市化率、工业化率、城乡二元对比系数、财政支出结构、城乡医疗保健支出比、城乡人均文教支出、娱乐及服务支出比为自变量构建"收入效应回归模型"，发现城市化水平的提升对城乡差距收敛没有显著影响。

（五）确定了人口城市化水平与质量协调发展的战略目标及实现机制

本书依据人口经济现实条件和实证分析结果，确定了人口城市化水平与质量协调发展的基本框架、战略目标、实现机制，提出了消除体制障碍构建均等共享市民化社会、实现城乡平衡发展的总体构想。本书在人口城市化水平与质量协调发展标准检验基础上，依据人口、经济和社会发展趋势对我国未来人口城市化进行阶段划分、目标定位及战略设计等，明确人口城市化的发展方向和战略重点。人口城市化水平与质量协同目标设计需要科学发展理念支撑，一方面要充分认识与发达国家的现实差距及区域差异，因地制宜，循序渐进，另一方面要切实尊重经济发展规律和人本思想，破除各种壁垒，创新制度体系，实现人口、资源与环境的协调发展。本书从前瞻性角度出发，将人口城市化划分为水平与质量失衡补偿、调试发展与同步适度"三个发展阶段"，通过个人自主性发展、中介需求满足、制度改革保障、市民身份认同等发展路径，最终实现城乡一体化、产业结构合理化、公共服务均等化、城市持续发展健康化和农村流动人口市民化"五大战略目标"。同时，从人口城市化水平与质量协调发展的关键因素出发进行发展战略设计，确立经济增长方式转变、城市体系功能定位、产业结构优化、人力资本提升、社会福利补偿和市民身份认同"六大实现机制"。

城市化既是理论问题，又是实践问题。本书以科学的态度审视中国人口城市化发展的理论依据和依赖路径，构建人口城市化水平与质量协调发展的分析框架与检验标准，正确判定人口城市化"质"与"量"的协调性，明确了人口城市化的发展目标与方向，建立了"量质权衡"的人口城市化实现机制，对于中国未来的经济发展与社会稳定具有重要学术和应用价值。

本书采用多学科分析范式，确立了人口城市化水平与质量协调发展的理论分析框架，构建了高质量城市化定量模型体系，有利于城市化理论的丰富和发展。本书利用多学科交叉融合的逻辑思维与研究方法，对人口城市化水平与质量协调发展理论进行系统的梳理，建立人口城市化与经济增长、产业结构、收入差距和福利水平的互动模型，检验人口城市化水平与质量的协调程度及社会经济效应，对于人口与经济发展理论研究具有重要的参考价值。

本书系统概括了我国城市化发展规律的特殊性，区分了与西方国家城市化在现实基础、影响因素、动力结构和资源禀赋等方面的本质差异，用理性、科学的方法研究总结了城市化发展规律，依据人口经济现实条件，探索了人口城市化水平与质量互动关系的内在机理及影响路径，确立了人口城市化水平与质量协调发展的战略方向、目标及路径，对于充分发挥城市化"稳增长、调结构、惠民生"的核心功能、破解经济下行与结构调整的双重压力、推动经济生产方式由粗放式向集约式转变、改善民生福利水平、全面振兴经济与提升城市化质量具有重要的指导意义和应用价值。

目　录

第一章

绪　　论

城市是文化的容器，是人类记忆的表现地，也是经济社会发展的根本动力，更是社会非农生产方式和生活方式的价值创造地。城市化是现代文明进步的重要标志，亦是深刻影响经济社会发展的重大社会现象，其本质是城市生活方式的扩张和普及，是人类现代化的过程和结果。城市化的核心要义是人口向城市集聚，最终实现农民市民化。

第一节　选题背景及意义

城市化是继工业化之后拉动经济社会发展最强大的力量。城市化是指在一个国家或地区总人口中，城镇人口比例不断提高、农村人口比例不断降低的过程，也可以说是非农业人口比例不断提高、农业人口比例不断减少的过程。

我国正处于全面建设小康社会的关键时期，统筹兼顾、缩小差距和改善民生是现阶段社会经济发展的基本目标。城市化是现代化的必由之路，健康持续的城市化有利于释放消费需求的巨大潜力，有利于产业结构优化升级，有利于规模效率显著提升，有利于消除城乡二元经济结构特征，有利于实现社会公平正义。城市化是扩大内需的最大潜力，是经济增长的巨大引擎，是建设小康社会和城乡统筹发展的重要推动力。积极稳妥地推进城市化是解决"三农"问题的重大举措，是实现城乡均衡发展的根本途径，对于经济全面振兴和社会协同发展具有重大现实意义和深远历史意义。

一、选题背景

城市化是各种生产要素由乡村向城市集中的系统演化过程，是人口、经济、社会、环境和生态多个维度重新融合和优化调整的过程。城市的经济活力、先进技术、文明理念和现代生活方式对农村人口产生强大的虹吸效应。城市化是一个复杂的系统工程，也是一个多样态、混合型的动态变迁过程。城市是一个多支点的非平衡系统，内部存在错综复杂的矛盾关系，在社会变迁中不断形成新要素和非平衡的新支点，从而引发新的社会与经济问题。

人口城市化包含水平与质量两个维度，其中人口城市化质量是城市化持续高速发展的重要保证。中国作为世界第二经济体和第一人口大国，具有强劲创新动力，但是规模如此之大的人口城乡迁徙，在人类发展史上没有先例。我国人口城市化过程与发达国家相比有一定的独特性，其发展并非一帆风顺，在历史的跌宕中呈现出非规律性。城市化是社会压力释放与矛盾整合嬗变的过程。目前我国人口城市化正处于高速发展的关键阶段，存在明显的质与量不匹配现象，表现为高速度、低效率、强制增长等特征，形成了"半城市化""双轨制城市化"甚至是"伪城市化"现象。在社会转型变革、经济快速发展的现实背景下，这种人口城市化水平与质量的不适应难免会造成堕距现象，即物质发展的速度远超意识与制度完善的速度，从而产生了一系列社会经济问题。

首先，农民工在城市化进程中未能获得平等市民待遇，产生了社会不稳定因素。快速城市化会在建立新秩序之前引发周期震荡和混沌行为，社会经济结构失衡，文化也出现断裂特征。城市中存在身份迥异的两类人群：城市市民和农村进城务工人员。区域之间、城乡之间甚至是城市内部街角之间存在或大或小的"区域性结构空洞"，成为充斥矛盾冲突的"社会角落"，农民工身在其中，沦落为被人遗忘和忽视的社会群体。他们在城市中无法获得平等的市民待遇，主要表现为：工资收入水平较低，就业缺乏稳定性，多数从事高危或低端服务行业；养老、医疗、失业和工伤保险参保率较低，游离于城乡社会保障体系之间；城市居住环境较差，居住区位边缘化。这种"非同城待遇"会导致部分农民工的就业需求不能得到有效满足，丧失生活的自信，诱发妒忌或仇视心理，造成社会动荡。

其次，城市化会导致城乡经济发展失衡，与消除二元经济结构、实现城乡共同富裕的发展目标产生偏差。聚集经济和规模经济为城市发展带来了效率和消费的优势，降低了运输成本，加快了知识共享和技术外溢，极大地促进了城镇的快速繁荣和发展。但是，城市系统的效率提升可能导致城乡之间劳动生产率和收入水平显著的不平等。农村青壮年劳动力不断涌向城镇，增加了城市发展的活力和经济增长的动力，但同时却削减了农村的年龄结构优势，出现了人口老龄化城乡倒挂现象，部分偏远地区人口流失严重，留存的多数是年迈体弱、丧失劳动能力的农村人口，乡村的土地利用效率出现下降，社会经济功能趋于退化，失去了盎然生机，城乡发展出现了严重失衡。

此外，人口过度无序集聚会产生交通拥堵、环境污染等"城市病"，影响城市居民生活质量。一些大城市拥有良好的区位优势和禀赋条件，吸引了大量流动人口留居生活，人口数量达到了资源环境承载极限，"城市病"不断滋生，市区内交通拥堵，空气质量下降，资源供给紧张，严重影响了城市生活质量。还有部分地区城镇发展缺乏产业支撑，城镇体系与产业布局不够合理，城镇综合管理水平较低，基本公共服务供给能力明显不足，也在一定程度上造成了城市居民生活不便和资源过度消耗。同时，不发达地区的城镇化速度相对缓慢，经济增长方式粗放，资源存在过度消耗，环境遭到一定程度破坏，生态系统面临严重危机。

因此，实现人口城市化水平与质量协调发展，即二者之间达到一种相互适应的状态，在政治、经济、文化、社会和生态各个层面都达到平衡、匹配甚至是契合状态，在更高的层次上实现经济与社会的共同发展，是我国未来一段时期内的重点任务和发展目标。基于人口与经济发展现实条件，系统研究人口城市化水平与质量的协同性，确立未来城市化发展的阶段及目标，适时同步提高城市化的"量"和"质"，实现健康持续稳定的人口城市化是当前需要面对的重大现实问题。

二、选题意义

城市化既是理论问题，又是实践问题。以科学的态度审视中国人口城市化发展的理论依据和依赖路径，构建人口城市化水平与质量协调发展的分析框架与检验标准，正确判定人口城市化"质"与"量"的协调性，明确人口城市化的发展目标与方向，建立"量质权衡"的人口城市化实现机制，对于中国未来的经济发展与社会和谐至关重要，极具理论和现实意义。

采用多学科分析范式，确立人口城市化水平与质量协调发展的理论分析框架，构建高质量城市化定量模型体系，有利于城市化理论的丰富和发展。利用多学科交叉融合的逻辑思维与研究方法，对人口城市化水平与质量协调发展理论进行系统的梳理，建立人口城市化与经济增长、产业结构、收入差距和福利水平的互动模型，检验人口城市化水平与质量的协调程度及社会经济效应，对于人口与经济发展理论研究具有重要的参考价值。

在供给侧改革背景下，我国正在经历经济转型与结构调整的阵痛，深层次矛盾凸显，长期性结构不合理现象日益突出，经济增长速度有所放缓。充分认识我国城市化发展规律的特殊性，区分与西方国家城市化在现实基础、影响因素，动力结构和资源禀赋等方面的本质差异，用理性、科学方法来研究总结城市化发展规律，依据人口经济现实条件，探索人口城市化水平与质量互动关系的内在机理及影响路径，确立人口城市化水平与质量协调发展的战略方向、目标及路径，充分发挥城镇化"稳增长、调结构、惠民生"的核心功能，破解经济下行与结构调整的双重压力，推动经济生产方式由粗放式向集约式转变，改善民生福利水平，对于中国不同经济发展区域和不同历史阶段的新型城镇化建设、经济全面振兴与城市化质量提升具有重要的指导意义和应用价值。

第二节 国内外研究综述

城市化研究涉及人口学、经济学、管理学、社会学等多个学科领域，成果丰硕，体系完整。由于所处区域、研究背景和分析视角的差异，现有人口城市化水平与质量的研究成果呈现多样化。

一、人口城市化水平及发展目标

（一）关于人口城市化现实水平的研究

陈金永（Chan Kam Wing，2009）认为我国城市人口统计中包括了一部分农村户籍人口，因此我国城市化率被高估了 10%[1]；熊俊（2009）选用以购买力平价计算的人均 GNI 经济指标，确立了由 29 个与中国发展水平相近国家（不含中国）的城市化率的加权平均数作为中国城市化水平国际比较的基准，发现中国现阶段的城市化水平介于"略微滞后"和"严重滞后"之间，为比较严重地滞后[2]。李力行（2010）发现从城镇人口比重角度看，2009 年我国城市化水平低于同等经济发展水平国家近 9 个百分点，从工业化和城市化协调角度看，中国城市化水平落后于工业化水平 10 个百分点左右；张妍等（2010）对照钱纳里标准得到 2008 年中国城市化水平为 53.88%，与实际数值

---

① Chan K W, Urbanization in China：what is the true urban population of China? Which is the largest city in China. *Unpublished memo*，Vol. 5，2009，pp. 32 – 38.

② 熊俊：《对中国城市化水平国际比较中若干问题的探讨——兼论中国城市化水平的滞后性》，载《中国人口科学》2009 年第 6 期，第 32~40 页、第 111 页。

45.68%相差8个百分点，表明中国城市化水平滞后于经济发展水平，同时，与工业化、非农化水平相比，中国城市化水平也略微滞后，但中国城市化发展速度是与社会经济发展阶段相适应的[1]；郑秉文（2011）认为虽然我国的城市化率已逼近50%，但从城市户籍人口角度看，实际城市化率仅有33%，17%为流动人口，且流动人口享受不到与城市户籍人口相同的市民待遇，城市化水平严重落后于经济发展水平，因此我国存在城市化率虚高的"浅度城市化"现象[2]。

（二）关于未来城市化预测水平的研究

宋丽敏（2007）分别采用罗吉斯特表（logistic table）和城乡人口增长率差两种方法预测了未来中国人口城市化水平，采用城乡人口增长率差法测算得到我国2030年城市化率稍高于60%，这一水平比较契合我国发展实际情况[3]；而中国社会科学院发布的《城市蓝皮书：中国城市发展报告No.8》预计"十三五"期间人口城镇化的速度将略低于1个百分点，到2020年城镇化率将在60%左右；张妍等（2010）采用Logistic曲线预测2025年城市化水平将达到60%左右[4]。此外，还有部分学者以人口城市化为基础，综合其他指标测度了城市化的综合水平。比较典型的有：薛俊菲等（2010）以人口城市化、经济城市化和空间城市化复合而成综合城市化水平并进行了测度，得到2007年我国综合城市化水平为53.89%[5]。陈明星等（2009）从人口、经济、社会、土地四个方面，构建了我国城市化水平的综合评价指标体系，基于熵值法，对1981~2006年的我国城市化进行综合测度，得到我国的综合城

①④ 张妍、黄志龙：《中国城市化水平和速度的再考察》，载《城市发展研究》2010年第11期，第1~6页。

② 郑秉文：《拉美城市化的教训与中国城市化的问题——"过度城市化"与"浅度城市化"的比较》，载《国外理论动态》2011年第7期，第42~45页。

③ 宋丽敏：《中国人口城市化水平预测分析》，载《辽宁大学学报》2007年第3期，第115~119页。

⑤ 薛俊菲、陈雯、张蕾：《中国市域综合城市化水平测度与空间格局研究》，载《经济地理》2010年第30期，第2005~2011页。

市化水平从 1981 年的 0.0092 上升到 2006 年的 0.1119[①]。

（三）关于人口城市化发展目标与路径的研究

许经勇（2006）认为我国城市与乡村具有各自不可替代的作用，因此城市化目标不是消灭乡村而是实现城乡一体化[②]；刘士林（2014）认为新型城镇化主要包含政治型城市化、经济型城市化和文化型城市化三个维度，文化型城市化占据主导地位[③]；陈甬军等（2008）提出中国应走新型城市化道路，包括工业化与城市化互为动力与共同发展、加快农村剩余劳动力向非农产业与城市化地区转移、发挥政府与市场在市场化进程中作用等措施，以保证中国 2050 年城市化率达到 70% 以上、非农就业比重达到 80% 的高度城市化目标[④]；周建国（2009）认为我国城市化发展目标是实现农民工市民化，有效解决"半城市化"的问题，而实现路径是大力发展中小城市，让农民工在中小城市定居，相应的配套措施是发展县域经济、开展农民工技能培训、加强基础设施建设、健全社会保障体系等[⑤]；王小鲁（2010）认为未来中国应完善公平竞争的市场政策，减少对超大城市的政策支持，限制其过度扩张，同时政府应制定合理发展规划，积极促进周边次一级大城市的发展，发挥其规模集聚效应，进一步促进周边中小城市发展[⑥]；陶小马等（2013）同样也认为中国应重视发展 100 万～500 万人口的大城市，同时做好大城市发展中的

---

① 陈明星、陆大道、张华：《中国城市化水平的综合测度及其动力因子分析》，载《地理学报》2009 年第 64 期，第 387～398 页。

② 许经勇：《我国城市化的目标：城乡一体化》，载《马克思主义与现实》2006 年第 6 期，第 120～123 页。

③ 刘士林：《新型城镇化与中国城市发展模式的文化转型》，载《学术月刊》2014 年第 7 期，第 94～99 页。

④ 陈甬军、景普秋：《中国新型城市化道路的理论及发展目标预测》，载《经济学动态》2008 年第 9 期，第 4～15 页。

⑤ 周建国：《从"半城市化"到城市化：农民工城市化路径选择探究》，载《江西社会科学》2009 年第 11 期，第 181～186 页。

⑥ 王小鲁：《中国城市化路径与城市规模的经济学分析》，载《经济研究》2010 年第 10 期，第 20～32 页。

远期规划，将大城市建设与扩大内需的产业政策结合起来①；张臻汉等（2012）认为城市化进程缺乏系统规划导致资源、能耗激增等城市病，未来我国应合理控制城市规模，转变城市发展方式，走低碳发展城市化道路②；聂伟等（2014）认为我国城镇化发展面临"半城市化"、社会矛盾激化、粮食安全、生态环境恶化等问题，未来城镇化的主要目标是通过转型城镇化、健康城镇化、稳定城镇化、绿色城镇化、民生城镇化和幸福城镇化推进城镇化的健康有序发展③；曾红萍（2015）以苏南地区某镇为例，研究发现政府为主导、通过"撤村并居"提高城市化率为目标的激进城市化发展模式，虽然有利于打破城乡二元结构制度，实现城乡一体化，但与社会经济结构有所偏离且面临资金、政治稳定和社区再造等问题，因此城市化推进应与社会经济发展相协调相适应，注重城市化水平与质量的协调发展④。

二、人口城市化质量内涵与评价

从我国目前城市化发展现状来看，城市发展盲目追求经济增长，忽视了经济社会、城市功能和环境的协调发展，农民市民化进程缓慢，呈现出明显的"半城市化"特征，即产业结构和就业结构构成的非农化水平已相当高，但工业化经济发展和城市功能缺位、经济城市化发展与社会城市化不足的矛盾突出，这严重拖累了中国城市化质量⑤。为避免像拉美国家那样陷入"城市化陷阱"，我国必须放弃粗放型的城市化发

---

① 陶小马、陈旭：《再论我国大城市化的现实意义、发展目标和应对策略》，载《城市规划学刊》2013 年第 6 期，第 10～18 页。

② 张臻汉、张彦通：《低碳发展与中国城市化发展模式》，载《兰州大学学报（社会科学版）》2012 年第 40 期，第 105～110 页。

③ 聂伟、风笑天：《城镇化：概念、目标、挑战与路径》，载《学术界》2014 年第 9 期，第 82～92 页。

④ 曾红萍：《城市化路径的实践与反思：从就地城镇化到激进城市化》，载《西北农林科技大学学报（社会科学版）》2015 年第 15 期，第 129～134 页。

⑤ 樊纲、余晖：《长江和珠江三角洲城市化质量研究》，中国经济出版社 2010 年版，第 152 页。

展道路而走集约型的城市化发展道路，不仅要注重城市化发展的速度，更要注重城市化发展的质量，不仅要注重"量"的提高，而且要注重"质"的提高，防止"城市病"的滋生与蔓延，变城乡二元社会经济结构为城乡一体化。

因此，国内外越来越多的学者开始进行城市化质量的研究，将评价与提升城市化质量作为急需解决的问题纳入学术思考和讨论的范畴。如何界定人口城市化质量，如何构建城市化质量指标以及确定指标构建依据原则，如何评价与分析城市化质量水平，如何实现城市可持续发展和健康城市的构建，构成了这方面研究的重要内容。国外学者对城市化质量的研究大多集中在具体领域的研究，对城市化质量的内涵和概念涉及很少。

（一）城市可持续发展研究

国外学者在 20 世纪 80 年代开始关于城市可持续发展的研究，在提出城市可持续概念的同时，不同学者也提出了不同的衡量城市可持续发展的指标。巴尼斯特（Banister，1998）认为城市可持续可以看成是一个城市达到能源被有效利用、居民生活质量得到持续提升的一种状态[1]；布兰顿（Brandon，1997）从环境、资源、健康卫生、公共安全、社会服务、基础设施和社区发展构建了可计量的城市可持续模型来检测城市的可持续发展程度[2]。国外研究的可持续发展度量指标基本可分为四类：第一类是基于生态—环境观点的较微观层次的压力—状态—响应指标；第二类是以价值综合核算为前提的综合的可持续发展指数，如绿色 GNP、国民财富指数等；第三类往往对资源、环境要素的价值核算持保留态度，避免做综合的价值核算，而分别选取人口、资源、环境、经济、社会等多方面的指标进行系统分析，采用无量纲化和加权平均的方

---

[1]　Banister D，Barriers to the implementation of urban sustainability. *International Journal of Environment & Pollution*，Vol. 10，No. 1，1998，pp. 65 – 83.

[2]　Brandon P S，Lombardi P L and Bentivegna V，Evaluation of the built environment for sustainability. *E & Fn Spon*，1997，pp. 39 – 52.

法求得衡量可持续发展水平的综合指数；第四类是从可持续性的反面着手，通过定义不可持续性来规定可持续性，建立不可持续性指标来度量可持续性[①]。此外，国外学者也提出了实现城市可持续发展的建议。霍尔登（Holden，2004）提出应从城市扩张、绿色城市、紧凑城市、分散化集中四个角度来促进城市的可持续发展[②]；贾巴瑞恩（Jabareen，2006）认为应从紧凑城市、生态城市、包容性城市发展和新传统城市开发四大城市发展模式来提高城市的可持续发展程度[③]。

（二）健康城市概念

健康城市这一概念是在 20 世纪 80 年代城市化问题给人类健康造成威胁的背景下提出的。健康城市是指在城市规划、建设和管理过程中，以城市居民的健康为主，保障居民健康的生活和工作，将健康人群、健康环境和健康社会有机结合起来的一种城市发展模式。1986 年，世界卫生组织（WHO）欧洲区域办公室启动了城市健康促进计划，实施区域的"健康城市项目"。加拿大多伦多市首先响应，制定了健康城市规划和相应的卫生管理法规，采取了反污染措施，并组织全体市民参与城市卫生建设等，取得了良好的成效。之后，健康城市理念便传遍全球。健康城市的健康理念不仅包括城市居民外部环境的健康，还包括城市居民的心理健康。

国内学者关于城市化质量的研究主要是从以下几个方面展开的：城市化质量的内涵，城市化质量指标体系构建要素与构建原则；城市化质量的评价方法；对某一城市化质量的实证分析。

---

① 王德利、方创琳：《城市化发展质量研究进展与展望》，载《现代城市研究》2012 年第 7 期，第 15 ~ 21 页。

② Holden E, Ecological footprints and sustainable urban form. *Journal of Housing & the Built Environment*, Vol. 19, No. 1, 2004, pp. 91 – 109.

③ Jabareen Y R, Sustainable Urban Forms Their Typologies, Models, and Concepts. *Journal of Planning education & Research*, Vol. 26, No. 1, 2006, pp. 38 – 52.

（三）城市化质量内涵

国家城调总队福建省城调队课题组（2005）从四个方面概括了城市化质量的内涵：一是城市化进程中"人"的生存和生活质量；二是经济发展水平质量；三是社会、经济、政治领域的发展"协调性"；四是体现发展"公平性"的城乡一体化程度[①]。学者皮垂燕和王宏道（2007）认为城市化质量不仅包括城市现代化即城市经济、基础设施和人的现代化的发展质量——城市化质量的核心，还包括城乡之间的生产生活方式，包括三次产业的平均利润率、城乡信息流动、城乡居民收入和城乡恩格尔系数等逐渐趋于一致的发展质量——城市化质量的终极目标[②]。方创琳和王德利（2011）认为城市化发展质量是衡量特定区域内城市化速度是否合理、人口城市化过程是否健康、经济城市化过程是否高效、社会城市化过程是否和谐公平的一项重要指标，真正的城市化发展质量是经济城市化质量、社会城市化质量和空间城市化质量的有机统一[③]；李琪和安树伟（2012）认为提高城市化质量的前提是经济发展，核心是人的现代化，目标是城乡一体化[④]；袁晓玲、王霄等（2008）认为城市化质量包括物质文明、精神文明和生态文化城市化三个方面，具体表现为人均国民生产总值和可支配收入的增长、城市居民科教文卫水平的提高、人口与资源和环境之间的可持续发展[⑤]；李明秋和郎学彬（2010）认为，城市化质量的内涵就是在城市投入要素（包括资本、劳动力、土地和能源）利用效率不断提高的前提下，不断提升城市自身发

---

① 国家城调总队福建省城调队课题组：《建立中国城市化质量评价体系及应用研究》，载《统计研究》2005 年第 7 期，第 15～19 页。

② 皮垂燕、王宏道：《我国城市化的质量分析》，载《统计与决策》2007 年第 19 期，第 127～128 页。

③ 方创琳、王德利：《中国城市化发展质量的综合测度与提升路径》，载《地理研究》2011 年第 11 期，第 1931～1946 页。

④ 李琪、安树伟：《中国地级及以上城市的城市化质量比较研究》，载《经济论坛》2012 年第 12 期，第 93～95 页。

⑤ 袁晓玲、王霄、何维炜等：《对城市化质量的综合评价分析——以陕西省为例》，载《城市发展研究》2008 年第 2 期，第 38～41 页、第 45 页。

展质量，提高城市化推进效率，最终实现城乡一体化。因此，城市化质量的具体含义包括城市自身的发展质量、城市化推进的效率、实现城乡一体化的程度三个方面的内容[1]。

（四）城市化质量指标体系构建要素与原则

城市化质量指标体系的设计最早出现于 1960 年，日本城市学家稻永幸男等选取了规模、区位、经济活动、就业和人口增长 5 项指标来评价城市发展质量[2]。在我国开展的城市化质量研究中，在构建城市化质量指标体系方面比较典型的有：国家城调总队福建省城调队课题组（2005）遵循人本化、科学性、代表性、系统性、公平性原则，从反映城市（镇）发展质量的城市化核心载体和反映区域发展质量的城市化区域载体两个基本要素出发构建了城市化质量指标体系。其中城市化核心载体包括经济发展质量、生活质量、社会发展质量、基础设施质量、生态环境质量五个子系统，城市化区域载体包括统筹城乡和地区协调发展质量两个子系统[3]。学者刘素冬（2006）从体现城市实力、提高居民生活质量、为居住者提供就业机会和发展机遇、政府政策、城市资源的承载能力五个维度构建了城市化质量指标体系[4]。李琪和安树伟（2012）坚持以人为本原则、科学性与代表性原则、综合性与系统性原则及可比性和可操作性原则，选取了既能反映城市化质量，又能获取数据的指标，最终构建了城市化质量评价指标体系[5]。李明秋、郎学彬（2010）遵循代表性、系统性、独立性、可操作性、动态性原则，构建了包括城

---

① 李明秋、郎学彬：《城市化质量的内涵及其评价指标体系的构建》，载《中国软科学》2010 年第 12 期，第 182～186 页。

② 杨立助：《城市化与城市发展战略》，广东高等教育出版社 1999 年版。

③ 国家城调总队福建省城调队课题组：《建立中国城市化质量评价体系及应用研究》，载《统计研究》2005 年第 7 期，第 15～19 页。

④ 刘素冬：《对我国城市化质量的深度思考》，载《苏州科技学院学报（社会科学版）》2006 年第 1 期，第 21～23 页。

⑤ 李琪、安树伟：《中国地级及以上城市的城市化质量比较研究》，载《经济论坛》2012 年第 12 期，第 93～95 页。

市发展质量指标、城市化效率指标、推进城乡一体化指标的城市化质量指标体系①。曹飞（2014）从经济绩效、社会发展、生态环境、居民生活、空间集约、城乡统筹等方面选取多个指标构建了区域城镇化质量评价体系②。

（五）城市化质量评价与测度方法

国家城调总队福建省城调队课题组（2005）在城市化质量评价指标体系确定之后，采用综合评价方法即指数法计算城市化质量指数进行定量分析，确保评价的结果真实可靠；③ 袁晓玲等（2008）运用聚类分析法，分析了陕西城市化质量④；郑亚平、聂锐（2007）运用重力模型对我国城市化之间存在的差异进行了研究⑤；白先春（2004）运用 ANN 中前向三层 BP 网络构造了预警方法来对城市化质量进行预警⑥；党兴华等（2005）将陕西省关中地区近 25 年的城市化进程分为三个阶段，在不同的阶段利用灰色关联方法分析了关中地区城市化水平地域差异的主要影响因素，根据贡献度排序结果，发现影响关中地区城市化水平地域差异的因素依次是农村非农产业的发展、工业发展水平和工业结构水平⑦；何文举等（2009）采用聚类分析、相关分析、因子分析等方法，构建了湖南城市化质量评价体系，并运用综合评价法对湖南的城市化质

① 李明秋、郎学彬.《城市化质量的内涵及其评价指标体系的构建》，载《中国软科学》2010 年第 12 期，第 182 ~ 186 页。

② 曹飞：《新型城镇化质量测度、仿真与提升》，载《财经科学》2014 年第 12 期，第 69 ~ 78 页。

③ 国家城调总队课题组：《建立中国城市化质量评价体系及应用研究》，载《统计研究》2005 年第 7 期，第 15 ~ 19 页。

④ 袁晓玲、王霄、何维炜等：《对城市化质量的综合评价分析——以陕西省为例》，载《城市发展研究》2008 年第 2 期，第 38 ~ 41 页、第 45 页。

⑤ 郑亚平、聂锐：《从城市化质量认识省域经济发展差距》，载《重庆大学学报（社会科学版）》2007 年第 5 期，第 1 ~ 5 页。

⑥ 白先春：《我国城市化进程的计量分析与实证研究》，南京财经大学博士学位论文，2004 年。

⑦ 党兴华：《关中地区城市化水平地域差异及影响因素分析》，载《当代经济科学》2005 年第 1 期，第 99 ~ 102 页。

量进行了分析，认为建立具有"两型社会"理念的城市化质量综合评价体系对提升湖南城市化的质量将起到十分重要的促进作用[1]；王家庭、唐袁（2009）创立了包含城市化率在内的质量测度指标体系之后，借用主成分分析法中确定权重的方法，对测度体系中的各个指标确立了客观权重，最终对我国的城市化质量进行了测度和分析[2]；方创琳、王德利（2011）借助城市化发展速度与城市化发展质量的象限图法，通过分析城市化质量、速度与城市化水平互动协调关系，在引进阿特金森模型后，构建了城市化发展质量的分要素测度模型和分段测度模型，进一步对中国城市化发展质量及其空间分异特征做了总体评价[3]。

国内学者对城市化质量的实证分析主要从全国、区域及个案三个层次展开。

一是在全国层面开展的城市化质量实证分析。王德利等（2010）根据1978～2008年我国城市化发展相关统计数据及2008年各省统计数据，基于对城市化质量的测度，重新测定了改革开放以来我国城市化发展速度及2008年省际城市化发展速度的适度性，认为1978～2008年我国城市化发展质量指数逐渐增大，城市化发展速度与质量的协调性渐好，城市化发展速度略显滞后，省际城市化发展质量指数差异明显，东部、中部、西部依次降低[4]；刘艳军等（2006）以我国15个副省级城市为例，对各城市的城市化综合水平进行了评价并排序，相对准确地反映了各城市及所在区域城市化发展水平并对未来城市化发展提出了自己的建议[5]；李琪和安树伟（2012）则根据其构建的指标对中国地级及以

① 何文举、邓柏盛、阳志梅：《基于"两型社会"视角的城市化质量研究——以湖南为例》，载《财经理论与实践》2009年第11期，第118～121页。

② 王家庭、唐袁：《我国城市化质量测度的实证研究》，载《财经问题研究》2009年第12期，第127～132页。

③ 方创琳、王德利：《中国城市化发展质量的综合测度与提升路径》，载《地理研究》2011年第11期，第1931～1946页。

④ 王德利、方创琳：《基于城市化质量的中国城市化发展速度判定分析》，载《地理科学》2010年第5期，第643～650页。

⑤ 刘艳军、李诚固、孙迪：《区域中心城市城市化综合水平评价研究——以15个副省级城市为例》，载《经济地理》2006年第3期，第225～229页。

上城市的城市化质量进行了整体测评，描绘了 1999～2008 年 10 年间中国地级及以上城市城市化质量的发展态势，进一步对除拉萨以外的 286 座地级及以上城市 2008 年城市化质量进行了评价并比较，最后归纳出了不同类型城市的城市化发展特点，并提出了相应发展重点[①]。

　　二是在区域层面开展的城市化质量实证分析。国家城调总队福建省城调队课题组（2005）根据评价体系对除上海外的华东地区六省城市化质量进行了综合评价，认为华东地区六省城市化质量达到了较高水平，但各省城市化质量仍有较大差距，反映了各省城市化发展现状和特点[②]；王钰（2011）以长三角为例，选取了长三角 16 个城市 2009 年的截面数据，通过 SPSS 统计软件的处理得出其城市化质量评价指标体系，并在此基础上对长三角各城市的城市化发展状况进行了一系列的分析和评价[③]；樊纲和余晖（2010）在对长江和珠江三角洲的 92 个新兴城区的城市化质量进行研究之后发现，只有少部分新兴城市的城市化质量达到较高水平，多数还处在从"数量型"到"质量型"转变的过程中，与更高标准城市化还有一段距离[④]。

　　三是在个案层面进行的城市化质量实证分析。白先春（2004）在城市发展质量评价指标体系构建的基础上，对江苏省 13 个省辖市 2000～2002 年各城市发展质量进行综合分析，分别研究了 13 个城市在三年的城市化进程中城市质量系统发展的协调性[⑤]；何文举等（2009）把湖南省 4 个地级市作为考察对象，运用综合评价法对湖南的城市化质量进行了分析，认为建立具有"两型社会"理念的城市化

　　① 李琪、安树伟：《中国地级及以上城市的城市化质量比较研究》，载《经济论坛》2012 年第 12 期，第 93～95 页。
　　② 国家城调总队福建省城调队课题组：《建立中国城市化质量评价体系及应用研究》，载《统计研究》2005 年第 7 期，第 15～19 页。
　　③ 王钰：《城市化质量的统计分析与评价——以长三角为例》，载《中国城市经济》2011 年 20 期，第 6～8 页。
　　④ 樊纲、余晖：《长江和珠江三角洲城市化质量研究》，中国经济出版社 2010 年版。
　　⑤ 白先春：《我国城市化进程的计量分析与实证研究》，南京财经大学博士学位论文，2004 年。

质量综合评价体系对提升湖南城市化的质量将起到十分重要的促进作用①。

三、人口城市化水平与质量的关系

关于人口城市化水平与质量二者关系研究多见实证研究，缺少理论规律总结，独立演变趋势研究较多，对应协调关系研究较少，其中最具代表性的有：王德利等（2010）构建了涵盖城市基础实力、城市化发展协调度、城市化发展可持续水平维度的多个指标的城市化发展质量评价模型，测度了我国城市化发展质量，同时构建了城市化发展"质"与"量"协调性测度模型，对我国的城市化发展速度与质量协调性进行了分析，发现我国城市化质量指数不断上升，城市化发展速度与质量协调性越来越好，但城市化发展速度略显滞后②。檀学文（2012）采用"稳定城市化"概念表征人口城市化水平与质量的互动关系。所谓稳定城市化是指农村劳动力及其家庭成员在城镇稳定就业和共同生活基础上呈现出来的连续的、无障碍的、不可逆的城市化过程，稳定城市化包括迁移过程的稳定性和迁移家庭的稳定性两层含义③，由于数据不可获得性，暂时无法开展实证研究，但给学者研究人口城市化水平与质量的关系提供了很好的思路。周丽萍（2011）基于对农村与城市、农民与市民、城市化与人口城市化的实质与关系的理论梳理和辨识，基于对人口城市化本质的理解，对人口城市化质量进行了比较系统的理论阐述，提出了人口城市化质量具体表现在数量和层次两个方面，其中数量方面表现为人口城市化的速度、水平与城市经济发展速度与水平的关系，层次

---

① 何文举、邓柏盛、阳志梅：《基于"两型社会"视角的城市化质量研究——以湖南为例》，载《财经理论与实践（双月刊）》2009 年第 11 期，第 118～121 页。

② 王德利、方创琳：《基于城市化质量的中国城市化发展速度判定分析》，载《地理科学》2010 年第 5 期，第 643～650 页。

③ 檀学文：《稳定城市化——一个人口迁移角度的城市化质量概念》，载《中国农村观察》2012 年第 1 期，第 2～12 页。

方面表现为城市化过程中人们所处生存、发展、享乐不同层次的发展阶段，高质量的人口城市化应该是人口城市化水平、速度适度和对人口城市化不同层次包容的综合。周丽萍还基于人口城市化质量的理论体系，首先构建了反映人口城市化质量适度性与包容性的系统层指标，其中人口城市化适度性体现在水平适度和速度适度两方面，人口城市化包容性体现在对生存能力增强、发展能力提高、生活质量提升三个层次；其次周丽萍依据构建指标体系的基本原则，建立了评价体系的具体指标层；最后运用综合评价法对全国总体及 31 个省、区、市的人口城市化质量从时间纵向和区域横向做出综合评价和比较分析，对我国人口城市化质量存在的问题进行了比较深入的剖析[①]。王晓丽（2013）从流动人口市民化的角度，提出双 Q 模型，以市民化水平反映城镇化的"质"（quality），衡量城镇化进程中市民化实现程度，具体体现为市民化意愿、市民化能力、市民化行为、居住市民化和基本公共服务市民化五个维度，以城镇化率反映城镇化的"量"（quantity），将两者结合起来，测算了全国及各省份城镇化水平。结果显示，2011 年我国以市民化水平作为权重修正后的城镇化水平为 42.28%，比单纯以城镇人口比重衡量的城镇化率（51.27%）低 8.99 个百分点。这表明市民化水平较低是影响城镇化发展质量的主要瓶颈，提高城镇化质量要实现人力资本市民化、社会关系市民化、工资收入市民化、文化市民化、政治市民化、家庭市民化、社会福利市民化、公共服务市民化等，促进流动人口的城市社会融入[②]。于涛方（2015）基于第五次和第六次全国人口普查的数据，以城市受教育水平与就业结构测度了 2000 年和 2010 年 340 个地级市的城市化质量，同时对城市化水平与城市化质量进行了回归分析，发现两者具有显著的正相关关系，并且发现城市化水平和质量基本协调的城市在沿海地区和沿边地区高度集聚，尤其是长三角地区、

---

① 周丽萍：《中国人口城市化质量研究》，浙江大学博士学位论文，2011 年，第 15~20 页。
② 王晓丽：《中国人口城镇化质量研究》，南开大学博士学位论文，2013 年。

辽中南地区、珠三角地区以及一些资源型地区如山西省①。方创琳、王德利（2011）② 借助象限图法对城市化质量、速度和水平互动协调关系进行了分析，并从经济、社会和空间城市化质量三个维度引入阿特金森模型，构建了城市化发展质量的分要素测度模型和分段测度模型，从而对中国城市化发展质量及其空间分异特征做了总体评价，发现 1980~2008 年我国城市化发展质量处于中等发展水平，质量提升速度慢于速度提升速度，城市化质量东部高于中部，中部高于西部。

四、述评与展望

从文献回顾来看，国内外学者关于人口城市化水平与质量的研究成果丰硕，尤其是人口城市化质量研究正逐步走向成熟，对城市化质量的内涵与外延的阐释也较为透彻，构建的指标体系要素比较全面，所设计的指标比较合理，并且能够熟练运用不同的统计分析方法对不同省市、区域乃至全国的城市化质量水平进行实证评价分析，这对于在未来我国的城市化建设中避免可能出现的"城市病"、提高城市化的质量具有重要的指导意义。但是我们也必须认识到，人口城市化水平与质量研究仍存在以下问题：

一是人口城市化水平与质量协调发展的理论研究缺乏系统性。多数研究热衷于人口城市化水平测度或预测、构建城市化质量指标体系、开展实证评价分析，缺乏人口城市化水平与质量协调发展多学科交叉理论探讨，缺乏关于人口城市化水平与质量相互作用机理和协同演化规律系统研究，缺乏人口城市化水平、速度及质量的系统辩证研究。

二是人口城市化质量界定的内涵与外延存在片面性。我国对城市化

---

① 于涛方：《中国地级城市城市化质量与水平关系及变迁：基于人口普查的分析》，中国城市经济学会年会暨"新常态下中国城镇化及城市发展的新思路"研讨会会议论文，2015年6月。

② 方创琳、王德利：《中国城市化发展质量的综合测度与提升路径》，载《地理研究》2011年第11期，第1931~1946页。

发展质量的反思与研究因近几年城市化问题的复杂化和严重化而开始出现，因发展时间短，学者们所理解的城市化质量的内涵与外延在完整性方面还有待完善。学者们主要是从经济发展质量、居民生活质量、城乡一体化质量等方面来阐释城市化质量的，很少考虑一个城市的竞争力、发展可持续性、制度健全性和城乡互动与联系方面。一个城市的竞争力可以更好地反映该城市的综合实力水平；从发展可持续性方面我们可以看出一个城市的发展潜力；从制度健全性方面可以考察一个城市提高城市化水平所必需的发展环境；从城乡互动方面可以考察城市化所带来的城乡收入、城乡居民思维方式、行为方式等动态的演变过程。借鉴学者所做的研究，笔者认为，城市化质量的基本内涵可以从经济发展质量、居民生活质量、环境发展质量、社会发展质量、制度发展质量、互动发展质量六个方面进行全面理解。如互动发展质量可以从城市与其他城市或国家的联系程度、城市与乡村的互动联系程度、流动人口的社会融入程度等方面设计具体可操作性的指标。

三是城市化质量指标体系构建具有主观性和静态性。多数学者在构建城市化质量评价指标体系时都是先主观地将指标体系分为若干类，然后根据自己的判断将反映城市状况的各种指标归入其中某一类，并在此基础上进行数据分析。可以看出，这种选取指标的方法缺乏必要的科学性，会使某些重要指标因错误归类而被排除在分析体系之外，进而影响分析结果。

多数学者在选取指标时，关注的仅是城市当前的发展状况，忽视了对城市未来发展机会与发展潜力的测度，大多数指标属于静态指标。然而，城市化是一个动态的发展过程，城市化质量指标也应该体现出城市化的发展过程，尤其是展现城市化过程中城市思想、生产生活方式等对流动人口的影响过程的动态指标，比如流动人口的社会融入指标。此外，我们还可以观察到，学者们构建的城市化质量指标大多是客观性指标，完全是一种数字性的说明，而缺乏比如居民幸福感指数、农民工对城市认同感等比较主观的指标。因此未来研究可以将主观和客观、动态与静态指标结合起来从而构建较为全面的指标。

四是人口城市化水平与质量分析主体呈现出非明确性。从以往学者的人口城市化水平测度或预测、人口城市化水平与质量的实证分析来看，不管是从全国、区域或者个案层面，相关研究主要考察的是城市居民，而忽略了在城市务工的广大流动人口。此外，城市边界区域和城市人口统计范围未加以明确，如失地农民和长期进城务工的农民工长期处于城市人口的统计范围之外。

鉴于上述研究存在不足，一方面，本书需要在国内外研究成果基础上，从多学科交叉角度出发研究人口城市化水平与质量协调发展基础理论，以理论为基础完善人口城市质量的内涵、避免指标构建的主观性，将主观与客观、静态与动态城市化质量指标结合起来；另一方面，需要构建人口城市化与质量协调发展的相关模型，提出人口城市化水平与质量协调发展的理论标准并逐一检验，深入研究高质量城市化中农村劳动力的永久性迁移适度水平，提出人口城市化水平与质量协调发展目标、实现机制及路径。

第三节　研究内容与核心观点

一、研究内容

本书在系统梳理人口城市化水平与质量协调发展理论及研究成果的基础上，构建了人口城市化水平与质量协调发展数理模型，并利用我国经济发展现实数据进行了协调性检验，同时确立了人口城市化水平与质量协调发展的检验标准，依据人口、经济和社会发展趋势对我国未来人口城市化进行了阶段划分，明确了人口城市化发展理念、主要目标、基本原则、重点任务、实现机制及协调路径，为人口城市化健康持续发展提供了理论依据和数据支撑。本书的核心内容可以概括为"两翼、一主线、一载体、六模型、四标准、两目标、三效应、六机制、六路径"。本书立足于社会经济发展阶段，以人口城市化水平与质量为"两翼"、以人口城市化"量质权衡"为"主线"、以农村迁移劳动力为"载体"构建人口城市化水平与质量协调发展"四模型",以适度性、包容性、协调性和稳定性为检验"四标准",以城乡平衡发展和高质量城市化为"两目标",检验适度人口城市化的社会经济发展"三效应",确立人口城市化水平与质量协调发展的"六机制"和"六路径"。具体内容如下。

(一)人口城市化水平与质量协调关系理论

本书立足经济学、人口学和社会学三个学科领域,梳理形成了人口城市化水平与质量"四大协调理论"。一是人口城市化与经济发展协调理论:城乡人口比单对数模型参照世界城市化与经济发展的一般模式将城乡人口转移模型直接予以经济动态化;城市化发展阶段理论根据各国城市化的发展轨迹构造了"三阶段"和"四阶段"理论;循环累积因果理论认为城乡差异会引起"累积性因果循环",导致城乡经济发展不平衡,最终在空间组织结构上形成"中心—外围"结构;钱纳里的多国模型提出了工业化与城市化发展阶段理论。二是城乡平衡发展理论:城市化的终极目标是城乡平衡发展,马克思主义城乡发展理论、田园城市理论、麦吉城乡一体化发展理论、空间相互作用理论等从人本理念、空间结构、路径依赖和环境友好等角度探讨了城乡均衡发展的理论思想。三是农村劳动力迁移理论:以二元经济理论为核心,系统阐述了刘易斯、拉尼斯—费景汉、托达罗模型和乔根森理论,确定了农村劳动力迁移的决定因素及影响机制。四是城乡差异测度与补偿理论:从资源配置、收入差距、社会公平角度阐述了城乡不平衡发展理论,同时提出了城乡二元福利差理论,用来度量城乡二元经济结构的异质化程度。

(二)人口城市化水平与质量协调发展模型

本书立足于人口城市化多维互动理论分析框架,从经济增长、二元结构、人口流动和福利制度"四大现实背景"出发,构建人口城市化水平与质量协调发展"四大理论模型":一是人口城市化与经济增长联动模型:从人口城市化与经济增长互动关系出发,构建单因素分析模型与多因素互动模型，考察经济增长对城市化的拉动效应以及城市化对经济增长的推动作用；二是城乡差距综合指数模型：从收入差距、养老保障、医疗服务、教育水平四个维度构造城乡差距分类指数，同时采用熵值法确定权重综合得出城乡差距综合指数，并进行地区间横向类比；三是农村劳动力迁移决定模型：整合托达罗模型、推拉人口迁移理论等构建劳动力迁移决定模型，采用 Logit 模型定量分析经济因素及个体特征对农村劳动力流动决策的影响；四是城乡福利差异系数模型：以工农业分工水平、城乡消费价格差异和劳动要素分配系数为度量因素，构造分工水平差、产业收入水平两个分系数和二元福利差总系数，测算二元经济结构产生的福利差异程度及补偿标准。

（三）人口城市化水平与质量协调发展标准及检验

本书以人口城市化水平与质量协调"四大数理模型"为核心，确立人口城市化水平与质量协调"四个理论标准"：一是适度性：人口城市化水平与经济增长速度、工业化进程和人口转变相适应；二是包容性：乡城迁移人口在城市中应获得均等的生存与发展机会，主要体现在公共服务、福利制度和社会认同等方面；三是协调性：人口城市化进程中应实现城乡协调、人口与资源环境协调；四是稳定性：农村迁移劳动力在城市应实现就业稳定、家庭完整、社会网络关系固定。依据理论标准和现实数据构造城市化水平和城市化质量"两个指数"，并采用协调度模型测算人口城市化水平与质量的协调程度及主要影响因素，人口城市化质量测量维度根据重要程度依次划分为经济发展水平、生态环境治理水平、公共服务水平和生活质量水平。

（四）人口城市化水平与质量协调效应检验

人口城市化水平与质量协调发展的社会经济效应主要有生产效率提升、产业结构优化和城乡收入差距调节"三大协调效应"。本书以 DEA - Malmquist 指数模型测算的全要素生产率水平为因变量，以城市化率为自变量，构建"城市化效率随机效应模型"，发现城市化水平的提升实现了农村劳动力资源的合理配置，提高了全要素生产率水平。"产业结构升级效应模型"利用 Moran's I 指数检验区域产业结构升级的空间自相关性，判定地区经济发展是否存在极其稳健的空间依赖关系。采用"距离权重空间杜宾模型"（SDM）测算人口城市化对产业结构升级产生的效应，通过直接效应、间接效应及总效应分解，判定人口城市化的产业结构升级溢出间接效应大于还是小于对本地区的促进直接效应。以泰尔指数为因变量，以人均国内生产总值、城市化率、工业化率、城乡二元对比系数、财政支出结构、城乡医疗保健支出比、城乡人均文教支出、娱乐及服务支出比为自变量构建"收入效应回归模型"，发现城市化水平的提升对城乡差距收敛没有显著效应。

（五）人口城市化水平与质量协同目标设计

在人口城市化水平与质量协调发展标准检验基础上，依据人口、经济和社会发展趋势对我国未来人口城市化进行阶段划分、目标定位及发展战略设计等，明确人口城市化的发展方向和战略重点。人口城市化水平与质量协同目标设计需要科学发展理念支撑，一方面要充分认识与发达国家的现实差距及区域差异，因地制宜，循序渐进，另一方面要切实尊重经济发展规律和人本思想，破除各种壁垒，创新制度体系，实现人口、资源与环境的协调发展。本书从前瞻性角度出发，将人口城市化划分为水平与质量失衡补偿、调试发展与同步适度"三个发展阶段"，通过个人自主性发展、中介需求满足、制度改革保障、市民身份认同等发展，最终实现城乡统筹发展一体化、产业结构合理化、基本公共服务均等化、城市持续发展健康化和农村流动人口市民化"五大战略目标"。同时，从人口城市化水平与质量协调发展的关键因素出发进行协调发展战略设计，确立经济增长方式转变机制、城市体系功能定位机制、产业结构优化机制、人力资本提升机制、社会福利补偿机制和市民身份认同机制"六大实现机制"。

（六）人口城市化水平与质量协调发展路径

基于城市化发展阶段及适度水平、城乡收入及社会福利差距、产业结构升级优化、全要素劳动生产率等城市化发展目标及效应分析，针对人口城市化质量提升过程中面临的主要问题，解决人口城市化水平与质量均衡发展的"合理性"与"可行性"问题，提出未来人口城市化"六大协调发展路径"：转变经济增长方式，推动集约型城市化，实施全方位开放，充分发挥市场的资源配置基础作用，保持经济持续稳定增长；建立多层次城镇发展体系，优化主体功能区人口布局，推动重点城市群发展，促进人口合理流动；加快传统产业转型升级，优化产业空间布局，扶持重点服务行业，促进产城融合，提升城市就业吸纳能力；设立农民教育专项资金，健全农民职业教育体系，加强农村教育基础建设，提升农民人力资本水平；建立城乡养老保险梯度对接机制，缩小城乡医疗筹资给付差距，优化城乡救助财政分担机制，完善居民住房保障制度，提高农民工城市融入度；深化户籍制度改革，统一城乡劳动力市场，建立最低工资调整机制，完善土地要素流动机制，转变社会管理方式，重构平等制度体系，消除劳动力流动障碍。

二、核心观点

第一，人口城市化水平与质量研究应立足于社会经济发展阶段。人口城市化与社会经济发展水平具有内在逻辑关系，人口城市化对社会经济发展阶段（二元结构、工业化与人口转变）存在路径依赖。经济社会发展具有阶段性特征，不同发展阶段城市化水平与质量具有不同的协调性，在推进城市化过程中必须高度注意发展的阶段性。因此，确立人口城市化水平与质量协调的发展战略与目标，必须把社会经济发展阶段及水平作为重要的内生变量。

第二，坚持以人为本，推进以人为核心的城镇化。树立正确的城市化理念，实现由以物为本向以人为本转变。把"人"的发展作为城市化核心，坚持"人"的发展才是城镇化的出发点和最终归宿，将城市人口总量增加和城市人口生活水平的提高作为城市化的重要发展目标。提高城镇公共服务供给水平，扩大社会福利体系覆盖范围，促进农民在城镇稳定就业和居住生活，实现高质量的城市化。在软实力与硬实力的共同维护与推动下，运用系统工程建立人本、公正、和谐、包容性城市，提升农民工适应环境和自我发展能力，激发人文活力与文化潜力，增强融入感和幸福感，最终实现人的自由全面发展。

第三，消除体制障碍，构建均等共享市民化社会。人口城市化不仅体现在农民在空间与职业上从农村向城市的转移，更是体现在收入水平、生活方式、基本公共服务方面与城市居民享有同等的待遇。人口城市化水平与质量协调发展的目标就在于通过个人自主性发展、中介需求满足、制度改革保障、市民身份认同等循序渐进、逐渐上升的体制变迁过程，实现生产方式、生活方式、生存空间和发展空间的城市化，使农村流动人口享有同等教育、医疗、就业及社会保障权益，最终实现城乡统筹发展一体化、产业结构高级化、基本公共服务均等化、城市持续发展健康化和全体城市人口现代化的战略目标，真正实现城市社会文明的融入与共同发展。

第四，农村人力资本水平提升是城市化水平与质量协调发展的关键要素。我国典型的二元经济特征形成了规模庞大的乡城迁移劳动力人口，他们是连接人口城市化水平与质量的载体。一方面，城市化不断发展给农村劳动力提供了城市就业机会，使其逐渐转化为市民；另一方面，农村劳动力通过在城市就业和人力资本提升，同时提高了人口城市化的水平与质量。因此，城市化进程中农村迁移劳动力的人力资本积累与提升是人口城市化水平与质量协调发展的关键要素。

第四节 技术路线与研究方法

一、技术路线

本书立足于人口城市化水平与质量非均衡发展的"现实背景"，提炼出二者协调统一的"理论框架",依据理论框架构建"数理模型",针对数理模型设计具体"检验标准",依据检验标准进行"理论检验",在理论检验的基础上进行"经验概括"并得出"相关结论",在研究结论基础上依据中国经济社会实际条件,提出"政策建议"。

二、研究方法

第一,多学科交叉融合逻辑思维。融合人口学、经济学和社会学的思维模式,整合人口转变理论、二元经济理论、劳动力供求理论、社会角色转换理论等,多角度构建人口城市化水平与质量协调发展的理论框架及检验标准。

第二,理论模型检验与修正。结合中国实际条件,改进托达罗模型、钱纳里模型等提炼出农村劳动力迁移决定模型、人口城市化发展阶段模型等数理模型,形成人口城市化定量研究模型体系,并运用我国经济数据和问卷调研数据进行检验。

第三,比较分析方法。运用地区间横向比较和时间趋势纵向比较方法,在收集城市化与经济发展相关数据的基础上,通过人口、经济与社会条件的地区及时间趋势对比,提炼出我国人口城市化发展特征与规律,并通过各大区域数据模拟,比较人口城市化水平与质量协调性的区域差异,验证已提出的理论假设,并参考发达国家或地区的发展模式确立人口城市化与经济发展的战略目标及良性互动发展路径。

第四,空间计量分析方法。人口城市化势必会造成劳动力等生产要素在不同空间流动、集聚与扩散,推动抑或阻碍本地区的产业结构升级。首先,本书利用 Moran's I 指数检验我国 31 个省(区、市)产业结构升级的空间自相关性,判定地区经济发展是否存在极其稳健的空间依赖关系。其次,采用距离权重空间杜宾模型(SDM)测算人口城市化对产业结构升级产生的效应,通过直接效应、间接效应及总效应分解,判定人口城市化的产业结构升级溢出间接效应大于还是小于对本地区的促进直接效应。

第五，综合利用宏观数据和微观数据。以全国第六次人口普查数据、国家流动人口动态监测数据、国家统计局宏观经济数据和国家中长期经济社会发展规划为依据，从微观和宏观两个角度对全国 31 个省（区、市）人口城市化水平和质量进行现状梳理及效应分析，对农村劳动力迁移决策影响因素和动力机制进行系统的分析，同时立足于地区人口与经济发展现实，科学评价人口城市化水平与质量的协调程度及存在的主要问题，并依据数据反映的现实问题提出相应发展路径及对策建议。

第五节 主要创新及预期展望

一、主要创新

第一，理论创新：构建了人口城市化水平与质量协调发展的多维互动理论分析框架。以往关于人口城市化质量的研究缺乏多维度协同演化规律分析，更缺乏多学科的交叉与融合。本书立足于我国经济社会发展阶段及现实背景，从人口学、经济学和社会学角度构建人口城市化水平与质量关系理论分析框架，不仅丰富了人口城市化理论，而且为解决人口城市化的现实问题提供了新的视角。

第二，模型创新：改进了托达罗模型，构建附加福利因素的农村劳动力迁移决定模型。以往研究仅将城乡收入差异与就业概率作为农村劳动力迁移决策的主要依据，本书从社会学角度引入社会认同因素、福利制度水平等变量研究农村劳动力的迁移决策行为，并采用全国流动人口动态监测数据对模型进行检验；发展了钱纳里模型，构建了人口城市化发展阶段判定模型。以往研究一般直接套用钱纳里模型，忽视了中国经济与社会现实，本书从宏观背景出发建立与人口转变、工业化和二元经济转型等相适应的人口城市化发展阶段判定模型。丰富了二元经济模型，构建了城乡二元福利差测度模型。以往研究多用"比较劳动生产率""二元生产率对比系数"分析二元经济的异质化程度及劳动主体福利差别问题，本书依据"劳动公平"原则将"均衡状态"作为经济福利分配标准，构建了"二元福利差测度模型"，并以此来检验人口城市化水平与质量的协调程度。拓宽了空间统计和空间计量方法在人口领域的应用，构建了人口城市化产业升级效应模型。本书以省级行政区面板数据为研究样本，运用静态面板固定效应 FE 和随机效应 RE 模型及动态面板 DIF – GMM 和 SYS – GMM 模型估计人口城市化与产业结构升级的关系，在考察城市化率与产业结构升级空间自相关性的基础上，进一步采用空间杜宾模型（SDM）实证分析人口城市化对产业结构升级的总效应、直接效应与间接效应。

二、预期展望

人口城市化水平与质量的协调发展，意味着城市化发展的重点不应仅局限在城市化速度、分布和功能上，更应注重城市化质量的提升，实现农民市民化的转变，按照均等化原则提供基本公共服务和福利保障，提高城市的吸引力和包容度，让农民工在城市中"进得来""留得下"，更要"住得好"。本书虽然对人口城市化现状进行了详细的分析，对人口城市化理论和模型进行了系统的梳理，对人口城市化水平与质量的协调程度及效应进行了充分的论证，对人口城市化的发展目标和方向进行了科学的设计，但是由于数据缺乏，未能对农民工在城市中的生存状况进行深刻剖析，对城市融入中的心理变化也缺乏深度的访谈。此外，对于城市化过程中城市发展体系设计问题只是概略地确定了各类城市的发展目标，对于城市规模适度水平未做深入探讨，这是一个较为复杂的问题，涉及人口、经济、社会、资源和环境多个维度，在未来的研究中将不断丰富和完善。

第二章

人口城市化水平与质量
协调发展理论

人口城市化水平与质量协调发展是实现城市可持续发展的重要保证，是城市化发展的核心目标。人口城市化水平与质量协调发展理论是人口城市化水平与质量协调发展模型构建、理论标准确立、协调发展目标及阶段判断、协调发展效应测算、协调发展实现机制设计的基本理论依据，也为政府部门制定人口城市化水平与质量协调发展方案提供了重要理论参考。

本书立足经济学、人口学和社会学三个学科领域，梳理形成了人口城市化水平与质量"四大协调理论"：人口城市化与经济发展协调理论、城乡平衡发展理论、农村劳动力迁移理论、城乡差异测度与补偿理论。

第一节　人口城市化与经济发展协调理论

从人口学角度考察，城市化是乡村人口转移到城市成为城市人口的过程；从经济学角度考察，城市化是由农村自给经济转化为市场经济的过程，是农业人口变成非农业人口的过程，是一种产业结构、就业结构及其空间分布结构的转移；从社会学角度考察，城市化是一种传统生产和生活方式向现代模式转变的过程。因此，人口城市化不仅仅是乡村人口变为城镇人口的地理空间迁移过程，而且是产业就业结构转变、现代社会文明发展的本质体现，这就要求人口城市化水平要同社会经济发展相协调、相适应。

经济与人口城市化协调发展意味着人口城市化水平与速度要与经济社会发展水平相适应，两者要实现同步发展。而根据人口城市化水平与经济发展水平比较判断，城市化发展模式可以分为同步城市化、过度城市化与滞后城市化三类①。

同步城市化即人口城市化发展进程与经济发展进程趋于一致、两者实现协调发展的城市化模式。具体表现为人口城市化发展与经济发展成正比例关系，城市人口增长与工业化发展对劳动力需求相适应，产业结构不断优化，工业化发展进一步推动城市化水平提高，城乡居民收入差距不断缩小、生活方式不断趋于一致，人口城市化与经济社会全面同步发展。

过度城市化即人口城市化发展速度与水平远远超过经济发展速度。具体表现在农业技术水平的不断提高解放了大量农村剩余劳动力，他们不断涌入城市寻找工作。但由于工业化发展仍处于初级阶段，对农村剩余劳动力的需求较低，城市基础设施建设速度也较慢，导致城市不能为农村剩余劳动力提供充分的就业机会和必要的生活条件，农村推力和城市拉力失去平衡，政府宏观人口流动调控失灵或不足，导致城市人口过度增长，并造成"城市病"的发生。

滞后城市化即人口城市化水平与速度远远低于经济发展水平与速度。政府为了避免城乡两极分化和城市无限扩张产生的"城市病"，采取各种限制措施阻碍人口城市化水平的快速提高，导致农村存在部分剩余劳动力，劳动生产效率低下，而城市则由于缺乏充足的劳动供给出现生产发展不足，城乡之间产生部分游离于城乡之间的两栖人口，农村劳动力资源未实现充分合理配置。

---

① 周毅、李京文：《城市化发展阶段、规律和模式及趋势》，载《经济与管理研究》2009年第12期，第89～94页。

一、城乡人口比单对数模型

人口城市化意味着大量农村人口源源不断地流入城市，导致城市人口数量不断增加。人口学者卡尔梅舒（Karmeshu，1988）和费希尔（J. C. Fisher，1971）把这种城乡人口转化过程类比为技术创新替代过程，由此建立了城乡人口的数量变动关系[1][2]，通过世界城市化普遍发展规律和本国城市化特色分析，指出经济发展是城乡人口转移的直接动力，构建了城乡人口比单对数模型[3]，具体公式为：

$$\ln \frac{u(x_t)}{r(x_t)} = \ln \frac{u(x_0)}{r(x_0)} + \eta(x_t - x_0) \qquad (2-1)$$

其中，$u(x_t)$ 表示 t 时刻城市人口数量，$r(x_t)$ 表示 t 时刻农村人口数量，x 表示经济发展水平，η 为变动系数。

由此城市化水平为：

$$U(x) = \frac{u(x)}{u(x) + r(x)} = \frac{\dfrac{u(x)}{r(x)}}{\dfrac{u(x)}{r(x)} + 1} \qquad (2-2)$$

将公式（2-2）代入公式（2-1）得：

$$\ln \frac{U(x_t)}{1 - U(x_t)} = \ln \frac{U(x_0)}{1 - U(x_0)} \qquad (2-3)$$

对公式（2-3）两边微分，则：

$$\frac{dU}{dx} = \gamma U(1 - U) \qquad (2-4)$$

公式（2-4）说明城市化增长速度与城市化现实水平有关，取决

① Karmeshu, Demographic models of urbanization. *Environment and Planning B: Planning and Design*, Vol. 1155, No. 1, 1988, pp. 47 – 54.

② Fisher J C and Pry R H, A simple substitution model of technological change. *Technological Forecasting & Social Change*, Vol. 71, 1971, pp. 75 – 88.

③ 刘耀彬：《城市化与生态环境的耦合机制及调控研究》，经济科学出版社 2007 年版，第 18 ~ 25 页。

于农村"推力"和城市"拉力"双重作用结果。城市化的发展轨迹类似"S"曲线,函数是二阶微分方程,即城乡人口变动的 Logistic 模型。

$$U = \frac{L}{1 + ke^{-\gamma x}} \qquad (2-5)$$

其中,$k = e^{-A}$(A 为积分常数),与城市化初始水平相关,L 为饱和城市化水平,γ 为城市化的内生增长率,曲线的拐点为 $x = \frac{\ln k}{\gamma}$。

二、城市化发展阶段理论

人口城市化是指农村人口流动到城市导致城市人口的集聚和增长所形成的城市人口占总人口比例增长的过程。单纯从人口学角度理解,人口城市化发展有"三阶段"和"四阶段"理论。人口城市化发展阶段理论可以为人口城市化水平与质量协调发展目标确定与阶段划分提供重要理论基础。

(一)城市化发展三阶段理论

美国城市地理学家诺瑟姆(Ray M. Northam,1979)发现,世界各国的城市化发展轨迹基本是被稍微拉平的"S"形曲线[1],多数国家城市化经历初始、加速和饱和三个发展阶段,这就是城市化发展三阶段理论,见图 2-1。

第一阶段为城市化与经济发展初始阶段,工业化处于发展初期,城市化水平低于30%。该阶段第一产业仍占绝大比重,农业生产水平较低,工业结构比较单一,主要为初级加工产业,乡村人口向城市集聚速度缓慢。

第二阶段为城市化与经济发展加速阶段,城市化水平处于30%~70%之间。该阶段工业化基础逐步建立,工业化建设规模与速度进一步提高,产生了大量劳动力需求。而随着农业生产技术的推广和应用,农

---

[1] Northam R M, *Urban geography*. John Wiley & Sons, 1979, pp. 65-67.

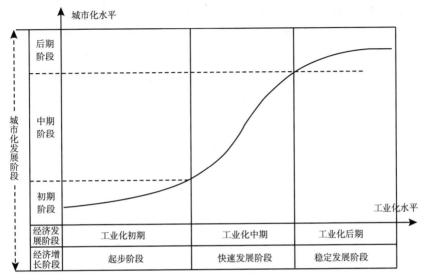

图 2 - 1　人口城市化与经济发展联动规律

村劳动生产率不断提高，产生了大量农村剩余劳动力，为工业化发展提供了丰富的劳动力资源储备，城市高收入水平吸引农村剩余劳动力陆续向城镇转移，城镇人口规模不断增加，第二产业和第三产业就业比重不断提高，第一产业就业比重不断下降。

　　第三阶段为人口城市化饱和阶段，此时城市化水平超过了 70%，经济发展水平相对较高。三次产业就业结构发生显著变化，第一产业就业比重下降到 10% 以下，第二产业就业比重相对较高，大概在 50% 以上，而第三产业就业比重上升到 30% 左右。这一时期经济由高速发展进入中低速持续推进阶段，可转移的农村剩余劳动力已基本被城市第二、第三产业吸收，为维持必需的农业生产规模，人口向城市聚集的速度减缓，呈现平稳甚至回落状态。[①]

（二）城市化发展四阶段理论

　　城市化三阶段理论认为城市化遵循拉平的"S"形曲线发展轨迹，

---

①　周丽萍：《中国人口城市化质量研究》，浙江大学博士学位论文，2011 年，第 56～60 页。

四阶段理论在此基础上充分考虑城市化与经济发展阶段的对应关系，将城市化分为四大阶段：城市化初期阶段（城市化率在1%～30%之间）、城市化中期阶段（城市化率处于30%～60%之间）、城市化后期阶段（城市化率处于60%～80%之间）、城市化终期阶段（城市化率处于80%～100%之间）。具体阶段划分如图2-2所示。

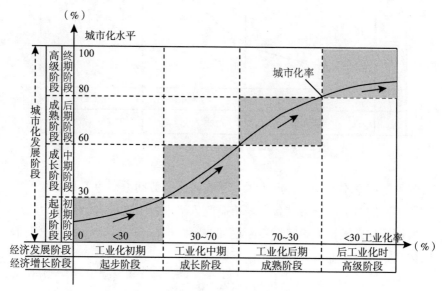

图2-2　城市化发展阶段与经济发展阶段对应关系

城市化初期阶段，经济发展水平较低，工业化处于初期水平，城市化水平增长缓慢，属于起步阶段。这一阶段农业在产业中占据绝对主导地位，城市化水平一般不超过30%，年均增长速度不超过1%，城市化发展速度缓慢。三次产业产值结构和就业结构偏重农业，农业产值比重高于70%，农业就业比重超过50%。工业化速度缓慢，工业化率不超过30%。此时，工业化是城市化的核心动力，城市规模较小，集聚能力有限，城市呈现零星分散的"点"状空间结构。

城市化中期为城市化快速发展的成长阶段，城市化增长速度较快。这一阶段工业化依然是城市化的主要推动力，第三产业的拉动作用也不断增强，城市化水平开始迅速提高，年均增长速度可达到 1% ~ 2%，城市化率处于 30% ~ 60% 之间。工业逐步取代农业占据主导地位，农业产值比重减少到 30% 以下，工业和服务业就业比重不断增加，工业化率逐步提高到 30% ~ 70%，城市数量和规模同时扩张，城市地区呈现出关联的"带"状或"面"状空间结构特征。

城市化后期为成熟阶段，工业化水平较高，经济增长稳定持续，城市化增长速度放缓。这一阶段第三产业逐渐取代工业成为城市化的主要推动力，城市化水平缓慢提高，年均增长速度在 0.5% ~ 1% 之间，城市化水平可达到 60% ~ 80% 以上。农业产值比重进一步下降至 20% 以下，服务业产值比重上升到 35% ~ 45%，工业化率下降到 30% ~ 40%。城市数量和规模继续增加，城市的集聚效应和规模效应较高，城市空间结构转化为连续的"网"状交织结构。

城市化终期属于后工业化和经济增长的高级阶段，城市化水平达到了饱和水平，增长速度缓慢，处于极慢或零速城市化发展状态。这一阶段城乡实现了一体化，城乡经济差距趋于消失，城市化水平达到 80% ~ 100% 的增长极限，城市人口增长缓慢甚至停滞不前，城市过度扩张产生了聚集不经济，对城市的生态环境产生了负面影响，乡城人口流动逆向趋势明显，出现了郊区化和逆城市化现象。此时，第三产业主导优势明显，服务业产值比重上升到 60% 以上，农业产值比重下降至 10% 以下，工业化率下降至 30% 以下，城市空间呈现出均衡的网络结构。[①]

三、循环累积因果理论

循环累积因果理论的代表人物主要有阿林·杨、缪尔达尔、卡尔多和希克斯等。阿林·杨对亚当·斯密的劳动分工限制论提出质疑，认为市场广度会随着成本的降低而扩大，经济发展存在良性循环过程，即自

---

① 方创琳、刘晓丽、蔺雪芹：《中国城市化发展阶段的修正及规律性分析》，载《干旱区地理》2008 年第 11 期，第 512 ~ 523 页。

我强化机制：产品成本随着社会分工的细化而降低，市场广度则会随着产品价格的下降而拓宽，从而进一步引起分工的细化和成本的降低。

1957 年，缪尔达尔（Myrdal G.）从动态系统论视角出发，将阿林·杨的循环累积强化理论进一步系统化，利用"扩散效应"和"回流效应"解释了地区经济非均衡发展的强化机制，建立了循环累积因果模型。该模型认为，社会经济运行状态不是由少数的因素决定，而是由经济增长水平、技术进步程度和经济结构变迁等多种因素决定，这些因素之间又存在相互影响、互为因果的依存关系。缪尔达尔认为，任何事物发展都是循环累积和协同演化的过程，经济社会条件产生初始变化后产生次级强化运动，进而产生经济状况的优化或恶化，这种结果反过来又影响初始变化状况，循环复始，不断累积，逐渐强化，经济始终沿着初始状态的方向发展。

缪尔达尔认为，发达中心地区与落后边缘地区之间存在两种相互作用的效应："扩散效应"和"回流效应"。中心区域由于具有发展优势，对周围地区产生"回流效应"，吸引生产要素向本地区流动，产生规模效应和集聚效应，实现超前增长；与此同时，中心区域也会产生"扩散效应"，知识、技术等优势资源向周围地区扩散和辐射，从而引领外围区域发展。但是，回流效应和扩散效应的作用效果存在差异：长期而言，扩散效应作用力大于回流效应，将促进区域协调发展；而就某一时期而言，回流效应大于扩散效应，将加剧地区间经济失衡，形成差距较大的二元经济结构。

卡尔多在继承缪尔达尔循环累积思想的基础上，提出了因果循环的理论模型和相对效率工资的概念。他认为国家内部存在制度的同质性，各地区的货币工资水平及增长率没有差异。由于生产要素聚集，发达地区规模报酬呈现递增态势，经济增长率和劳动生产率都有所提高，导致相对效率工资降低，相对效率工资下降进一步导致经济增长率的提高，这种循环累积的发展过程使得发达地区获得了持续稳定的增长。

以上学者均从循环累积的良性互动过程入手，而纳克斯则提出了"贫困恶性循环"理论，系统分析了这种循环累积强化机制的不利影响。他从供给和需求两个角度论述了循环累积因果理论的恶性强化机制，以此解释落后地区的贫困陷阱及不平等发展过程。从供给角度看，不发达地区存在工资收入和储蓄水平较低、资本和技术匮乏、生产效率低下等不利因素，这些不利因素进一步造成劳动力资源流失、经济状况恶化等不良后果；从需求角度看，落后地区的工资收入、消费能力和企业投资水平都很低，缺乏必要的物质资本和劳动要素投入，生产效率低下，经济增长缓慢，这种低迷的经济状态会进一步降低居民收入水平和需求能力，形成累加的恶性循环机制。正是供给和需求两个维度的循环累积因果效应制约了落后地区的经济发展，贫困程度进一步加深。若想打破这种强化机制，就要平衡兼顾各地区之间的投资水平，对落后地区进行一定的政策倾斜，实现发达和落后地区之间的互相促进，促进区域经济协同发展。

城乡差距会导致累积性因果循环，进一步造成城乡经济非均衡发展，空间上呈现"中心—外围"二元地理结构。此时，政府应采取干预措施及时调控这种失衡状况，阻止市场力量加剧这种非均衡的发展趋势。在城市化的过程中，城市规模的扩大与服务水平的提升，将会提升城市基础设施与服务行业的投资水平，快速推动经济增长。当农村居民逐步转变为城市居民时，其收入水平、消费水平与储蓄水平都会显著提升，从而能够为消费与投资提供相对充足的资金来源。农村劳动力涌入城市也会进一步提高城市劳动力市场的生产效率水平，而劳动生产效率的提升势必进一步提高居民收入水平，促进经济增长。

该模型的理论前提是城乡之间不存在劳动力流动障碍和制度性壁垒。在垄断竞争的市场环境下，具有成本和竞争优势的企业进入城市区域，不仅扩大了上游企业的生产需求，也降低了下游企业的运输成本，需求增加和成本降低会进一步增加地方经济利润空间，进一步吸引更多优质企业进入，形成良性发展循环机制。该模型要求劳动供给具有无限弹性，农村劳动力不断补给到城市地区，确保充足的劳动力供应。城市内部的交易成本越高，企业向城市中心集聚的经济效率越低；只有地区间贸易和劳动力市场一体化程度不断加深，生产要素流动性才会不断增强，并且这种核心优势会带动周边地区的经济发展和工业化进程，从而实现整个区域的协调发展和相互促进。[①]

四、经济增长与城市化率变动模型

产业结构理论是分析经济结构的重要理论，配第、克拉克以及库兹涅茨等人从产业结构变动的必然性角度分析了产业结构不断升级的原因及趋势以及随之而来的劳动力就业结构转变。而钱纳里则将产业结构的演变与经济发展进程联系在一起，认为在工业化过程中经济发展分为准工业化阶段、工业化实现阶段和后工业化阶段[②]，经济发展进程决定产业结构的变化，进而影响劳动力就业结构的转变过程。工业化的发展过程促进了劳动力乡城转移和产业转换。准工业化阶段资本积累速度较慢，劳动力增长速度相对较快，产品技术含量较低，多以初级产品为主；当资本积累达到一定程度后，逐渐过渡到工业化实现阶段，此时产业结构开始发生变化，工业比重不断提升，劳动力向工业转移。这种产业变迁过程不仅促进了劳动力的就业结构转换，也同时加快了城市化进程，劳动力源源不断流向城市，经济进入后工业化阶段，产业结构和就业结构变化较小，此时城市化和工业化均达到较高水平，经济进入了高级发展阶段。

钱纳里利用第二次世界大战后发展中国家特别是其中9个准工业化国家（地区）1960~1980年的数据建立多国模型，发现发达国家农业产值比重随着农村劳动力向城市转移而出现下降，见表2-1。而发展中国家产业结构转换却多数快于就业结构转换。一方面，这是因为在发展中国家农业大多比较落后，生产效率低下，发展中国家在优先发展工业的同时，工业的高生产率带来巨大的收益，但是由于科技投入在一定

---

① 郑颀：《中国城市化与经济增长协调性研究》，首都经济贸易大学硕士学位论文，2012年，第34~36页。

② 宋小芬：《产业结构演进的一般性与多样性——一个一般性原理及对中国工业化的分析》，暨南大学博士学位论文，2006年，第18~25页。

程度上存在着对劳动力的挤出效应，所以工业部门增加产值的能力大于就业吸纳能力，结果发展中国家的产业结构转变优先于就业结构转变；另一方面，这是由于发展中国家实行"剪刀差"政策，工业产品的价格往往高于农业等初级产品的价格，工业是通过剥削农业获得发展的，这样一来工业的产出大大高于农业，造成产业结构与就业结构的不一致。

表 2 - 1　　　　　　　　　　　　工业化不同阶段标志值

基本指标	前工业化阶段	工业化实现阶段			后工业化阶段
		工业化初期	工业化中期	工业化后期	
人均 GDP					
1970 年美元	140～280	280～560	560～1120	1120～2100	2100 以上
2012 年美元*	809～1618	1618～3237	3237～6474	6474～12138	12138 以上
三次产业产值结构（产业结构）	第一产业占支配地位，第一产业大于第二产业	第一产业大于20%，第二产业略超过第一产业	第一产业比重小于20%，第二产业大于第三产业且占支配地位	第一产业比重小于10%，第二产业达到最高水平	第一产业小于10%，第二产业比重下降且低于第三产业
制造业增加值占总商品增加值比重（工业结构）	20% 以下	20%～40%	40%～50%	50%～60%	60% 以上
人口城市化水平	30% 以下	30%～50%	50%～60%	60%～75%	75% 以上
第一产业就业人员比重	60% 以上	45%～60%	30%～45%	10%～30%	10% 以下

注：*1970 年与 2012 年美元转换因子为：1970 年 1 美元约等于 2012 年的 5.78 美元。
资料来源：钱纳里、赛尔昆：《发展的格局（1950～1970）》，李小青等译，中国财政经济出版社 1989 年版，第 32 页。

钱纳里、赛尔昆的就业结构转换理论认为在经济发展的不同阶段，具有不同的产业结构特征，而劳动力作为产业发展的关键因素必定随着经济发展背景下的产业结构变动而发生变化，进行产业间的转移。钱纳里、赛尔昆的就业结构转换理论强调就业结构与产业结构的一致性。首先，该理论认为产业结构与经济发展阶段相适应，随着经济的稳步增长，工业化程度不断加深，产业升级的速度要与工业化进程相一致，确保经济高速健康发展；其次，该理论认为产业结构的变化会带动就业结构的变化，鉴于就业结构转换理论在发展中国家的现实检验，我国应当不断提高劳动生产率，保证农业较好地发展，适当提高农产品价格，确保产业结构与就业结构的一致性。

五、内生经济增长模型

1956 年，经济学家索洛（Robert Solow）在研究经济增长的影响因素时，提出了以资本积累为核心、以资本边际产出递减为基本假设的内生经济增长理论。该理论认为，技术进步是经济增长的关键性因素，而这种技术进步是外生的，从而形成了外生经济增长模型。在这种思想的引领下，20 世纪 50 年代和 60 年代经济学界掀起了一股经济增长理论的研究思潮，并逐渐形成了当时相对主流的新古典经济增长理论。由于在新古典经济增长理论中，技术进步被视为遵循稳定速率变化的外生变量，因此未能从根本上解释长期中经济增长的真正来源。为找出克服资本边际产出递减的因素，研究经济可以持续增长的原因，内生经济增长理论和相关模型应运而出，其中有几个模型最具代表性。

（一）R&D 模型

技术与资本和劳动力均是生产投入要素，对经济增长影响较大，同时，它和物质产品一样可以被开发，但是与物质产品不同，技术是一个代表总体水平的宏观变量，微观个体决策对其影响较小。经济由物质产品生产部门和技术研究开发部门（即 R&D 部门）构成。假定物质生产部门的投入产出过程遵循柯布—道格拉斯（Cobb – Douglas）生产函数：

$$Y = C_v K^\alpha (AL)^{1-\alpha} \quad (0 < \alpha < 1) \tag{2-6}$$

技术产品不会像物质产品一样因为被使用而有损耗，因而技术水平会随着不断开发而提高，这就决定了技术的"生产函数"与物质产品不同，形式如下：

$$A = C_A K^\xi A^\theta L^\eta \qquad (2-7)$$

其中，C_A，ξ，θ，η 为常数，$C_A > 0$，ξ，$\eta \geqslant 0$，$\xi + \eta > 0$。

从而 $g_K = g_K g_{Y/K} = g_K(g_Y - g_K) = g_K[\alpha g_K + (1-\alpha)g_{AL} - g_K]$。

由公式（2-6）有 $g_A = C_A K^\xi A^{(\theta-1)} L^\eta$，则：

$$g_A = g_A[\xi g_K + (\theta-1)g_A + \eta g_L] \qquad (2-8)$$

这样，可以得到：

$$\begin{cases} g_K = g_K[\alpha g_K + (1-\alpha)g_{AL} - g_K] \\ g_A = g_A[\xi g_K + (\theta-1)g_A + \eta g_L] \end{cases} \qquad (2-9)$$

这就是 R&D 模型的基本形式，由此可以看出，在（g_K，g_A）平面上，直线 $g_A = g_K - n$ 与 $\xi g_K + (\theta-1)g_A + n\eta = 0$ 的交点就是系统的均衡点，动态变化可以分三种情况分析：

情况 1：$\theta + \xi < 1$，$n > 0$。

$$g_K^* = n + g_A^*$$
$$g_A^* = \frac{n(\xi + \eta)}{1 - \theta - \xi} \qquad (2-10)$$

（g_K^*，g_A^*）是模型系统唯一的正均衡解。利用公式（2-9）还可以求出其他生产要素的均衡增长率。由 $C = (1-s)Y$ 得 $g_C = g_Y$。由 $g_K = g_K$（$g_Y - g_K$）得 $g_K^* = g_Y^*$，因此有：

$$g_K^* = g_Y^* = g_C^* = n + g_A^* \qquad (2-11)$$

若取 $x = g_A^*$，则公式（2-10）与 Solow 模型形式相同。但现在 $x = g_A^*$ 是由模型内生决定的均衡增长率，而在 Solow 模型中却是外生变量。

情况 2：$\theta + \xi > 1$ 或 $\theta + \xi = 1$，$n > 0$。

此时公式（2-9）中的两条直线不能在第一象限内相交，因而系统不会产生正均衡点。这意味着技术水平与经济增长率都可以无限制提高。所以排除掉 $\theta + \xi > 1$ 的假设。

情况 3：$\theta + \xi = 1$，$n = 0$。

此时经过均衡点的两条直线重合于 45 度线上，公式（2-8）可以

写成:

$$\begin{cases} g_K = (1-\alpha)g_K[g_A - g_K] \\ \dot{g}_A = \xi g_A[g_K - g_A] \end{cases} \tag{2-12}$$

消去 $g_A - g_K$ 后得:

$$\frac{d}{dt}\ln(g_K^\xi g_A^{1-\alpha}) = \xi\frac{g_K}{g_K} + (1-\alpha)\frac{g_A}{g_A} = 0 \tag{2-13}$$

由此得出 $g_K^\xi g_A^{1-\alpha} = const$，表明系统每条轨道均收敛于 45 度线上的某一点，这种收敛介于情况 1 与情况 2 之间的界域内。

(二)"干中学"模型

在研究技术进步对经济增长的影响时，阿罗在其《边干边学的经济含义》一文中跳出了新古典经济增长理论所阐述的技术进步以常量增长的束缚，将知识的增长引入模型之中，进而得出了技术进步源自资本投资外部性这一观点，构建了"干中学"模型。阿罗认为技术进步源自知识的增长，而知识是在生产活动中逐步积累提升的，资本投资可以促进社会生产的发展和积累，从而促进知识的积累和技术进步。他认为技术水平会随着生产活动的积累不断提高，从而削减或是抵消资本边际产出递减的趋势，使经济体出现收益递增的现象。相比于新古典经济增长理论，阿罗突破性地将技术进步视为经济增长的内生变量，认为技术进步是资本投资的产物，并且具有正的外部效应。

在 R&D 模型中，技术开发部门和生产部门相互独立，而实际上是技术开发常常与物质产品相伴而生，于是内生经济增长模型便演变成了"干中学"模型。假定经济只有常规生产部门，技术开发在生产过程中产生，因此是生产要素的函数。假定技术进步的函数关系为:

$$A = BK^\xi, \quad B, \ \xi > 0 \tag{2-14}$$

将公式 (2-14) 代入公式 (2-6) 得:

$$Y = B_1 K^{\alpha + \alpha'\xi} L^{\alpha'}, \quad B_1 = C_Y B^{\alpha'} > 0 \tag{2-15}$$

仅有变量 K 需要确定，只需要一个方程，基于关系 $\dot{K} = sY$，由 $g_K = sY/k$ 得:

$$g_K = g_K[g_Y - g_K] = \alpha' g_K(n - \xi' g_K) \qquad (2-16)$$

这就是边干边学模型的微分方程，模型分析也可以分三种情况：

情况 1：$0 < \xi < 1$，$n > 0$。

此时公式（2-16）有唯一的正均衡解：

$$g_K^* = \frac{n}{\xi'} \qquad (2-17)$$

由公式（2-14）有 $g_A = \xi g_K$，这与 $K = sY$，$C = (1-s)Y$ 及公式（2-17）一起正好得出公式（2-11）。可见，主要宏观经济变量与均衡增长率的关系十分稳定，与模型没有关联，公式（2-11）可以作为经济增长模型是否合理的检验标准。

由公式（2-16）可以看出，当 $0 < g_K < g_K^*$ 时，$g_K > 0$，当 $g_K > g_K^*$ 时，$g_K > 0$，故如索洛（Solow）模型一样，g_K^* 是全局稳定的。更直接的方法是将公式（2-16）写成：

$$\ln\frac{g_K(t)}{g_K(0)} - \ln\frac{g_K(t) - g_K^*}{g_K(0) - g_K^*} = n\alpha't$$

由此解出：

$$\frac{1}{g_K(t)} = \frac{1}{g_K^*} + \left[\frac{1}{g_K(0)} - \frac{1}{g_K^*}\right]e^{-n\alpha't} \qquad (2-18)$$

公式（2-18）表明，对任何 $g_K(0) > 0$，有 $g_K(t) \to g_K^*(t \to \infty)$。其收敛速度即 $e^{-n\alpha't} \to 0(t \to \infty)$ 没有 Solow 模型收敛速度快，因为 Solow 模型收敛速度相当于 $e^{-\mu\alpha't} \to 0(t \to \infty)$ 的速度，而 $\mu = n + \delta + x > n$。

情况 2：$\xi > 1$，或 $\xi = 1$，$n > 0$。

在这种情况下，当 $g_K > 0$ 时，由公式（2-16）有 $g_K > 0$：

$$g_K = \alpha' g_K(n - 2\xi' g_K) > 0$$

可见 g_K 加速增长，没有边界。若 $\xi > 1$，则由公式（2-17）求出 $g_K^* < 0$，因而公式（2-18）右端在时间 t 为 0。

情况 3：$\xi = 1$，$n = 0$。

此时公式（2-16）成为 $g_K = 0$，因而：

$$g_K(t) = g_K(0) = \frac{sY(0)}{K(0)} = sC_Y(BL)^{\alpha'} \qquad (2-19)$$

注意 $L = L(0)$。由公式（2 - 14）得 $A = BK$，因此 $g_A = g_K$。可以得到：

$$g_Y = g_C = g_A = g_K = sC_Y(BL)^{\alpha'} \qquad (2-20)$$

由公式（2 - 15）有：

$$Y = (B_1 L^{\alpha'})K \qquad (2-21)$$

可见，生产函数退化为线性函数。

（三）罗默模型

1990 年罗默（Paul Romer）在《内生技术变革》（Endogenouse Techonlogical Change）一文中提出了自己的经济增长模型，这一模型在阿罗技术进步源于资本投资外部性思想的基础上，将知识和技术进步内生于经济发展中，创立了内生经济增长模型，并得出了重要结论：人力资本与经济增长水平之间存在着正向关系，一个国家或地区的人力资本水平越高，其经济增长速度就越快。

在模型中，罗默将整个社会生产划分为三个部门：技术研发部门、中间产品和最终产品生产部门。模型中涉及的生产要素除了资本品（K）、劳动力（L）外，还突破性地加入了知识和技术水平（A）及人力资本（H）。他认为这些投入变量在三个部门是这样运转的：首先，研发部门运用人力资本（H）和现有的知识技术水平（A），进行新的研发设计，并将这些新设计的专利卖给中间产品生产部门。其次，获得这些专利的中间产品生产部门因此成为垄断者，把部分资本品（K）生产为中间产品卖给最终产品生产部门。最后，最终生产部门投入劳动力（L）和中间产品，生产出最终产品。

技术研发部门：$\dot{A} = \delta HA$，式中 H 为人力资本总量。

中间产品生产部门：$K = \eta \sum_{i=1}^{A} x_i$，式中 x_i 为中间产品产量，η 代表为得到一单位中间产品需投入的资本品的数量。

最终产品生产部门：$Y = H_\gamma^\alpha L^\beta \int_0^\infty x(i)^{1-\alpha-\beta} d_i$。

（四）宇泽—卢卡斯内生增长模型

1965 年，日本经济学家宇泽弘文在研究技术进步对经济增长的影响时，并没有像阿罗那样将技术进步归因于资本投资的外部性，而是将其归因于人力资本的提升。他提出了包含生产部门和教育部门的两部门经济增长模型。他认为教育部门的活动会提升劳动者的知识和技能，从而提高劳动生产率，增加生产部门的产出，使经济维持长期增长。该模型通过建立技术进步方程式，进而推导出生产函数模型。

宇泽模型核心的技术进步方程式为：$\dot{A} = G(A, L_E)$。

其中，$\dot{A}$ 是技术进步变化率，A 是当期的技术水平，L_E 是教育部门的劳动力。技术进步率是由当期技术水平和教育部门劳动要素水平共同决定的。

由技术进步函数推导出生产函数为：$Y = F(K, \dot{A}L_p)$。

其中，K 为资本存量，L_p 为物质生产部门的劳动力数量，$\dot{A}$ 为技术进步变化率。由此可见，宇泽模型将教育部门生产引入了经济增长函数，并认为教育部门的劳动要素边际收益非递减，和资本边际产出递减相互抵消，从而实现经济的持续增长。这一模型常被认为是最早的人力资本增长模型，为以后的卢卡斯内生经济增长模型提供了理论基础。

1988 年，罗伯特·卢卡斯在《论经济发展的机制》一文中建立了基于人力资本的内生经济增长模型，指出专业化人力资本是技术进步和经济稳定增长的源泉。这一模型为以后经济学界研究人力资本、技术进步和经济增长之间的关系提供了重要的思路和理论支撑。卢卡斯认为，人力资本具有两种效应：一是内部效应，通过学校教育积累起来人力资本；二是外部效应，借鉴了阿罗的"干中学"思想，认为外部效应是通过生产实践积累起来的，且这种在实践中积累起来的人力资本是可以保持递增的。这也就说明了一个国家人力资本水平越高，人力资本积累速度也就越快，资本收益率也会随之提高；相反，人力资本存量不高，资本收益率也不会理想。

在卢卡斯的内生经济增长模型中，假定生产者用于生产和学习的总时长为一个单位量，生产者从事生产的时间占总时间的比重为 u，则从事学习的时间占总时间的比重为 1 – u，即生产者用来提升人力资本的时间。

由此，人力资本的增量即可表示为：$\dot{h}_t = \delta(1-u)h_t$

其中，$\dot{h}_t$ 为人力资本的变化率，δ 为正的常数，h_t 为 t 时刻人力资本水平即人均人力资本存量。由此可以看出，卢卡斯认为人力资本变化率是由从事学习即人力资本积累的时间和现期人力资本水平决定的。

由此推导得出其生产函数：

$$Y_t = A_t K_t^{\alpha} H_t^{1-\alpha} h_t^{\beta} \qquad (2-22)$$

其中，Y_t 为 t 时刻的国内生产总值，A_t 为 t 时刻的技术水平，K_t 为 t 时刻的物质资本存量，H_t 为 t 时刻的人力资本存量，h_t 为 t 时刻的人力资本水平即人均人力资本存量（用平均受教育年限来表示），α 为固定资本存量的产出弹性，β 为人均人力资本存量的产出弹性。最终推出稳态时的经济增长率：

$$g = \frac{\dot{h}_t}{h_t} = \frac{(1-\beta)[\delta-(\rho-\lambda)]}{\sigma(1-\beta-\gamma)-\gamma} \qquad (2-23)$$

其中，β 为人均人力资本存量的产出弹性，δ 为正的常数，ρ 为贴现率，λ 为劳动力增长率，σ 为消费者效用函数中的避险系数。由此可见，依靠人力资本的外部效应，可以实现经济的长期增长，因此，卢卡斯认为，人力资本是推动经济长期增长的源泉。

（五）马克思内生经济增长理论

马克思的经济增长理论本质上也是内生经济增长模型，但与西方经济增长模型将技术内生化不同的是，马克思强调技术进步和劳动生产率的提高是由于资本的趋利性动机造成的。在马克思看来，企业为了追求超额利润，会不断采用先进的科学技术，从而提高资本的有机构成，进而带动生产资料的增加和生产规模的扩大。而生产资料的增加和生产规模的扩大，会使企业更有能力进行新商品的研发和技术创新，从而提高劳动生产率，赚取更多的超额利润。马克思将资本有机构成的变化分为外延资本有机构成的变化和内涵资本有机构成的变化。外延资本有机构成主要体现在劳动客观条件如劳动力的数量和物质生产资料的变动上，与劳动的主观条件——劳动力质量无关。与此相反，内涵资本有机构成表现在劳动力的主观变化上，即劳动复杂程度和劳动技能水平提高上。马克思认为内涵资本有机构成即劳动力质量的变动是经济长期增长的源泉。

第二节　城乡平衡发展理论

　　发展中国家具有典型的二元经济结构特征。经济发展初期阶段，工业发展必需的物质资料和劳动力资源主要由农业提供，削弱了农业的生产基础，导致城乡经济发展失衡。工业快速发展而农业相对落后会导致产业结构进一步偏斜，工业部门扩张难以为继，农业发展才开始受到重视①。拉尼斯和费景汉（1961）②、乔根森（1967）③认为，只有提高农业技术水平和劳动生产率才能解放农村剩余劳动力，实现工农业平衡发展。西奥多·舒尔茨（1968）也提出只重视工业发展而忽视农业发展不利于产业结构优化和经济全面发展④。农村剩余劳动力转移是二元经济结构向城乡经济一体化转变的重要路径⑤。

　　城乡平衡发展是指在非均衡的二元经济条件下，实施城市支持农村、工业反哺农业的政策设计和制度安排促进农村剩余劳动力乡城就业转移，实现城乡之间和工农业之间的融合发展，最终消除城乡差距。城

　　① 陈曦：《城乡基础养老保险一元化缴费率研究》，辽宁大学博士学位论文，2015年，第35~40页。

　　② Gustav Ranis, John C. H. Fei, Economic Development, American Economic Review, 1961, Vol. 4, pp. 533 –565.

　　③ Stig Jorgensen, Development of Dual Economy of Agricultural Surplus Labor, Oxford Economic Paper, 1967, Vol. 3, pp. 288 –312.

　　④ ［美］西奥多·舒尔茨：《经济增长与农业》，郭熙保等译，北京经济学院出版社1991年版，第18~22页。

　　⑤ 杨海军、肖灵机、邹泽清：《工业化阶段的判断标准：霍夫曼系数法的缺陷及其修正——以江西、江苏为例的分析》，载《财经论丛》2008年第2期，第7~14页。

乡平衡发展是一个动态变化过程，是在不断去除二元经济壁垒的条件下，各种生产要素实现合理配置，资源利用效率达到最优的状态①。新中国成立初期"城市偏向"的经济发展战略，不仅导致农业发展缓慢、农民收入水平低下，还导致农村基础设施建设滞后和公共服务严重不足，严重阻碍了传统农业向现代农业的转变和农民生产方式、生活方式的彻底改变。

提高人口城市化水平和质量既是统筹城乡平衡发展的路径选择，又是城乡平衡发展的重要追求。一方面，提高人口城市化水平与质量不仅需要促进产业结构优化，大力发展第三产业消化和吸收农村剩余劳动力，而且需要破除户籍制度、社会保障、子女教育等障碍和壁垒，促进城市公共服务均等化，加快农民工市民化进程。另一方面，推动农村工业化和农业现代化建设，实现城市与乡村平等发展，促进城乡之间资本、土地要素自由流动和优化配置，消除城乡制度差异，政策歧视，缩小城乡收入差距，共享城市化发展成果，实现城乡一体化，是人口城市化发展的重要追求和最终目标。

城市和农村之间相互影响和制约，作为社会的有机组成部分是矛盾统一的两个社会整体，两者关系复杂多变，具有鲜明的时代特征和地域特征。城乡之间的不协调关系是各个国家城市化发展过程都需要面对的现实问题，消除城乡差距是理论研究和实践探索的主要目标之一，备受国内外学者关注。他们利用理论研究成果梳理和经济发展实践总结形成了一系列理论假说，并为城乡统筹协调发展研究奠定了重要的理论基础。

一、马克思主义城乡发展理论

马克思和恩格斯用历史唯物主义辩证思想论证了城乡发展之间的内在联系，认为城乡关系是社会发展系统中最重要的关系之一，"城乡关

---

① 王玥：《基于城乡迁移劳动力的养老保险制度对接研究》，辽宁大学博士学位论文，2012 年。

系的面貌改变，整个社会的面貌也跟着改变"①。城乡对立是某一特殊历史时期的社会现象，会随着社会经济发展最终走向融合。马克思指出，城乡对立是经济发展阶段的重要体现，"只是工农业发展水平还不够高的表现"②。社会进步要求社会分工协作，城乡的分离和不协调只是暂时的一种对抗，在逐渐克服对立弊端的过程中，城乡将实现融合统一，这是人类历史发展的必然结果。社会进步到一定程度，工农业互相融合，摒弃各自缺点和不足，发挥优势和特色，最终实现城乡的协调统一。

邓小平在此理论基础上进一步丰富和发展了城乡发展理论，认为农业是经济社会发展的根本，农村是国民经济的基础，是安天下、稳民心的战略性基础产业，城乡之间以及工农产业之间应该相互支持和促进，通过一系列的社会改革缩小城乡差距，实现城乡统筹发展。1975 年国务院讨论加快工业发展的战略方针时，邓小平指出工业支援农业、促进农业现代化是工业的重大任务。具体举措有"工业城市要带动附近农村"③，通过工业技术变革、城市带动农村进行结构调整并发展小微企业，推进农村经济结构改革和技术创新。他认为，缩小城乡差距的关键是进行农村经济体制改革，改变农业自给自足的状态，充分发挥市场机制资源配置的作用，壮大发展市场经济。同时，加快户籍制度改革的步伐，允许农村居民合理有序进城务工经商，增强农村经济活力和创新动力④，形成以经济建设为中心、以市场为导向的城乡发展新格局。

二、田园城市理论

工业革命后期，发达国家城市出现了交通拥挤和环境污染等现实状

---

① 《马克思恩格斯选集（第 1 卷）》，人民出版社 1995 年版，第 45～46 页。
② 《马克思恩格斯选集（第 1 卷）》，人民出版社 1972 年版，第 66～70 页。
③ 《邓小平文选（第二卷）》，人民出版社 1994 年版，第 15～16 页。
④ 孔燕：《党的领导核心对城乡关系理论的探索》，载《世纪桥》2008 年第 5 期，第 42～43 页。

况，学者们开始关注城市发展协调性问题。英国学者霍华德（1898）在《明日：一条通向真正改革的和平道路》（Tomorrow：A Peaceful Path to Real Reform）一书中提出了"田园城市"空间模式理论。该理论认为，城市化产生了城乡之间的两极分化，"不仅仅是在英国，而且在欧洲、美洲以及我们的殖民地，不论属何党派，大家几乎一致对人口将继续向已经过分拥挤的城市集中、农村地区将进一步衰竭的问题深感不安"①。他认为二元经济产生的主要原因是城市产生磁铁"引力"不断吸引农村劳动力流入，当城乡对劳动力的吸引力差距缩小到一定水平时，人口的乡城流动就会放缓。城市虽然有收入水平高、就业机会多、公共服务完善、发展前景较好等优势，但同时也存在居住成本高、环境污染严重、交通拥挤和邻里关系淡漠等劣势；农村地区空气清新，自然环境优美，生活压力较小，但是相对贫穷落后。城市和农村各有利弊，生活在城市抑或农村，都是优势与劣势并存，不可能完全理想化，但是如果生活在城市和乡村的结合体中就能兼具二者的优点而避免各自的缺点。基于此，霍华德构建了以城乡协调发展为目标、兼具城乡优势的理想田园城市。

田园城市是尊崇人本理念、产业发展协调、城乡之间高度融合、居民生活健康美好的理想城市。田园城市本质上是城乡结合体，主要包括城市和乡村两个发展体系，城市发展主要涉及经济增长水平、城市规模结构布局、人口密度、城区绿化与环境保护等维度，而城市周边有永久性的农业发展区域围绕，呈环状分布，主要功能是为城市构建良好的自然环境及满足城市居民的休闲消费需求，提供生存的动力和生命的源泉。

田园城市理论坚持以人为本的发展理念，尊重自然发展规律，以促进城乡协调发展为目标，构建了一个城乡协调共进、融合统一的城市规划思想体系，对城市规模适度水平、城镇空间合理布局等提出了创新性的理论观点，充分体现了城乡规划的学术思想。田园城市理论对城市规划具有重要的指导意义，"卫星城镇"和"有机疏散论"等核心思想对现代城市规划理论产生了深远的影响。

① 埃比尼泽·霍华德：《明日的田园城市》，金经元译，商务印书馆 2000 年版。

三、麦吉城乡一体化发展理论

加拿大学者麦吉（McGee）教授立足于城乡一体化研究角度，对亚洲部分国家和地区的经济发展实践进行了深入研究，发现城市化过程中城市与农村的临界区域出现了一种新的空间形态，它不仅具有城市的部分功能，而且具有农村的土地自然景观，麦吉称之为城乡边缘区。

城乡边缘区是特定条件下城市和农村两种异质空间相互影响、相互对抗的中间地带。城市化初期，城市经济扩散效应较低，中间地带受其影响较小，农业区特征明显；随着城市化进程不断加快，边缘区工业用地逐渐增多，尤其是内边缘区的城市样貌增多，但是农业主导地位未发生变化；当城市化发展到一定阶段后，城市的集聚和扩散效应不断增强，边缘区的城市特征日益显著，农村特征逐渐消失，最终实现了城乡的融合和统一。在这一过程中，边缘区兼具城市和农村两种土地利用方式和两种人口社会特征，属于城乡之间过渡的一种混合地域空间，具有动态性和过渡性特征，具体变化过程见图 2－3。

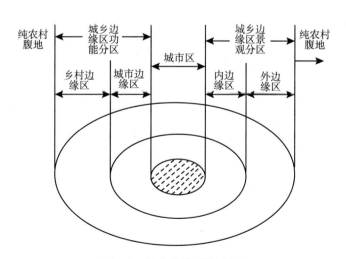

图 2－3　城乡边缘区地域结构

资料来源：安虎森主编：《区域经济学通论》，经济科学出版社 2004 年版，第 679 页。

四、区域相互依赖理论

20 世纪中期，伴随着国际分工和贸易合作的发展，区域相互依赖理论应运而生。依赖是指某一事物的发展和变化受另一个事物的影响，两者相互依存。美国学者理查德·库珀（Richard N. Cooper）在《相互依赖的经济》一书中系统阐述了区域相互依赖理论，认为发展中国家对发达国家存在依赖关系：发达国家具有绝对优势，在对外贸易和技术创新领域处于主导地位，对发展中国家有很强的控制能力；而发展中国家由于经济与技术落后，在贸易交往中处于从属地位，经济发展需要依赖于强大的发达国家。[1] 后来，罗伯特·基欧汉（Robert Keohane）和约瑟夫·奈（Joseph Nye）出版了《权力与相互依赖》一书，从双向视角构建了复合相互依赖理论，形成了"更加清晰的理论框架"[2]。1975 年，布鲁克菲尔德（H. Brookfield）出版了《相互依赖的发展》一书，进一步阐述了发达国家比发展中国家更依赖对方的物质资本、劳动力和产品市场。

总之，区域之间大抵存在依赖关系，这种依赖表现为双方相互影响，影响的内容和强度会因时间节点和区域主体的不同而不同。依赖对各个区域产生的影响可能是积极的或消极的，也可能两者并存。积极的依赖关系会促进区域间的经济贸易交流和一体化发展，消极的依赖关系则会形成地区间的矛盾与冲突，造成动荡不安。因此，政府部门应采取必要的干预政策，化解地区之间的矛盾和冲突，促进区域经济一体化发展。

五、空间相互作用理论

空间相互作用理论从空间角度阐述了区域之间的相互作用机制。该

---

① Richard N. Cooper, The Economics of Interdependence: Economic Policy in the Atlantic Community. New York: McGraw – Hill, 1968.

② 罗伯特·基欧汉、约瑟夫·奈:《权力与相互依赖》（第 4 版），北京大学出版社 2012 年版。

理论认为，社会经济客体为了维持内部生产生活的正常运行，总是在时空上进行物质、能量和信息等方面的交换。这种空间相互作用的方式主要有对流、传导和辐射三种[①]，空间相互作用的载体包括人流、物流、资金流、信息流和技术流五种形式[②]。空间相互作用程度大小与区域间的互补性和可达性成正比，与干扰机会成反比。

　　有代表性的空间相互作用模型有空间作用引力模型与潜能模型等，应用模式主要有购物行为模式、迁移模式和通勤模式等[③]。其中最具影响力的空间作用引力模型由天文学家斯图瓦特（Stewart，1948）提出[④]，他观察到普林斯顿大学生多为本地学生，随着距离加大，就读学生相应减少，人口流动在空间上呈现出距离衰减规律。他认为两地之间的人口引力 I 是人口数量和距离的函数：

$$I = K \times (M_1 M_2)/D_{12}^2 \qquad (2-24)$$

　　其中，K 是常数，M_1、M_2 分别为两地的人口数量，D_{12} 为两地之间的距离。空间作用距离衰减规律如图 2-4 所示。

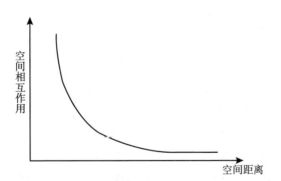

图 2-4　空间作用距离衰减规律曲线

---

　　①　陆大道：《区位论及区域研究方法》，科学出版社 1988 年版。
　　②　杜鹏、王彦庚：《银川—吴忠空间相互作用研究》，载《宁夏社会科学》2003 年第 3 期，第 31～35 页。
　　③　张秀生、卫鹏鹏：《区域经济理论》，武汉大学出版社 2005 年版。
　　④　J. Q. Stewart, Demographic Gravitation: Evidence and Applications. Sociometry, 1948, 11 (1/2)：31-58.

后来，斯蒂弗和热夫在此基础上增加了距离摩擦系数，构建了基本引力模型：

$$I = K \times (M_1 M_2)/D_{12}^b \qquad\qquad (2-25)$$

其中，b 为距离摩擦系数，可以用来测量区域间的物流、资金流和信息流。

第三节　农村劳动力迁移理论

发展经济学视角下的城乡人口迁移理论以刘易斯和托达罗为代表。刘易斯（Lewis，1954）将发展中国家经济部门分为传统农业部门和现代工业部门，认为在现代工业部门边际劳动生产率较高情况下，只需要以略高于农业部门的工资水平就能够获得源源不断的农村剩余劳动力供给[1]，当传统农业部门和现代工业部门两者劳动生产率相等时，农村剩余劳动力转移完毕。拉尼斯—费景汉模型对刘易斯模型进行了修正，认为农业劳动力转移到工业部门的条件是农业劳动生产率和农业技术水平的提高、剩余产品的增长等，并提出劳动力迁移的三个阶段：农业边际劳动生产率为零、农业剩余劳动力无限供给和绝对剩余阶段，农业边际劳动生产率大于零、小于不变工资的农业剩余劳动力流动阶段和农业边际劳动生产率大于不变工资的农业剩余劳动力流动阶段[2]。乔根森（Jorgenson，1961）认为现代工业部门的发展离不开农业的发展和完善，离不开农业产出增长率超过人口增长率产生的农村剩余劳动力和农业剩余。在工业部门扩张过程中，人们对农产品消费的有限性和对工业产品消费需求的无限性导致农村剩余劳动力不断向工业部门转移[3]。哈里斯和托达罗（Harris

---

[1]　Lewis W A, Economic Development with Unlimited Supplies of Labor. *Manchester School of Economic Studies*, 1954, No. 2, 1954, pp. 139 – 191.

[2]　张桂文：《从古典二元论到理论综合基础上的转型增长——二元经济理论演进与发展》，载《当代经济研究》2011 年第 8 期，第 39 ~ 44 页。

[3]　Jorgenson D W, The Development of a Dual Economy. *Economic Journal*, Vol. 71, No. 282, 1961, pp. 309 – 334.

and Todaro，1970）认为，城乡之间预期收入差距是农村剩余劳动力陆续向城市转移的重要因素，城市失业率也会影响居民的迁移决策①。除此之外，人口学上非常著名的推拉理论解释了人口迁移的各类影响因素，指出人口流动是原住地的推力和迁入地的拉力共同作用的结果。这些理论重点分析了农村人口乡城流动的原因及对城乡经济发展的影响。

一、刘易斯二元经济模型

刘易斯（W. A. Lewis）在借鉴以往学者研究成果的基础上，将劳动力迁移过程模型化，提出了适用于二元经济特征的农村劳动力转移模型。他认为发展中国家具有典型的二元经济结构模式：以农业生产为代表的传统农业部门和以工业生产为代表的现代工业部门。在自给自足的农业生产中，农村劳动力相对过剩，农业生产效率较低，农村劳动力工资水平不高，转移部分剩余农村劳动力不会降低效率水平；现代工业部门采取现代生产方式，劳动力相对于资本存在稀缺性，机械化生产效率较高，劳动报酬也较高。因此，现代部门和传统部门存在劳动效率和工资水平差异，使得部分农村剩余劳动力从传统部门转移到工业部门，只要这种差异存在，就会有源源不断的农村劳动力涌入城镇，直至两部门劳动生产率相等，工资水平接近，这种流动才会停止。农村劳动力流动过程可以划分为两个阶段：劳动力无限供给阶段，农村劳动力相对过剩，工资水平仅能够维持基本生活消费支出；劳动力有限供给阶段，农村剩余劳动力已经全部转移至现代工业部门，其工资水平将随着工业部门劳动力供求关系变动，劳动力供给不再是无限弹性。

刘易斯二元经济模型中的劳动力流动过程见图 2 – 5。WS 为无限供给的劳动力供给曲线，K_1、K_2、K_3 为工业部门不同水平的资本存量，$K_1 < K_2 < K_3$。工业部门生产目标为利润最大化，均衡条件为边际成本

① Harris，J. R and Todaro M P，Migration，Unemployment and Development：A Two-sector Analysis. American Economic Review，No. 2，1970.

等于边际收益。当资本存量为 K_1 时，生产部门获得利润 D_1WF，劳动者工资水平为 OL_1FW；当资本存量增加至 K_2 时，工业部门吸引了 L_1L_2 的农村剩余劳动力就业，企业利润增加到 D_2WG_3；当工业部门的资本存量曲线移动到 K_3 时，劳动力就业数量为 L_3，工业利润增加了 GHD_3D_2。利润随着资本扩张而不断增加，直到工业部门吸纳了农业部门所有的剩余劳动力，这一阶段农村劳动边际生产率为 0，劳动力可以无限供给。当农村劳动力转移殆尽、劳动边际生产率大于 0 时，农村劳动力转移数量是工资水平的增函数，劳动力供给曲线会向右上方倾斜，农村劳动力供给会随着劳动报酬的提高而增加。

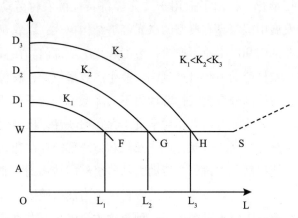

图 2-5　刘易斯二元结构模型中的劳动力流动过程

　　刘易斯劳动力转移模型的核心观点是工业部门的资本积累是经济发展和劳动力转移的唯一动力，发展中国家经济发展的动力有赖于农村劳动力转移至现代工业部门，城乡非均衡发展是不发达时期的必然选择。这种理论适用于经济水平相对较低、农村劳动力无限供给、二元经济差距较大的经济发展阶段。

二、拉尼斯—费景汉模型

　　由于刘易斯模型存在和发展中国家现实不一致的"理想化"状态，

因此拉尼斯—费景汉在二元经济理论的基础上将发展中国家农村劳动力转移划分为三个阶段，指出农业劳动生产率对于农村劳动力转移的重要意义，只有提高农业劳动生产率，才能提供转移劳动力必要的消费品。农村剩余劳动力有"多余劳动力"和"隐蔽失业者"两个类型："多余劳动力"边际生产率为0，其转移不会影响农村劳动生产效率水平；而"隐蔽失业者"的边际生产率大于0，但低于"不变制度工资水平"（仅维持基本生存的收入水平）。

农村剩余劳动力转移分为以下三个阶段：

第一阶段的农业劳动边际生产率为0，"多余劳动力"转移到发达的工业部门，如图2-6中A到B的变动过程所示，劳动力流出并没有影响农业收入水平，维持生存的农产品价格不会上涨，劳动力转移阻力很小。

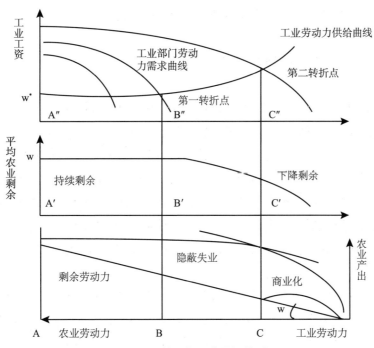

图2-6 拉尼斯—费景汉模型

第二阶段的农业劳动边际生产率大于 0，但是小于不变制度工资水平，"隐蔽失业者"将从农业部门转移到工业部门，即 B 到 C 的转移过程。这一阶段工业部门劳动成本提高，利润水平下降，农业转移劳动力工资酬劳低于制度工资水平，转移速度明显放缓。

第三阶段的农业劳动边际生产率大于或等于农业生产平均固定收入水平，农业剩余劳动力全被工业部门吸收，工资水平将由劳动边际生产率决定，如图中 C 点后的变动区域所示。此时，农业部门已经没有剩余劳动力，如果农村劳动力继续转移到工业部门，农产品生产成本将会上升，农产品价格随之升高。

拉尼斯—费景汉模型对刘易斯模型做了进一步的补充，提出了平衡发展原理和临界最小努力两个概念，肯定了农业部门在经济发展中的基础地位，并在农村劳动力转移过程中考虑了平衡增长、技术进步和人口变动等因素，认为只要贸易条件持续变好，农村剩余劳动力转移速度大于人口增长速度，就会实现两部门的经济持续稳定增长。

三、托达罗劳动力迁移模型

20 世纪 60 年代，发展中国家劳动力乡城流动规模超过了城市工业的吸纳能力，形成了一定数量的城市失业人口，但是人口城市化进程并未停止。很多学者注意到，盲目的农村劳动力迁移不仅不会促进经济增长，反而会加剧城乡之间的不平衡发展，同时造成城镇失业率上升。托达罗基于这一社会现实对刘易斯二元经济模型进行了修正，发展了城乡劳动力迁移模型，指出劳动力的乡城迁移是一种理性的经济行为，迁移决策取决于城乡预期收入差距，其中城市预期收入与城市工资水平和就业概率相关。

刘易斯模型认为，只要城市就业收入水平高于农村地区，任何一个愿意到城市工作的农村劳动力都会迁移到城镇并找到工作，虽然认为会存在短期失业问题，人口流动速度有所减缓，但是长期来看，城市劳动力供求关系会自动调节，最终达到充分就业的均衡状态，因此，城市的短期失业不会对人口乡城流动产生实质性影响。刘易斯模型虽然提及了短期失业会抑制人口乡城迁移，但仅仅是从定性角度进行了论述，并没有建立严密的分析框架来阐述人口乡城流动与城市失业率之间的函数关系。托达罗则引入了就业概率这一变量，认为迁移者对预期收入的估算中，就业概率会降低实际的城乡收入差距，但是只要城市预期收入水平大于农村，尽管存在失业的风险，劳动力也会源源不断流入城镇地区寻求就业机会。

托达罗假定，农村劳动力迁入城市的动机不仅取决于城乡实际工资差异，还取决于城市劳动力市场的失业状况，即人口迁移决策取决于经就业概率修正的城乡收入差异，具体模型分析如下：

$$V_0 = \int_0^\infty [p\omega_u - \omega_r] e^{-rt} dt - C = \frac{1}{r}[p\omega_u - \omega_r] - C \quad (2-26)$$

其中，V_0 为经过贴现的城乡预期收入现值，ω_u 和 ω_r 分别为城市正规部门和农业部门的收入水平，p 为城市就业概率，C 为乡城迁移成本。

迁移的平衡条件为：

$$\frac{1}{r}[p\omega_u - \omega_r] - C \Leftrightarrow p\omega_u - \omega_r = rC \quad (2-27)$$

如果城乡预期收入差异大于贴现后的迁移成本，乡城人口迁移就会发生，就业概率由城市工业新创造的就业机会和现有的城市失业人数两个因素决定。托达罗模型的基本主张可以概括为：农村劳动力乡城迁移决策取决于预期城乡收入差异，城市预期收入受工资水平和就业概率两个变量影响；农村劳动力在城市的就业概率与城市新创造的就业机会成正比，与城市失业率成反比；人口乡城迁移率超过城市就业增长率是合理的，只要城市预期收入高于农业部门，就会有迁移行为发生，这就解释了虽然城市存在失业人口，依然会有农村劳动力流入城市。

托达罗认为，刘易斯模型符合发达国家历史经验，但与发展中国家经济现实不符。托达罗模型为人口乡城迁移与城市失业并存提供了合理的解释，得到了广泛应用，并为发展中国家实证研究提供了理论分析框架，其主要贡献在于：人口乡城流动是迁移成本与预期收益权衡比较的结果，预期收益的大小和就业概率密切相关；城市就业岗位越多，劳动力乡城迁移动机就越强，依靠现代工业部门扩张不能缓解发展中国家的城市失业问题，城市的就业概率会随着就业岗位数量的增加而增加，因此会吸引更多的农村劳动力流入城市，即使会有短期失业状态，农村劳动力也会流入城市等待新的就业机会出现，城市工业部门发展得越快，就业岗位创造得越多，失业水平也会越高；通过提高迁移成本来限制人口乡城流动的速度和规模，消除人为扩大城乡收入差异的各种社会经济政策，发展农村经济，是降低乡城迁移倾向和实现农村剩余劳动力转移的有效方法，追求城乡平衡发展是发展中国家迅速崛起的根本出路。

与刘易斯模型相比，托达罗的城乡劳动力迁移模型虽然有了一定程度的改进，但也受到部分学者的批评，其存在的不足主要有：托达罗的模型放弃了农村劳动力无限供给的假定，认为农村不存在隐性失业，而大部分发展中国家农业生产率水平低下，还存在相当数量的失业人口；该模型只强调经济因素对人口乡城迁移的影响，而忽视了政策变革和社会心理因素的影响；该模型假定乡城迁移者是风险中性型，而有些人是厌恶风险的，做迁移决策时会因家庭风险和失业风险做出保守的选择。

综上所述，二元经济劳动力迁移理论为发展中国家走出困境、迅速崛起提供了一种新的理论基础，其对于城乡之间发展关系的系统阐述，为消除二元结构特征、促进城乡平衡发展提供了积极的研究视角。

四、推—拉人口迁移理论

1938 年，赫伯尔（Herberle）提出人口流动是由一系列的"力"引起的，这种"力"主要体现为"推力"和"拉力"两种形式。迁出地的不利条件产生了推力或排斥力，迁入地的比较优势产生了拉力或吸引力，两种力共同作用产生迁移行为，影响人口迁移的最主要因素就是工资差别。赫伯尔假设信息是完备的，决策者对区域的信息了解非常充分，并且具有理性经济人特征，能够依据现实情况比较权衡并做出科学而理性的选择。

1885 年，英国学者雷文斯坦在《人口迁移规律》中系统阐述了迁移距离、迁移方向及迁移者特征对人口迁移过程产生的影响，认为经济动机是导致人口流动的主要因素，提出了人口迁移的六个法则：多数迁移为短距离迁移；远距离迁移通常是迁往吸引力较大的中心城市；有人从某地迁出，必然会有其他人填补空缺，维持地区间的人口平衡；每个主要的迁移流都会造成补偿性的反迁移流，人口的迁移流动具有交互性；与农村居民相比，城市居民迁移倾向较低；男性比女性更偏好迁移流动，寻求更高收入水平和更好发展机会[1]。

唐纳德·J. 博格以运动学为视角分析了人口流动的原因，认为地区间社会经济水平和自然资源环境的巨大差异导致了人口流动过程。促使人口流动的拉力和推力并存，两者共同作用诱发了人口区域间流动。原居住地多数存在经济基础薄弱、居民收入水平较低、就业和发展机会较少及自然资源匮乏等不利因素，推动原居住人口流向外地，虽然会有一些因素阻碍流动行为，但是推力的作用效果相对较大。同样，流入地具有诸多有利因素如就业机会充裕、工资薪酬丰厚、公共服务设施完善、教育机会较多等，这些因素会产生强烈的吸力促使大量外来人口流入。总体而言，流入地的"拉"力与流出地的"推"力相互作用促使人口流动行为发生[2]。

李（Lee，1996）在其他研究的基础上对人口流动的各种因素进行了系统的整理和总结，补充了物理障碍、文化差异等中介因素，进一步拓展了推—拉理论[3]，见图 2-7。他的研究体系概括了人口流动的各种影响因素，解释了人口在流动决策中对这些因素的不同反应。影响人口流动的四种因素包括流出地因素、流入地因素、介入障碍因素、个人特征因素。前两个因素体现的是宏观层面的差异，其中经济水平是决定人口流动最主要的因素，人口对两地宏观因素的了解程度也会影响到迁移

---

① E. G. Raventstein, The Laws of Migration. *Journal of the Statistical Society of London*, 1885, pp. 167-235.

② 钟水映：《人口流动与社会经济发展》，武汉大学出版社 2000 年版。

③ Lee, Everett S, A theory of migration. Demography, No. 1, 1996, pp. 47-57.

决策。介入障碍因素不仅涉及客观存在的阻碍因素，还包括决策者的心理主观因素。个人的年龄、婚育状况、受教育程度、家庭结构和风险偏好等特征变量也会影响迁移概率的大小。所有这些因素汇聚成两种力量：一种是促使人口流动的"拉力"；另一种是阻碍人口流动的"排斥力"。不同主体会对这两种力量做出不同的权衡和选择，最终决定是否迁移。

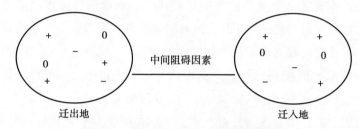

图 2-7　推—拉理论人口流动影响因素

注："+"为正性心理评价（积极因素），"−"为负性心理评价，"0"表示无所谓。

李的"推—拉"理论与以前的研究相比更加模型化，对人口流动的影响因素进行了精细的分类，对于人口迁移决策过程进行了更为系统的分析，后来得到了学者们广泛的应用和发展。但是，理论中流入地和流出地的经济因素只强调了工资水平的差异，主观因素里更多强调了人口的心理预期与判断，具有一定的局限性。此外，该模型也忽视了环境和政策等外生变量对迁移行为的影响。

五、新经济迁移理论

新古典经济学假定个人是迁移过程的最小单位，根据舒尔茨的人力资本理论，个人决定迁移是一种人力资本的投资，可以为自身带来更多的经济效益及生活质量水平的提升。在新古典经济学基础上发展的新经济迁移理论强调家庭作为决策主体的重要性，认为迁移是经济利益最大化和风险最小化的家庭策略。该理论认为：（1）家庭收入在当地是不稳定的，为规避风险和家庭收入来源多元化，家庭中的某些成员会决定外出打工或迁移；（2）家庭发展面临资金、制度和技术等种种约束，如无贷款资金支持、无失业保险、无发展副业所需技能等，为突破这些约束家庭决定某些成员外出打工，获取资金和技术支持；（3）家庭在做出迁移决策时会参照本社区内其他人群的收入水平，以减少相对剥夺感。

可见，提高人口城市化水平，提高农民收入水平，实现城乡平衡发展，离不开农村剩余劳动力的乡城转移，而农村剩余劳动力迁移影响因素是多方面的，不仅需要破除农村剩余劳动力在城市发展所面临的各种工资、福利、就业待遇障碍，而且需要城市支持农村，工业反哺农业，促进农业发展，继续提高农业劳动生产率，实现城乡良好互动、协调发展，最终实现人口城市化水平与质量的协调发展。

第四节　城乡差异测度与补偿理论

一、城乡不平衡增长理论

城乡不平衡增长理论遵循非均衡经济发展规律，主张重点发展城市，培育增长极并带动农村地区共同发展，提高总体效率水平。城乡之间在经济基础、区位条件和要素禀赋等方面存在差异，条件好的地区形成经济增长极，会吸引农村地区资本和劳动力不断流入，进一步强化其主导地位，同时产生辐射和扩散效应，最终实现更高层次的共同富裕。人口流动有助于缩小区域差距，促进经济向均衡方向发展。

（一）赫希曼不平衡增长理论

德国思想家赫希曼（A. O. Hirschman）在 1958 出版的《经济发展战略》一书提出了不平衡增长理论，认为区域间不均衡发展是不可避免的，"经济进步不可能在任何地方同时出现，强有力的因素必然使经济增长集中在核心区域附近发生"①。他把经济系统分成发达的核心区和欠发达的外围区，两者之间存在极化和涓流效应：劳动力和资本集聚核心区，形成极化效应，促进核心区经济增长和效率提升；核心区发展同样也会产生涓流效应，各种经济增长要素由核心区向外围区扩散，带动腹地经济发展，这种扩散主要有邻近扩散、等级扩散和跳跃式扩散三种形式。"极化效应"和"涓流效应"可以用来解释区域间发展的循环累积效应，应通过资本和要素向城市集中，产生规模经济效益，等这些地区发展壮大后，再带动城市毗邻地区经济的共同发展。

（二）佩鲁"增长极"理论

人口城镇化过程中，劳动力向城镇集聚形成了巨大的经济增长动力。法国经济学家弗朗索瓦·佩鲁（Francois Perroux）系统研究了落后国家的经济发展过程，提出了不平衡的"增长极"理论。该理论认为，现实条件下经济发展呈现不均衡的空间分布格局，"还找不到不同地区经历相似、分布均匀的增长特例，也找不到不同地区经历分布均匀的持续增长特例"②。佩鲁认为，增长并非同时出现在所有地区，增长通常以不同的强度出现于一些增长极点，然后通过不同途径向外扩散，并对整个经济产生不同的最终影响。可见，从经济增长的发展脉络来看，经济发展在空间上并非均匀分布，而总是首先在区位优势明显、资源秉赋突出的城市或发达地区集聚各种生产要素，并率先发展主导产业部门，产生一系列前向和后向的拉动效应，形成不断拓展的产业链条，培育出区域经济的增长极。城市是带动周边地区发展、具有极强辐射和集聚功能的核心区域，当它达到一定的规模后，便通过乘数和极化效应向周围地区辐射形成经济增长波，从而带动区域整体的经济发展。不论是发达国家还是发展中国家，多数都把城市培育成新的增长极，进而带动周边郊区和村镇的全面发展。

① 艾伯特·赫希曼：《经济发展战略》，经济科学出版社1991年版。
② 弗郎索瓦·佩鲁：《新发展观》，华夏出版社1987年版。

（三）弗里德曼空间极化理论

美国学者约翰·弗里德曼（John Friedmann）通过对发展中国家空间发展趋势的系统研究，提出了核心—边缘模式理论，主要用于解释城乡之间非均衡的发展模式。该理论认为，完整的空间经济系统可以分解为两大区域，即核心区和边缘区：核心区多指具有极强的集聚能力的城市地区，它能够吸引大量的物质资本和劳动力资源，工业化进程较快，技术创新能力较强，生产效率较高，经济增长速度很快，但是这种核心地区集聚了大量优势资源，会抑制周边地区的技术变革和经济发展；而边缘区相对于核心区来说区位优势不足，导致人口和资源流失，缺乏技术创新能力，生产效率低下，出现空心化现象。

该理论解释了区域经济增长与空间结构的协同变化规律，适用于工业化初期阶段的发展逻辑。随着地区间人口的频繁流动和市场化程度的提高，核心区和边缘区的发展界线会逐渐消失，最终实现空间经济一体化。这一理论阐述了区域系统由相互独立变为集中增长，再变为平衡发展的动态演变规律。城市化进程中，中心城市作为核心区是区域发展的引擎，具有重要的辐射带动作用，它通过资源共享、人才援助和技术外溢等途径带动周边地区发展，主导引领地位显著。

二、城乡收入差距倒"U"理论

（一）库兹涅茨居民收入差距倒"U"理论

1955年，库兹涅茨在美国经济协会的演讲中提出了在经济发展过程中收入差别的长期变动轨迹是"先恶化，后改进"的居民收入差距倒"U"形假说。

他根据经济增长早期阶段的普鲁士和处于经济发展后期阶段的美国、英国、德国萨克森地区的收入分配统计资料，对发展中国家和发达国家的收入分配状况进行横向比较，发现在经济发展的低级阶段收入差距随经济发展而趋于扩大，而后，随着经济的发展收入分配处于不平等的相对稳定状态，到经济发展的高级阶段收入分配又逐渐趋于平等的这样一种收入分配差距长期变动轨迹呈倒"U"形的规律。他认为，"先恶化、后改善"是现代经济增长的一个共同特征，而发展中国家在经济增长早期阶段的收入分配，比发达国家具有更高的不均等程度。

库兹涅茨对收入差距产生的原因以及抑制收入差距扩大的影响因素也进行了深入分析，认为储蓄集中于高收入阶层和经济结构的转变是导致收入差距扩大的原因，而人口从农业部门向非农业部门的持续转移，致使产业部门间人均产值差距缩小，可以缩小收入差距，另外，财产收入的变化以及新兴行业的出现，会使旧行业的财产收入在总收入中所占比重逐渐减少，也可以缩小收入差距。因此，他认为，进行立法干预和政治调节、改变人口结构、推动技术进步以及新兴行业的出现，可以抵消因储蓄的累积分配效应和经济结构变化而产生的收入不平等，甚至使收入不平等的变动方向发生逆转①，能够有效降低收入分配不平等的程度。

（二）威廉姆逊经济差距倒"U"理论

1965 年，美国经济学家威廉姆逊在其发表的《区域不平衡与国家发展过程》一文中分析了区域间差异发展趋势，提出了地区经济差距倒"U"形理论，见图 2 - 8。他在分析了英格兰东部长达 110 年的经济统计资料的基础上，对全世界 24 个国家的资料进行了"时间序列分析"，得出结论：无论是截面分析还是时间序列分析，都表明地区经济差距从扩大到缩小，区域经济差距的变化轨迹为倒 U 形②。该理论认为，发展阶段与区域差异之间存在着倒"U"形关系，在经济发展的初期，非均衡过程是经济的必要条件，而当经济发展到一定水平之后，区域发展差

---

① 颜鹏飞、唐轶昂：《我国居民收入分配差距研究——兼评库兹涅茨的"倒 U 理论"》，载《福建论坛经济社会版》2002 年第 3 期，第 4 ~ 8 页。

② 李婷：《威廉姆逊的倒"U"型理论》，http://www.study365.cn/baike/57819.html，2009 年 5 月。

异的缩小又构成经济增长的必要条件。区域经济发展水平空间差异有三个阶段：差异扩大阶段、差异相持阶段、差异缩小阶段[①]。也就是说经济活动的空间集中式极化是国家经济发展初期不可逾越的阶段，但由此产生的区域经济差异会随着经济发展的成熟而最终消失。

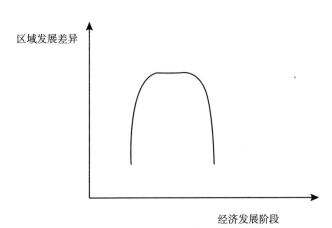

图 2 - 8　地区经济差距倒 "U" 形曲线

三、城市偏向福利资源配置理论

由于城乡之间存在资源禀赋和经济发展水平差异，因此福利资源配置也更多偏向城市。假定经济产出是政府公共支出水平、技术进步程度、人力资本存量、物质资本存量、土地利用水平的函数，城乡之间经济发展水平的差异表现为福利资源配置差异和城乡人力资本的异质性，具体函数关系见公式（2 - 28）。

$$GNU = GNU[U(g_u, A_u, L_u, K_u), R(g_r, A_u, L_r, K_r, f_r)]$$

$$(2 - 28)$$

其中，GNU 为国民福利水平，U 和 R 分别表示城市和农村的经济产出水平，总产出 Y = U + R。g_u 和 g_r 分别表示城市和农村公共支出比重，

[①]　张秀生、卫鹏鹏：《区域经济理论》，武汉大学出版社 2005 年版。

城市偏向的福利资源配置可以表示为 $u_b = g_u / (g_u + g_r)$ $(1/2 < u_b \leqslant 1)$。A 表示技术进步水平，L 表示人力资本存量，K 表示物质资本投入水平，f 表示土地投入水平。我国具有典型的二元经济特征，由现代工业生产部门和传统农业生产部门构成，形成了城镇和农村两个空间集合体。城乡之间存在人力资源的异质性，城镇劳动力素质普遍高于农村劳动力。假定农业部门的生产要素投入为农业土地 f_r、农业人力资本 L_r 和农业资本 K_r，现代工业部门的生产要素投入为乡城流动人口人力资本 L_r、城镇人力资本 L_u 及工业物质资本 K_u。农村人力资本总量 $L_r = L_{rr} + L_{ur}$，城乡资本总量 $K = K_u + K_r$。由于城乡人力资本水平存在差异，不能简单对 L_r 与 L_u 进行加总，假定现代工业生产部门、传统农业生产部门和总体经济生产函数都是希克斯中性的，公式（2-28）转变为：

$$U = A_u g_U F_U(k_U, L_{ru}, L_U)$$

$$R = A_r, \ g_r^{aR} F_r(f, k_r, L_{rr})$$

$$Y = A_g F(f, K, L_u, L_r)$$

由 $Y = U + R$，可得：

$$\frac{dY}{Ydt} = \frac{U}{Y} \frac{dU}{Udt} + \frac{R}{Y} \frac{dR}{Rdt}$$

假定福利资源配置政策与技术水平、人力资本、资本、土地等要素的投入量不相关，考虑福利资源财政配置约束下国民福利最大化问题，即：

$$\max GNU = GNU(U, R)$$

$$s.t. \ g_u + g_r = g, \ L_u + L_r \leqslant N$$

$$g_u > 0, \ g_r > 0, \ L_u \geqslant L_r \geqslant 0 \quad\quad (2-29)$$

通过对政府公共支出约束下的国民福利函数进行拉格朗日最优求解，可得出城镇支出增加的边际福利贡献等于农村支出减少的边际福利损失，用公式表示为：

$$\left| \frac{\partial GNU \cdot \partial U}{\partial U \cdot \partial g_u} \right| = \left| \frac{\partial GNU \cdot \partial R}{\partial R \cdot \partial g_r} \right| \quad\quad (2-30)$$

在城市倾向的福利资源配置政策背景下，城乡福利差距问题就转化为福利资源在城乡间的分配问题，即基础教育、医疗卫生与社会保障领域中的政府公共支出如何在城镇和乡村之间分配才能使社会福利最大化。

四、劳动公平与生存公平理论

劳动公平与生存公平理论是对公平和正义思想的理论深化，是以国民财富收入分配和收入再分配为视角确定的公平和正义标准。根据国民财富分配公平标准的梯度差异，公平可以分为生存公平和劳动公平两个维度，国民财富分配的生存公平和劳动公平标准是人口城市化质量的重要影响因素，也是提升城市化质量的核心标准。劳动公平和生存公平理论是研究人口城市化水平和质量协调发展的重要理论基础。

（一）概念界定

生存公平和劳动公平是公平理论在国民财富收入分配层面的理论延伸。穆怀中（2007）提出生存公平和劳动公平理论，作为国民财富分配合理性和公平性两个维度的评价标准。

生存公平是指社会成员应获得满足基本生存需求的财富分配和生活条件，任何社会成员之间生存权利都是平等的，不与社会地位、收入水平等因素挂钩，生存公平是每一位社会成员都拥有的权利，是与公民权相对应的。在市场经济体制下，劳动者通过出让劳动能力获取报酬，劳动者收入具有"商品化"性质，不同社会分层的劳动报酬水平存在差异。生存公平是指社会成员维持基本生存条件独立于市场之外，不受社会分层影响[1]，也与劳动贡献不直接关联，如果劳动者因身体疾病、失业等原因未能创造经济价值，也应该同样获得满足基本生存的必要条件[2]。在社会成员因年老、疾病和失业等社会风险而陷入贫困时，国家

---

[1]　考斯塔·艾斯平—安德森：《福利资本主义的三个世界》，苗正民、滕玉英译，法律出版社 2003 年版。

[2]　Miller and David, Social Justice, Oxford University, 1976.

应该为其提供社会救助①，通过最低生活保障等收入再分配机制以维持其基本生存。

劳动公平是指社会成员拥有参加社会劳动获取报酬且劳动报酬与价值创造贡献相一致的权利。根据劳动公平的定义，可以将劳动公平在两个维度展开：一是社会成员具有参与劳动的平等机会；二是劳动报酬分配与劳动要素经济价值创造贡献相对应，即遵循"多劳多得"的收入分配原则。第一维度的劳动公平与生存公平相同，均是以公民权利为基础的，只要是这个国家或地区的公民，就拥有平等参与社会劳动的权利。第二维度的劳动公平是以劳动贡献为资格条件的，以劳动者出让劳动能力为前提，具有"商品化"性质，这是社会分配公平的必要条件②，在初次分配时，要体现"多劳多得"的基本原则③，在收入再分配领域，体现为"多缴多得"的劳动公平原理。劳动公平福利水平要高于生存公平④。

（二）理论内涵

农民工市民化是人口城市化水平和质量协调发展的关键问题，而推进农民工市民化需要以生存公平和劳动公平为基本原理。在生存公平和劳动公平的内在逻辑关系方面，社会成员生存公平权利是劳动公平权利的前提和基础，劳动公平是在生存公平基础上更高层次的发展。生存公平和劳动公平是社会公平理论在收入分配层面的延伸和重要组成部分。人口城市化水平与质量协调发展研究需要以生存公平和劳动公平为基本依据，确保农民工获得维持基本生存所需的收入，并且实现劳动报酬收入与劳动贡献相一致，不断提高城市化质量。

----

① 穆怀中：《社保体系建设应遵循"生存公平"原则》，载《中国改革报》2007年9月28日。

② Miller and David, Social Justice, Oxford University, 1976.

③ 考斯塔·艾斯平—安德森：《福利资本主义的三个世界》，苗正民、滕玉英译，法律出版社2003年版。

④ 穆怀中：《城乡社会保障体系建设中的"生存公平"问题》，中国社会保障网，2007年9月22日。

1. 生存公平是立足于"公民生存权利"的低梯度收入分配标准

人类社会的发展是以自然资源开发和利用为基础的，社会中存在的自然资源为全体人类共同所有，每一个人都有分享自然资源价值的权利。从国别角度来讲，只要是这个国家的公民就有权利享受国家地域内的自然资源，这也是公平生存权利的前提和基础。国家经济财富是以自然资源为基本要素而创造的，因此每一位公民都有分享国民财富的权利。在收入分配领域体现为，国家有义务为社会成员提供满足基本生存需求的同质化保障，这种保障责任和义务是建立在公民生存权利基础上的，不与民族、身份和社会地位等因素相联系。

保障社会成员基本生存权利，以消减贫困作为主要政策导向，是生存公平理论内涵的政策延伸。在经济社会发展过程中，应该首先实现生存公平对应的低梯度收入分配标准，实现底线公平，在此基础上不断完善多劳多得、多缴多得的报酬分配机制，满足社会成员更高层次的社会需求，从而达到劳动公平。国家应该为社会成员建立保障基本生存需求的安全网，在社会成员因年老、疾病、失独等原因而陷入困境时，为其提供必要的社会救助。生存公平是国家在制定社会政策时的底线价值取向，任何社会政策均需以满足生存公平为基本出发点。在人口城市化发展过程中，对于进城务工人员的相关政策也应以生存公平为基本标准，统筹城乡社会保障制度，实现农村劳动力自由流动和基本分配公平。

2. 劳动公平是立足于"差别原则"的高梯度收入分配标准

劳动公平指向高梯度收入分配标准，强调劳动报酬分配与劳动贡献相一致。劳动公平反映了人们更高层次的社会需求，人们对公平的追求不会停留在社会成员具有平等生存权利的低层次标准，而是会追求劳动报酬分配的横向公平性，即劳动力会比较自己与其他人劳动报酬的差距，且考虑这种差距是否与劳动贡献差距相匹配，进而做出是否公平的判断①。劳动公平作为高梯度收入分配标准可以具体体现在两个方面：

---

① 斯塔西·亚当斯：《社会交换中的不公平》，商务印书馆 2008 年版。

一是宏观层面，经济总量中劳动报酬分配比例要与劳动价值创造贡献比例相一致，相同劳动力人口比例应获得统一比例的收入分配；二是微观层面，劳动者要实现同工同酬，劳动者相同的劳动贡献要获得相同的报酬。劳动公平是在社会成员平等劳动权利的基础上，建立与劳动贡献相匹配的差别化报酬分配机制。

劳动公平是对罗尔斯正义理论中差别原则的具体应用，差别原则所对应的不平等，是社会成员对生命周期的期望存在差别，这种期望就是他们的生活前景①。社会成员在实现了低梯度收入分配目标、获取满足基本生存的必要条件之后，会追求更多样的善的期望，这种期望在收入分配领域体现为多劳多得的报酬分配原则。

（三）理论价值

生存公平和劳动公平理论以社会成员基本生存权利为基础，以国民财富合理分配为主要视角，为制定合理的收入分配政策、提高城市化质量提供了理论依据。第一，生存公平和劳动公平理论是对收入分配理论的扩展，构建了高梯度和低梯度的收入分配判定标准。第二，劳动公平理论强调劳动报酬分配与劳动生产要素经济价值创造贡献相一致，是城乡二元福利差测度的理论基础，也为消减城乡二元经济结构提供了政策标准。第三，生存公平和劳动公平理论有助于解决收入再分配适度标准问题，国家在进行养老保险、社会救助等社会保障制度建设时，可依据生存公平标准设定收入再分配适度下限，依据劳动公平标准设定收入再分配适度上限，以适度区间为依据对社会保障水平进行动态调整②。

生存公平理论的内涵是所有社会成员都拥有维持基本生存的权利，这种权利与公民权利相对应，而不受社会地位、阶层等因素影响，所有

---

① 刘晓靖：《罗尔斯的"差别原则"及其当代意义》，载《河南师范大学学报（哲学社会科学版）》2007 年第 2 期，第 18～21 页。

② 穆怀中：《城乡社会保障体系建设中的"生存公平"问题》，中国社会保障网，2007 年 9 月 22 日。

社会成员拥有平等的生存公平权利。在以市场机制作为资源配置主要方式的情况下，根据生产要素价值贡献进行初次分配，劳动力按照劳动贡献价值获取劳动报酬分配，初次分配以"劳动贡献"为资格条件。因此，初次分配中存在部分社会成员难以获得维持基本生存所需的问题，需要对其进行收入再分配，保障其生存权利。生存公平对确定低梯度收入再分配目标、标准等问题具有重要理论价值。首先，生存公平理论说明政府对社会成员具有"兜底"保障责任，应构建社会发展最后一道安全网；其次，生存公平理论有助于确定养老保障、最低生活保障标准，以恩格尔系数为核心元素，确定社会保障给付的下限责任，并建立动态调整机制。在城市化过程中，需要保障农民工基本生存权利，完善社会保障制度体系，提高城市化质量。

劳动公平是劳动者拥有的获得公平劳动机会和公平劳动报酬的权利。劳动公平包括两个方面：一是劳动者拥有公平的劳动机会；二是劳动者享有公平的劳动报酬，多劳多得，少劳少得。在现实中，由于我国城乡二元经济结构的存在，城市劳动力市场存在就业歧视、劳动不公平现象，具体表现在城市劳动力市场存在正规与非正规就业市场。正规劳动力市场对劳动者素质和技能要求较高，并且一般能提供较好的福利待遇和工资待遇，这种劳动力市场主要被本地城镇劳动力占据；而非正规劳动力市场则对劳动者素质和技能要求较低、福利和工资待遇较差、工作不稳定，这种次要劳动力市场主要被农村剩余劳动力所占据，从事工作环境差、劳动强度高、危险系数高的行业如采矿、建筑行业等。就业歧视还体现在农民工自身技能培训和子女受教育机会较少。实现劳动公平，提高人口城市化质量，不仅需要规范劳动力用工市场，统一城乡劳动力市场，更应该改变以户籍制度为基础的城乡二元结构，实现劳动力资源的自由、合理、有序流动。同时促进农民和市民公共服务资源均等化，让农民工与城市居民享受同样的医疗、就学、居住、技能培训等待遇，促进农民工和城市居民的社会融入，有序推进农民工市民化。

五、城乡二元福利差理论

城乡二元经济结构是发展中国家普遍存在的特征，根本原因是在经济起步阶段工农业劳动生产率的差距较为明显，且不具备工业反哺农业的条件。同时，城乡二元经济结构也受到国家发展策略的强化。首先，户籍制度是强化城乡二元经济结构的重要政策原因，户籍制度限制了农村剩余劳动力向城市转移，制约农业劳动生产率的提升。其次，工业化优先的发展策略导致偏向城市的政策导向，国家财政支出、社会福利政策等均以城市为重点，导致城乡福利差距逐渐增大①。城乡福利差距可以体现在以下两个方面：一是公共服务资源非均等化，城市在教育资源、医疗卫生资源和社会基础设施等方面的投入水平均高于农村；二是城乡社会保障制度发展及保障水平差距明显，目前城市已经建立包括养老、医疗、社会救助等方面的全方位社会保障体系，而且保障水平不断提高，如根据养老金调整指数对养老金进行调整等，而农村社会保障相对滞后，医疗保险、养老保险等制度建立时间较晚，而且保障水平低于城市，缺少动态调整机制，城乡社会保障差距显著。

城乡福利差距测度是准确判断二元经济结构变化趋势和设定合理调整政策的基础。穆怀中等（2012）构建了二元农业福利差模型，提出了二元农业福利差理论，对城乡福利差距进行了定义和测度②。该理论认为，农业发展现实状态偏离均衡状态的程度为二元农业福利差，所谓"均衡状态"是指农业经济总量与农业就业人口比重相协调，"现实状态"是指农业经济总量与农业就业人口比重非均衡的发展状态。二元农业福利差实质上是工农价格"剪刀差"及工农业偏斜发展状况下对农民的福利亏欠，这种亏欠是由于国家工业化优先、城市为重点的经济发

① 彭文成、谢广岭：《中国城市化过程中城乡社会福利水平差距的研究》，载《企业导报》2011年第10期，第40页。

② 穆怀中、沈毅：《中国农民养老生命周期补偿理论及补偿水平的研究》，载《中国人口科学》2012年第2期，第2~13页。

展战略所导致的，需要在工业反哺农业条件成熟时进行补偿。穆怀中等（2012）利用二元福利差，进一步提出跨生命周期的农民养老福利补偿理论，以财政筹集基础养老金的形式对已经进入老年期的福利亏欠劳动人口进行补偿。

二元福利差是工农业均衡发展程度的判定指标，涉及农业潜在剩余劳动力转移和城乡居民福利水平均衡等诸多方面，是人口城市化水平与质量协调发展的重要影响因素。在促进人口城市化水平与质量协调发展、推进工业反哺农业的过程中，需要以二元福利差理论为根本依据，以跨生命周期补偿为原理，建立完全财政筹资的农民养老福利补偿机制，缩小城乡福利差距。

同时，随着农村剩余劳动力转移向城市，人口城市化水平不断提升。在此过程中，城乡福利差距既体现为城乡居民之间的经济福利差，也体现为进城务工人员与城市居民之间的经济福利差，而这是反映人口城市化质量的重要指标。因此，需要以城乡福利差为基本依据，不断完善农民工社会保障制度，逐步提高人口城市化质量，实现人口城市化水平与质量的协调发展。

城乡二元经济结构是发展中国家在经济发展初期的主要特征，中国城乡二元经济结构同样存在，而且更加突出，这是由计划经济时期工业化优先的发展战略所导致的。城乡二元经济结构导致工农业劳动力收入水平存在差距，使得城乡劳动力配置与经济总量分配不对应，因此有必要引入城乡二元福利差理论，对二元经济结构异质化程度进行测度。城乡二元福利差理论也是人口城市化水平与质量协调发展理论的重要内容。

（一）概念界定

城乡二元福利差是工农业初次分配过程中价值创造主体的经济福利差距，根本原因在于二元经济结构导致的工农业偏斜发展。城乡二元福利差是判定工农业就业人口福利差距的核心指标，具体体现为工农业发展的现实状态偏离均衡状态的程度。

"现实状态"是指工农业增加值占 GDP 比重与劳动人口比重、劳动报酬分配比重的现实对应状态，根据经济发展阶段理论，一个国家在跨越"低水平均衡"向"高水平均衡"①状态发展过程中，通常情况下工农业增加值比重、劳动人口比重与劳动报酬分配比重处于非均衡的"现实状态"。"均衡状态"是指在二元经济结构消失的情况下，工农业产业经济结构与产业就业结构相协调、产业就业结构与初次收入分配结构相协调的发展状态。根据"均衡状态"的定义，工业部门的"均衡状态"是指工业增加值占 GDP 比重与工业部门劳动人口比重相一致，工业部门劳动报酬分配比重与劳动生产要素价值创造贡献相一致。农业部门的"均衡状态"是指农业增加值占 GDP 比重与农业部门劳动人口比重相一致，农业部门劳动报酬分配比重与劳动生产要素价值创造贡献相一致。

城乡二元福利差是工农业就业人口在"现实状态"初次分配下劳动收入与"均衡状态"初次分配劳动收入之差，进一步剔除城乡消费价格指数对收入福利的影响。城乡二元福利差是以生产领域为起点、以分配领域为核心环节、以消费领域为终端的福利差距动态化过程。

城乡二元福利差根据参照标准差异，可以进一步划分为二元工农福利差、二元农业福利差和二元工业福利差。二元工农福利差是指工农业"现实状态"下工业和农业的福利差，二元农业福利差是指农业劳动力在两种状态下的福利差，二元工业福利差是指工业劳动力在两种状态下的福利差。

（二）理论内涵

1. 城乡二元福利差是从"福利"角度衡量二元经济差距的核心指标

传统二元经济结构理论是从劳动生产率等视角对城乡二元经济差异

---

① 低水平均衡与高水平均衡是发展经济学中的概念。低水平均衡是人均国民收入稳定在一个仅能维持生存水平情况下人口增长与国民收入均衡状态；高水平均衡是人均国民收入稳定在一个高水平情况下的人口增长与国民收入均衡状态。参见 Richard R. Nelson，"A theory of the low-level equilibrium trap in underdeveloped economies"，*American Economic Review*，Vol. 46，1956，pp. 894 – 908。

进行的比较分析。城乡二元福利差是以生产领域为起点，以收入分配领域为主要环节，将二元经济福利差异在消费终端显化的动态过程，也是从"福利"视角对二元经济差距进行的合理测度。城乡二元福利差主要受以下几个维度的影响：第一，工农业劳动生产率差距，反映了工农业增加值与工农业劳动人口之间的非均衡；第二，假定工业部门和农业部门具有相同的劳动生产率，但工业劳动报酬分配水平高于农业；第三，即使工农业劳动生产率和劳动报酬分配水平相同，仍因城乡消费价格差异影响而产生福利差距。因此，城乡二元福利差理论以"福利"为视角，以经济福利产生过程为主要路径，综合劳动生产率、劳动报酬分配和城乡价格差异，建立二元福利差理论模型，测度工农业之间和产业内部的福利差距。

2. 二元福利差是以"劳动公平"[①] 为原则、以"均衡状态"为福利分配标准的工农产业福利差距

城乡二元福利差以工农业"均衡状态"为合理福利分配测度标准，检验"现实状态"下福利分配偏离"均衡状态"的程度。"均衡状态"标准可以分为两个维度：一是工农业之间的"均衡状态"标准，比较农业部门福利分配"现实状态"偏离"均衡状态"程度与工业部门福利分配"现实状态"偏离"均衡状态"程度之间的差距；二是工农业产业内部"均衡状态"标准，即农业内部福利分配"现实状态"与"均衡状态"之间的差距，以及工业内部福利分配"现实状态"与"均衡状态"之间的差距。"均衡状态"标准第一维度是对二元经济结构异质化程度的集中反映，"均衡状态"标准第二维度是包含在第一维度之内的，也是对二元福利差的深化理解和要素剖析。同时，"均衡状态"第二维度以劳动公平为主要原则，强调劳动报酬分配与价值创造的劳动

---

① 收入分配公平分为两个标准：一个是劳动标准，一个是生存标准。劳动标准主要是体现劳动对等原则，多劳多得，同等劳动力数量获得同等财富份额是市场经济发展的内在要求；生存标准体现的是人生存的基本权利，人作为社会存在应该享受平等的基本生存条件，这是人类发展的基本目标。参见穆怀中：《城乡社会保障体系建设中的"生存公平"问题》，中国社会保障论坛，2007 年 9 月 22 日。

生产要素贡献相对应，在劳动报酬分配指向劳动公平标准时，说明工农业福利分配达到了"均衡状态"。

3. 二元福利差中的"福利均衡"具有二重性

城乡经济"福利均衡"具有高低两个维度的均衡特征：一是高梯度的劳动公平福利均衡，即工农业劳动生产率水平收敛并逐渐趋同且劳动报酬分配指向合理标准。二是低梯度的生存公平福利均衡，即在劳动公平福利均衡的基础上，通过引入城乡消费价格差异，抵消工农业初次分配福利差距。高梯度福利均衡是在二元经济结构消减和产业分工加深影响下的最终结果，低梯度福利均衡是城乡居民生活消费水平无差异化的"均衡状态"。

4. 城乡二元福利差将随经济发展在波动中逐渐缩小

城乡二元福利差是在二元经济结构下产生，并随着工业化优先发展战略而被逐渐强化的。随着工业化水平逐渐提高，一方面工业反哺农业条件开始成熟，工业反哺农业水平逐渐提升，另一方面农村剩余劳动力向城市转移，农业劳动生产率持续提高。工农业劳动生产率差距逐渐缩小，而工农业劳动报酬分配也会指向价值创造劳动要素贡献合理水平，城乡二元福利差会呈缩减趋势。在二元经济结构消失的情况下，虽然城乡之间地理分布和工农业分工仍在，但工农业经济福利差距已经接近消失。

（三）理论价值

城乡二元福利差理论以"福利"为视角对二元经济结构进行测度，是对传统二元经济结构理论的深化和延伸，也为研究人口城市化水平与质量协调发展提供了新的视角。第一，城乡二元福利差理论遵从传统二元经济结构的经济差距分析视角，通过劳动报酬分配和城乡消费价格指数引申至福利层面，扩展和深化了二元经济结构理论。第二，城乡二元福利差理论可以作为产业结构与就业结构协调发展的新依据，在产业结构转型升级过程中，应以城乡二元福利差为重要依据，设定合理的就业政策和劳动力转移政策等。第三，城乡二元福利差理论可以作为判定人口城市化水平和质量协调发展的理论标准，城乡二元福利差越大，工农业偏斜发展程度越高，人口城市化质量越低。第四，城乡二元福利差理论可以作为初次分配和收入再分配转移支付合理性的判断依据，二元福利差水平越低，国民财富分配越合理。第五，城乡居民收入差距是影响二元福利差的重要因素，收入再分配对缩减二元福利差具有直接影响，因此城乡二元福利差也是进行养老保险等社会保障水平调整的科学标准，为研究人口城市化质量提供了基础。

第三章

人口城市化水平与质量
协调发展模型

本书立足于人口城市化水平与质量的理论分析框架，从经济增长、二元结构、人口流动和福利制度"四大现实背景"出发，构建了人口城市化水平与质量协调发展"四大理论模型"：人口城市化与经济增长联动模型、城乡差距综合指数模型、农村劳动力迁移决定模型、城乡福利差异系数模型。

第一节 人口城市化与经济增长联动模型

人口城市化指的是伴随社会生产力的不断发展，劳动力从农村逐步向城市转移的过程，是一个国家或地区实现经济快速健康发展的必然路径与不二选择。改革开放以来，随着中国城市化水平的逐年提升，城市化对于经济增长的驱动作用非常显著，同时，经济增长对于人口城市化同样具有重要的推动作用。因此，系统分析人口城市化与经济增长之间的协调关系对于经济持续稳定发展至关重要。

一、研究基础

对于人口城市化与经济增长之间关系的研究，国外起步相对较早。

美国地理学家贝利（Berry，1965）通过对 95 个国家共计 43 个变量的数据进行实证研究，发现一个国家的城市化率与其经济增长之间存在着显著的正相关关系。[①] 雷诺德（Renaud，1981）通过 111 个国家的经验数据分析，发现城市化水平与经济增长之间存在着非常紧密的关系。[②] 而在对于这两者关系较为系统的理论研究中，比较著名的是刘易斯提出的二元经济模型和内生经济增长模型，最常被引用的则是钱纳里的世界经济增长与城市化率变动模型，该模型揭示了二者之间的对应关系，人均国民生产总值越高，工业化水平越高，城市化水平也越高。[③] 著名经济学家诺瑟姆（Northam，1979）认为城市化率与经济发展水平之间存在一种粗略的线性关系，即经济发展水平越高，城市化水平也越高。美国经济学家兰帕德（Lampard，1955）针对近百年美国经济发展进行了考察，发现美国城市发展与经济增长之间呈现一种非常显著的正相关，经济发展程度与城市化阶段之间有很大的一致性，并在《经济发达地区城市发展历史》一文中进行了详细论述。[④] 在实证研究方面，2000 年的《世界发展报告》考察了大量国家的经济发展和城市化过程后指出，城市是经济增长的发动机，城市化和城市发展是促进经济增长和消除贫穷的重要途径和措施。[⑤] 伯廷莉和布莱克（Bertinelli and Black，2004）指出，城市化发展的集聚效应已经成为经济增长的重要引擎，且城市化水平对经济增长的拉动作用呈现先下降后上升的"U"形特征。[⑥]

[①] Berry B. J, Internal structure of the city. *Law and Contemporary Problems*，Vol. 30，No. 1，1965，pp. 111 – 119.

[②] Renaud B, *National urbanization policy in developing courtries*. New York：Oxford University Press，1981，pp. 17 – 18.

[③] ［美］钱纳里·霍利斯、赛尔昆·莫尔赛斯：《发展的格局》，中国财政经济出版社 1989 年版。

[④] E. E. Lampard, The History of Cities in Economically Advanced Areas, *Economic Development and Cultural Change*. Jan 1955，Vol. 3，No. 2，pp. 81 – 136.

[⑤] World Bank, *Sharing Rising Incomes – Disparities in China*. 1997.

[⑥] Bertinelli L. and Black D. ，Urbanization and growth. *Journal of Urban Economics*，Vol. 56，No. 1，2004，pp. 81 – 98.

与国外的研究相比，我国关于城市化与经济增长关系的研究起步相对较晚。周一星（2000）通过统计分析世界157个国家和地区在1977年的相关数据，发现城市化与经济增长之间存在着一种十分明显的对数关系，即城市化与经济增长之间存在着一种互相促进、互为因果的关系，而且二者关系的侧重点前后有所不同：前期主要表现为工业化进程要求并促进人口向城市的集聚，后期主要表现为较高的城市化水平直接带来的生产集约化、生活集约化、管理科学化和文教科技进步等一系列结果促进了包括工业化在内的整个社会经济的发展。[①] 王金营（2003）利用跨国数据对人口城市化与经济增长进行了相关分析，根据典型国家经验数据构建了计量经济模型，证明了经济发展水平决定人口城市化的发展程度，而人口城市化水平提升也能够促进本国经济的增长，高水平的人口城市化能够促进经济的进一步发展，城市化与经济相协调是保持经济持续增长的重要因素。[②] 施建刚、王哲（2001）通过建立联立方程和分布滞后模型，指出长期来看中国经济增长与城市化相互促进的良性循环机制并未形成。[③] 张锦宗等（2009）利用统计数据分析了人口增长、经济增长和城市化的关系，指出中国城市化进程与经济发展的基本趋势是一致的。[④] 而在实证研究方面，国内的学者也做了相关研究。王小鲁、夏小林（1999）利用中国666个城市的面板数据进行了实证研究，结果表明城市化是实现经济增长的加速器。[⑤] 李金昌、程开明（2006）利用中国1978～2004年的样本数据探讨了城市化率与人均GDP

---

① 徐学强、周一星、宁越敏：《城市地理学》，高等教育出版社2000年版。

② 王金营：《经济发展中人口城市化与经济增长相关分析比较研究》，载《中国人口·资源与环境》2003年第5期，第52～58页。

③ 施建刚、王哲：《中国城市化与经济增长关系实证分析》，载《城市问题》2011年第9期，第8～13页。

④ 张锦宗、朱瑜馨、周杰：《人口—经济对中国城市化的影响分析》，载《人口与经济》2009年第1期，第1～4页。

⑤ 王小鲁、夏小林：《优化城市规模推动经济增长》，载《经济研究》1999年第9期，第22～29页。

的关系，结果表明城市化对经济增长的影响逐渐减弱。[1] 段瑞君、安虎森（2009）通过对中国 1978～2006 年的样本数据进行研究，得出城市化过程中内需扩大成为驱动区域经济增长的主要机制。[2] 魏学海、王岳龙（2010）利用中国 1991～2007 年的数据探讨了城市化、创新对全要素生产率的影响，发现城市化过程可使技术创新的效率提高，从而间接提高全要素生产率。[3]

二、模型构建

相关研究成果表明，人口城市化与经济增长二者之间存在着明显的协调发展关系，这种协调性不仅涉及国家宏观层面，还体现为地区间的具体差异与影响机制。考虑到数据的可获得性和研究的可行性，本书将主要构建单因素分析模型与多因素互动模型，从人口城市化与经济增长两者间的直接关系出发，考察全国与区域范围内两者间的关系，同时，进一步考察人口城市化、消费能力、产业结构、资本投入与经济增长之间的互动关系，从而研究不同区域推动经济增长的主要因素及区域内部存在的差异。

（一）单因素分析模型

人口城市化与经济增长的研究主要基于单因素分析模型，即在暂不考虑其他因素的条件下，直接分析人口城市化与经济增长这两者间的关系，通过将两者分别作为自变量分析的方式，构建人口城市化效应模型与经济增长效应模型。为了便于研究，用人均 GDP 作为经济增长水平的度量指标，人口城市化水平用城镇人口比重来度量。其模型表达式为：

---

① 李金昌、程开明：《中国城市化与经济增长的动态计量分析》，载《财经研究》2006 年第 9 期，第 19～30 页。

② 段瑞君、安虎森：《中国城市化和经济增长关系的计量分析》，载《经济问题探索》2009 年第 3 期，第 26～36 页。

③ 魏学海、王岳龙：《城市化、创新与全要素生产率增长——基于省际面板数据的经验研究》，载《财经科学》2010 年第 3 期，第 69～76 页。

人口城市化效应模型为:

$$\ln G = \alpha + \beta_1 \ln U \qquad (3-1)$$

其中,α 为常数,β_1 为人口城市化效应系数。自变量为人口城市化水平,因变量为人均 GDP。

经济增长效应模型为:

$$\ln U = \alpha + \beta_2 \ln G \qquad (3-2)$$

其中,α 为常数,β_2 为经济增长效应系数。自变量为人均 GDP,因变量为人口城市化水平。

在人口城市化效应模型中,核心指标为人口城市化效应系数 β_1,用以反映人口城市化对于经济增长的直接影响,即人口城市化水平提升 1%,人均国内生产总值增长 β_1%。β_1 大于 1 则表明人均国内生产总值的上升水平要高于人口城市化上升水平,即人口城市化对于经济增长的影响相对较大。β_1 等于 1 则表明人均国内生产总值和人口城市化水平保持着相同的增长速度,即两者之间存在趋同的对应关系。β_1 小于 1 则表明人口城市化水平的提升高于人均国内生产总值的增长,即人口城市化对于经济增长的拉动能力不足,需要调整城市化发展战略适应经济发展水平。

同理可知,在经济增长效应模型中,核心指标为经济增长效应系数 β_2,用以反映国民经济发展对于人口城市化水平的影响。人均国内生产总值提升(或下降)1%,人口城市化水平上升(或下降)β_2%。β_2 大于 1 则表明人口城市化的上升水平要高于人均国内生产总值的上升水平,即经济增长有效地带动了城镇化发展。β_2 等于 1 则表明人口城市化水平和人均国内生产总值保持着相同的增速,即两者之间的关系相对协调稳定。β_2 小于 1 则表明人口城市化水平的提升滞后于人均国内生产总值的增长,即经济快速增长,城市化未实现同步协调发展。

通常在两种效应的相互影响过程中,如果前者对于后者存在较强的拉动作用,则后者对于前者的推动作用势必较弱,反之亦然。因此,本书将人口城市化与经济增长两者间的关系划分为以下三种状态:一是人口城市化水平对于经济发展的推动作用较大,应当进一步促进其释放对经济增长的推动力;二是两者处于基本持平状态,意味着人口城市化水平和经济发展两者协调同步发展；三是人口城市化水平对于经济增长的推动力相对较弱，需要提升城市化质量内涵，有效促进经济持续增长。

（二）多因素互动模型

为了进一步探究不同区域间经济发展与人口城市化的互动关系，本书尝试通过构建多因素互动模型分析区域经济增长的主要影响因素，重点研究人口城市化水平的经济增长效应。

如前文所述，人口城市化通过显著影响城镇居民以及政府的消费需求，推动产业结构的优化，进而促进经济增长。人口城市化对于经济增长的推动源于多个方面，既包括直接提供富余的农村廉价劳动力，还包括创造各种消费与服务需求、提升消费与储蓄水平、带动相关投资以及进一步促进产业结构优化升级等。因此，仅通过人均 GDP 与城镇化率两项指标来比较区域间经济发展与人口城市化的关系相对片面，需要构建多因素互动模型系统分析人口城市化对经济增长的影响机制。

综合考虑经济发展水平与人口城市化水平两个因素，本书将我国 31 个省级行政单位划分为东部、中部与西部三大区域，其中，东部地区包括北京、天津、河北、辽宁、上海、江苏、浙江、福建、山东、广东、海南 11 个省市，中部地区包括山西、吉林、黑龙江、安徽、江西、河南、湖北、湖南 8 个省份；西部地区包括内蒙古、广西、重庆、陕西、四川、贵州、云南、甘肃、宁夏、青海、新疆、西藏 12 个省（区、市）。构建的模型为：

$$\ln Y = \alpha + \beta_1 \ln U + \beta_2 \ln C + \beta_3 \ln G + \beta_4 \ln SR + \beta_5 \ln TR$$
$$+ \beta_6 \ln I + \beta_7 \ln \Delta I + \beta_8 \ln UE \qquad (3-3)$$

其中，Y 为地区经济发展水平，因为人均 GDP 比 GDP 总量能更真实地反映地区经济发展水平差异，因此，采用各省份人均 GDP 来衡量地区经济发展水平；U 为人口城市化水平，采用各省份年末城镇人口比重测量；C 为城镇居民消费水平，采用按当年价格计算的城镇居民最终消费支出衡量，单位为亿元；G 为政府支出水平，采用按当年价格计算的各省份政府消费支出来表示，单位为亿元；R 为产业结构水平，采用各省份按不变价格计算的第二、第三产业产值占地区生产总值的比重来表示，SR 为第二产业产值比重，TR 为第三产业产值比重；I 为全社会固定资产投资，单位为亿元；ΔI 为全社会固定资产投资增量，单位为亿元；UE 为城镇就业人数，单位为万人。该模型的重点是通过逐步分析方法，找出不同区域经济发展的主导因素，同时结合各区域经济发展与人口城市化水平的变动趋势及互动关系，检验人口城市化与经济增长的互动效应及区域差异。

三、实证检验

改革开放以来，中国城镇化进程快速稳步推进，城镇化率由 1978 年的 17.92% 上升至 2018 年的 59.58%，年均增长超过 1 个百分点。与此同时，我国的人均 GDP 从 2006 年的 16738 元增长至 2018 年的 64644 元，两者之间存在较为明显的正相关关系，见图 3 - 1。

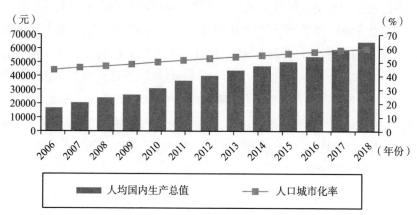

图 3 - 1 2006 ~ 2018 年中国人口城市化与人均 GDP 变动趋势

资料来源：《中国统计年鉴》（2019）。

可见，全国人口城市化与经济发展的相关关系极其显著，但是在不同区域之间，人口城市化与经济增长之间的协调性存在一定的差异。通过对 2018 年我国 31 个省（区、市）的人口城市化与经济增长水平的比较，发现人口城市化与经济增长之间同样存在着显著的正相关关系，不同地区人口城市化对于经济的拉动作用存在明显差异，见图3－2。因此，对于人口城市化与经济增长之间协调关系的研究，不仅要关注国家整体层面，还要考虑到地区间差异及影响机制。

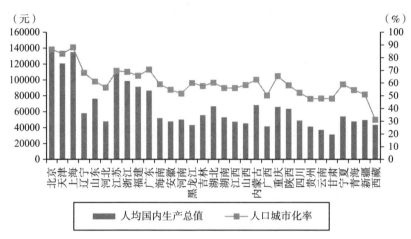

图3－2　2018年中国各地区人口城市化与人均GDP水平

资料来源：《中国统计年鉴》（2019）。

（一）单因素模型计量分析

根据上文分析可知，单因素模型分为人口城市化效应模型与经济增长效应模型，本书采用普通最小二乘法（OLS），利用Stata软件对2006～2018年中国人口城市化与经济增长两个变量进行单变量回归分析，计算结果见表3－1。

表3－1　　中国城市化的经济增长效应单因素模型回归分析结果

来源	SS	df	MS	观测值 = 13	
模型	2.154	1	2.154	$F_{(1,\ 11)} = 1247.00$	
				Prob > F = 0.000	
残差	0.019	11	0.002	$R^2 = 0.991$	
				调整 $R^2 = 0.991$	

续表

合计	2.173	12	0.181	Root MSE = 0.04157	
Y	系数	标准差	t	P>|t|	[95%置信区间]
U	4.417	0.125	35.31	0.000	4.142	4.692
_cons	-6.948	0.494	-14.05	0.000	-8.037	-5.860

回归方程中变量的判定系数（R^2）为 0.991，调整后的判定系数（调整 R^2）为 0.991，判定系数值越接近 1，表明回归方程显著性越高，因此，拟合优度非常理想，回归方程非常显著。F 统计量概率 P 值为 0，因此，在显著水平 5% 的情况下，人口城市化水平与经济发展之间的线性关系非常显著，即人口城市化对经济发展的影响作用较大。回归系数概率 P 值为 0，明显小于 5%，即回归系数的显著性较强，线性回归方程如公式（3-4）所示。

$$\ln Y = 4.417 \ln U - 6.948 \qquad (3-4)$$

人口城市化效应系数等于 4.417，明显大于 1，表明当前中国的人口城市化水平的上升速度要低于人均国内生产总值的增长速度，即人口城市化对于经济增长的拉动效应相对较大。经济增长效应模型重点分析经济增长对城市化的推动作用，见表 3-2。经济持续稳定增长会促进工业化和城市化的快速发展，为城市化提供必要的经济基础，与此同时，快速的城镇化进程也会产生巨大的集聚与扩散效应，提升技术效率水平，促进产业结构转型升级，进一步带动经济增长。

表 3-2　　中国经济增长的城市化效应单因素模型回归分析结果

来源	SS	df	MS	观测值 = 13	
模型	0.109	1	0.109	$F(1, 11) = 1247.00$	
				Prob > F = 0.000	
残差	0.001	11	0.000	$R^2 = 0.991$	
				调整 $R^2 = 0.991$	

合计	0.110	12	0.009	Root MSE = 0.00937		
Y	系数	标准差	t	P > |t|	[95%置信区间]	
U	0.224	0.006	35.31	0.000	0.210	0.238
_cons	1.594	0.067	23.85	0.000	1.447	1.741

回归方程的判定系数（R^2）为 0.991，调整后的判定系数（调整 R^2）为 0.991。系数值均接近 1，表明回归方程拟合优度较好，自变量对因变量解释程度较高。整体回归方程及回归系数均通过了显著性检验。回归方程中 F 和 T 统计量的概率 P 值为 0，小于 5% 显著性水平，表明中国人口城市化水平与经济发展之间的线性关系非常显著，由此得到人口城市化的经济增长效应模型：

$$\ln U = 0.224\ln Y + 1.594 \tag{3-5}$$

经济增长效应系数 β 等于 0.224，明显小于 1，表明人口城市化水平的提升滞后于人均国内生产总值的增长。人口城市化水平对于经济发展的效应明显大于经济发展对于人口城市化的经济增长效应，意味着人口城市化水平和经济发展水平两者间尚未达到均衡状态，即人口城市化发展滞后于经济增长，应继续加快城市化进程以适应经济增长水平。

（二）多因素互动模型实证分析

在进行多因素互动模型计量分析时，采用普通最小二乘法（OLS），利用 Stata 软件进行逐步回归分析，人口城市化对经济增长的效应回归模型结果见表 3 - 3。

表 3 - 3　　中国经济增长多因素互动模型回归分析结果

来源	SS	df	MS	观测值 = 13	
模型	2.173	8	0.272	$F_{(1,11)} = 2500.44$	
				Prob > F = 0.000	

残差	0.00004	4	0.0001	$R^2 = 0.999$		
				调整 $R^2 = 0.999$		
合计	2.173	12	0.181	Root MSE = 0.0104		
Y	系数	标准差	t	P > |t|	[95%置信区间]	
U	1.584	0.467	3.39	0.028	0.287	2.882
G	-0.358	0.344	-1.04	0.557	-1.313	0.598
C	0.331	1.881	0.18	0.869	-4.892	5.554
SR	0.996	0.786	1.27	0.274	-1.188	3.179
TR	0.745	1.064	0.70	0.523	-2.210	3.701
I	-0.589	0.286	-2.06	0.508	-1.383	0.204
ΔI	0.074	0.057	1.29	0.268	-0.085	0.233
UE	0.537	0.252	2.13	0.100	-0.163	1.238
_cons	-11.253	4.588	-2.45	0.070	-23.991	1.485

回归方程中人口城市化水平与第二产业产值比重、全社会固定资产投资增量、城镇就业人数四个变量通过了检验，其余的变量皆被排除。回归方程中变量的判定系数（R^2）为 0.999，调整后的判定系数（调整 R^2）为 0.999。F 统计量的概率 P 值为 0，通过了显著性检验。由此建立线性回归方程为：

$$lnY = -11.253 + 1.584lnU + 0.996lnSR + 0.074ln\Delta I + 0.537lnUE$$

$$(3-6)$$

四个变量的回归系数分别为 1.584、0.996、0.074、0.537，表明在其他条件不变的前提下，四个变量的对数每上升 1%，则人均 GDP 的对数将分别上升 1.584%、0.996%、0.074%、0.537%。回归方程的显著性检验结果显示，人口城市化对经济的影响最为显著，人口城市化稳步发展，大量农民工涌入城镇，扩大了城镇就业人口，有效促进了经济的持续增长；投资作为推动经济的三驾马车之一，也同样对经济发展有明显的推动作用；与此同时，中国作为一个发展中国家，就目前的产业结构与发展阶段而言，第二产业仍然具有绝对优势，加之工业技术革命与创新驱动等相关战略的实施，都使得第二产业对于经济增长仍然具有很强的影响力。

东部地区逐步变量回归结果显示，只有人口城市化水平与投资增量通过了检验，其余的变量皆被排除。由表 3 - 4 可得东部地区人口城市化水平与投资增量的回归系数分别为 0.082 和 1.964，表明在控制其他变量的前提下，人口城市化水平与投资增量的对数每提升 1%，区域人均 GDP 水平将分别上升 0.082% 和 1.964%。东部地区作为我国发展水平较高的区域，其城市化与经济发展水平均明显高于其他区域，基础设施与政策制度相对完善，人口城市化水平均超过全国平均水平，部分地区已经接近发达国家平均水平，城市化进程为经济持续高速增长提供了源源不断的推动力。线性回归方程见公式（3 - 7）。

$$\ln Y = 1.925 + 0.082\ln U + 1.964\ln\Delta I \qquad (3 - 7)$$

表 3 - 4　　　　　东部地区多因素互动模型回归分析结果

来源	SS	df	MS	观测值 = 11		
模型	1.334	8	0.167	F(1, 11) = 3.42		
				Prob > F = 0.246		
残差	0.098	2	0.049	$R^2 = 0.932$		
				调整 $R^2 = 0.659$		
合计	1.431	10	0.143	Root MSE = 0.221		
Y	系数	标准差	t	P > |t|	[95% 置信区间]	
U	0.082	0.068	1.21	0.349	-0.209	0.373
G	-0.290	0.912	-0.32	0.781	-4.216	3.637
C	0.541	1.503	0.36	0.753	-5.925	7.007
SR	-0.293	2.054	-0.14	0.900	-9.132	8.546
TR	-0.859	5.775	-0.15	0.895	-25.709	23.991

I	0.134	0.418	0.32	0.778	−1.664	1.933
ΔI	1.964	2.789	0.70	0.454	−10.037	13.964
UE	0.097	0.408	0.24	0.834	−1.656	1.851
_cons	1.925	15.912	0.12	0.915	−66.538	70.388

西部地区逐步变量回归结果显示，模型通过了显著性和拟合优度检验，城市化率对经济增长影响显著，见表 3 − 5。人口城市化水平、城镇居民人均消费水平、第二产业产值比重、全社会固定资产投资增量、城镇就业人数的回归系数分别为 0.019、2.383、2.619、0.173、0.144，表明在其他条件不变的前提下，五个变量的对数分别上升 1%，则人均 GDP 的对数将上升 0.019%、2.383%、2.619%、0.173%、0.144%，线性回归方程见公式 3 − 8。

$$\ln Y = 0.019\ln U + 2.383\ln C + 2.619SR + 0.173\ln\Delta I + 0.144\ln UE − 20.115$$

$$(3-8)$$

西部地区作为发展水平较低的区域，其人口城市化与经济发展水平都明显低于其他区域，工业化整体水平相对较低，但是人口城市化水平与工业化也在一定程度上促进了西部地区的发展。同时西部地区消费结构的优化升级与投资的快速增长，使得居民消费与投资增量对经济发展产生了一定的促进作用。

表 3 − 5   西部地区多因素互动模型回归分析结果

来源	SS	df	MS	观测值 = 13		
模型	0.588	8	0.073	F(1, 11) = 6.68		
				Prob > F = 0.073		
残差	0.033	3	0.011	R^2 = 0.946		
				调整 R^2 = 0.805		

续表

合计	0.621	11	0.056	Root MSE = 0.105		
Y	系数	标准差	t	P > |t|	[95% 置信区间]	
U	0.019	0.088	0.41	0.444	− 0.262	0.300
G	− 0.074	0.193	− 0.38	0.726	− 0.689	0.540
C	2.383	1.092	2.18	0.117	− 1.093	5.860
SR	2.619	0.843	3.11	0.053	− 0.062	5.301
TR	− 0.173	1.566	− 0.11	0.919	− 5.159	4.812
I	− 0.690	0.501	− 0.48	0.562	− 2.283	0.903
ΔI	0.173	0.188	0.92	0.426	− 0.425	0.770
UE	0.144	0.171	0.84	0.462	− 0.401	0.689
_cons	− 20.115	6.511	− 3.09	0.054	− 40.835	0.606

中部地区的回归结果显示，人口城市化水平、城镇居民消费水平、投资水平与第二、第三产业比重对经济增长有显著影响。五个变量的回归系数分别为 0.706、1.018、0.525、0.071、0.723，表明在其他条件不变的前提下，它们各自每上升 1%，则区域人均 GDP 将上升 0.706%、1.018%、0.525%、0.071%、0.723%。见公式（3 - 9）和表 3 - 6。

$$\ln Y = 0.706 \ln U + 1.018 \ln C + 0.525 SR + 0.071 \ln \Delta I + 0.723 \ln TR - 20.115$$
$$(3 - 9)$$

就区域整体发展水平而言，中部地区处于东部地区与西部地区之间，无论是人口城市化、经济发展还是工业化水平，都存在一定的上升空间。与东西部地区相同，人口城市化对中部地区经济增长影响显著。中部地区各省之间也存在一定的差异，既有传统工业资源大省和服务业稳步发展的省份，亦有人口大省，还包括发展水平较低的偏远省份，因此居民消费水平、第二和第三产业对经济发展的影响也较为显著。此外，投资水平对经济增长同样具有一定的促进作用。因此，在中部地区的城市化进程中，应积极引导居民合理消费，抓住农村劳动力转移与产业发展两条主线，进一步释放居民消费潜力、人口城市化集聚效应和产业结构转型动力，抓住投资机会，促进经济快速稳步增长。

表3-6 　　　　　　　　　中部地区多因素互动模型回归分析结果

来源	SS	df	MS	观测值 = 8		
模型	0.096	2	0.073	F(1, 11) = 14.658		
				Prob > F = 0.197		
残差	0.035	5	0.011	R^2 = 0.989		
				调整 R^2 = 0.625		
合计	0.131	7	0.056	Root MSE = 0.084		
Y	系数	标准差	t	P > |t|	[95% 置信区间]	
U	0.706	0.448	1.57	0.360	-4.992	6.404
G	-0.047	0.051	-0.92	0.526	-0.693	0.600
C	1.018	0.181	5.64	0.112	-1.276	3.311
SR	0.525	0.132	3.98	0.157	-1.152	2.202
TR	0.723	0.368	1.97	0.300	-3.952	5.399
I	0.181	0.040	4.50	0.139	-0.330	0.692
ΔI	0.071	0.242	0.29	0.789	-0.699	0.841
UE	-0.001	0.036	-0.04	0.972	-0.115	0.112
_cons	-8.053	2.564	-3.14	0.196	-40.637	24.530

四、适度性标准

无论是欧美发达国家，还是日本、韩国等近现代快速崛起的东亚国家，纵观人口城市化进程，任何国家和地区都存在相似的发展规律，即人口城市化与经济增长必须保持适度性。所谓人口城市化与经济增长的适度性，是指两者之间的一种协调合意的状态。也就是说，人口城市化的进程既不应超前经济增长，同样亦不应滞后于经济增长。前者的直接后果就是"过度城市化"，即一种病态的城市化，就像欧美国家在其人口城市化的初级阶段，会产生诸如交通拥堵、环境恶化、基础设施与服务能力不足以及社会治安环境恶劣等"城市病",会在一定程度上影响居民的生活水平与生活质量,从而难以带来经济的真正增长与现代化跃迁。而后者的直接后果则是会造成经济社会发展迟缓,例如印度的城乡收入差距与区域发展差距过大,三次产业发展不平衡,在很大程度上阻碍了经济社会的稳步发展,也不符合人类历史发展趋势。同时,适度性并不等同于同步性,两者间由于历史原因以及政策等因素,存在一定差距是合理的,因此只要人口城市化和经济增长保持在相对协调合意的状态便符合适度性标准。

为了进一步衡量我国人口城市化与经济增长的适度性,有必要在总结国内外经验的基础上,构建适度性检验标准。我国的人口城市化水平与经济增长的适度协调发展应符合人类历史发展的整体趋势,与世界其他国家进行观察对比,以此作为衡量适度标准的重要依据。因此,本书选取了部分发达国家与发展中国家,以城镇人口占总人口比例和人均GDP(2010 年不变价美元为单位)这两个指标来衡量人口城市化水平与经济增长的协调关系。世界银行的相关数据显示,2018 年我国的人均 GDP 为 9741.85 美元,人口城市化水平为 59.58%,而世界平均人均GDP 为 11312.44 美元,人口城市化水平为 55.27%。我国的人口城市化水平虽然超过世界平均水平,但在人均 GDP 与世界平均水平还存在着一定差距。以 2018 年我国人口城市化水平与经济增长状况为依据,与部分国家数据进行对比,具体结果见表 3-7 和表 3-8。

表 3-7   经济增长相近国家与中国人口城市化水平比较

国家	人均 GDP(2010 年不变价美元)	城镇人口占总人口比例(%)	年份
中国	9741.85	59.58	2018
俄罗斯	10674.99	73.69	2010
巴西	10674.997	84.34	2010
韩国	10205.81	77.45	1994

续表

国家	人均 GDP（2010 年不变价美元）	城镇人口占总人口比例（%）	年份
马来西亚	10399.373	71.61	2011
阿根廷	10385.96	90.99	2010
葡萄牙	9977.32	50.45	1994
法国	9763.329	73.65	1985

资料来源：根据《世界发展指标》（World Development Indicators）数据计算得到。

表 3 - 8　　　　　　　人口城市化相近国家与中国经济增长水平比较

国家	城镇人口占总人口比例（%）	人均 GDP（2010 年不变价美元）	年份
中国	59.58	9741.85	2018
南非	59.54	5383.66	2005
巴西	59.83	1004.11	1974
韩国	60.06	1977.64	1982
意大利	59.85	887.337	1961
马来西亚	59.49	3263.33	1998
葡萄牙	59.36	24847.55	2008
奥地利	59.66	26401.75	2002

资料来源：根据《世界发展指标》（World Development Indicators）数据计算得到。

通过图 3 - 3 的对比分析可以看出，在人口城市化水平方面，中国与主要发展中国家仍旧存在着一定的差距，人口城市化水平相对较低，二元经济特征依然显著。目前我国经济增长依然处于持续稳定的中高速状态，经济形势总体较好，就世界范围来看，绝大部分发达国家的城镇化率均已超过 80%，发展中国家的平均水平亦在 65% 左右，而我国的人口城市化水平仍然没有达到 60%。人口城市化相对于经济增长的适度性标准还需要结合具体国情和当前发展阶段特征，进行科学的判断与评价。

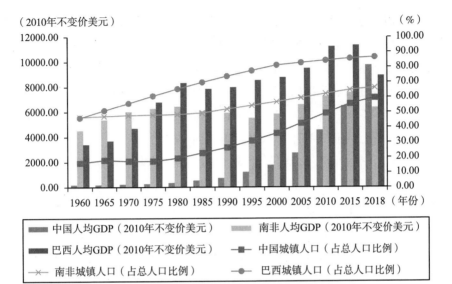

图 3 - 3　部分国家人均 GDP 与人口城市化比较

资料来源：根据《世界发展银行》（World Development Indicators）数据计算得到。

　　众所周知，中国是世界上最大的发展中国家，同时也是世界人口第一大国，其工业化与城市化的起步较晚，仍存在着贫富差距、城乡差距与区域差距等一系列问题。这就意味着，中国的人口城市化与经济增长的适度性势必与世界其他国家有所不同。特别是就人口而言，按照中国 14 亿人口总量来进行计算，则城市化率每上升 1 个百分点，就意味着将会有 1400 万左右的人口由农村地区迁入城市，如此大规模的人口迁移对于任何一个国家而言，都将会带来巨大的挑战。同样作为一个发展中国家的人口大国，印度的人口城镇化水平连 40% 都尚未达到，人口总量对于人口城市化的影响程度可见一斑。同时，中国的国土面积广大且地理环境复杂，特别是一些偏远地区与贫困地区，其自然环境相对恶劣，生活环境相对闭塞，加之部分民族聚居区的文化传统，对于城市化快速发展的认识程度还有待提高。此外，户籍制度等一些固有的制度性因素限制及区域间区位优势、公共服务水平等方面的差距，都会对人口城市化全面发展产生一定的影响。《国家新型城镇化规划（2014～2020 年）》指出，中国的人口城镇化进程存在以下突出的矛盾和问题：大量农业转移人口难以融入城市社会，市民化进程滞后；"土地城镇化"快于人口城镇化，建设用地粗放低效；城镇空间分布和规模结构不合理，与资源环境承载能力不匹配；城市管理服务水平不高，"城市病"问题日益突出；自然历史文化遗产保护不力，城乡建设缺乏特色。体制机制不健全，阻碍了城镇健康发展。① 所以，中国人口城市化的发展与推动，势必要在遵循相关规律与科学规划的前提下循序渐进，切不可操之过急、因小失大。

因此，经过综合考虑国际经验和中国特殊国情，本书确定人口城市化与经济增长适度性标准为：2020 年常住人口城镇化率达到 60%，2050年常住人口城镇化率达到 75%，达到中等发达国家水平。在构建人口城市化与经济增长适度性标准的基础之上，本书将对中国人口城市化发展现状进行检验，以观察人口城市化与经济增长的适度关系。同时，由于中国区域间存在明显差异，本书将从国家整体以及不同区域两个角度进行分析和检验，见图 3－4。

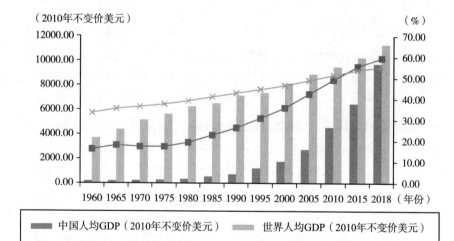

图 3－4　中国与世界人均 GDP 及人口城市化比较

资料来源：根据《世界发展银行》（World Development Indicators）数据计算得到。

---

① 《国家新型城镇化规划（2014～2020 年）》，http://politics.rmlt.com.cn/2014/0317/244361.shtml。

本书将对中国目前人口城市化与经济增长的适度关系进行观察与检验。根据国家统计局所给出的最新统计数据来看，2018 年，中国的人口城市化率为 59.58%，已经超过了世界 54% 的平均水平，就目前的增长速度来看，在 2020 年全面建成小康社会，完成 60% 既定目标，达到基本合意水平，应该不会存在太大困难与问题。从数据发展趋势来看，中国人口城市化水平在 2013 年超过了世界平均水平，人均 GDP 在 2011 年仅仅超过了世界平均水平的一半，虽然两者存在一定的不协调性，但是上升趋势基本趋同。未来，伴随着各种改革规划和政策措施的稳步推进，两者间关系将会更加协调与优化，见图 3 - 5。

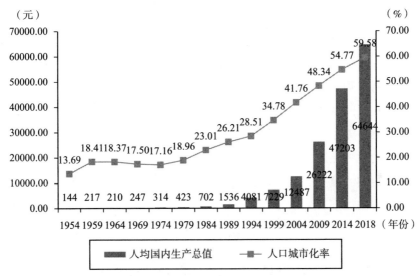

图 3 - 5　中国人口城市化与经济增长趋势对比

资料来源：《中国统计年鉴》（2019）。

通过对各省份人口城市化与经济增长关系的检验发现，不同区域两者间适度性差异较为突出。国家统计局与世界银行统计数据显示，2018 年各区域人口城市化水平差异显著，东、中、西三个地区分别为 70.69%、56.85% 和 48.13%。就中国各区域人口城市化与经济增长的情况来看，两者间的上升趋势基本趋同，但协调性关系差异较大，这是三类地区的资源禀赋和政策倾斜程度不同导致的。因此，各区域内人口城市化与经济增长还是处于较为合意的状态，而中部与西部的发展状况将会伴随着区域的全面发展进一步得到优化与改善。

第二节　城乡差距综合指数模型

一、收入水平差距指数

（一）收入差距指数构建

收入差距是指人口在一定时期内所获得的收入量的差别，有绝对差距和相对差距之分。绝对差距是指以货币单位或其他实物表示的不同群体和个人之间的收入差距的绝对数，可以测度不同阶层居民的富裕程度差异。相对差距是指用收入比重或收入相对份额来表示的不同群体或个人之间的收入差距，是衡量收入分配公平与否的重要测量指标。在城乡收入差距的测度中，城乡收入比是目前研究中应用较多的指标之一，具体计算方法如下：

$$URIR = \frac{CPDI}{RPNI} \tag{3-10}$$

部分研究采用城镇居民人均纯收入作为分子进行计算，该比率主要依据国家统计数据，测算了城镇居民人均可支配收入与农村居民人均纯收入之间的倍数关系，可以在很大程度上反映城乡的社会公平程度。

1967 年，泰尔（Theil）在信息理论研究中采用了熵值来计算收入差距，并以此量化了个人以及地区之间不平等的程度，之后很多经济领域的研究者使用这一指标来测度收入差距。由于基尼系数没有反映城乡人口所占的比重，因而不能准确度量城乡收入差距。此外，基尼系数对中间阶层收入的变动比较敏感，泰尔指数对两端收入，即高收入和低收入阶层的变动比较敏感。由于泰尔指数考虑到城乡人口比重的影响，并且我国城乡收入差距主要体现为两端收入的变化，因此本书选择泰尔指数（Theil index，TI）作为度量我国城乡收入差距的指标。泰尔指数 TI 的计算公式如下：

$$TI = \sum_i \alpha_i \frac{y_i}{y} \ln \frac{y_i}{y} \tag{3-11}$$

其中，y_i 表示居民当期收入，y_1 代表城市居民平均可支配收入，y_2 代表农村居民人均可支配收入；y 表示城乡居民的平均收入；α_i 表示城乡人口比重，α_1 代表城镇人口比重，α_2 代表农村人口比重。当个体收入相同，即 $y_1 = y_2$ 时，泰尔指数 TI = 0，此时的城乡收入绝对平等[①]。

在城乡二元经济结构状态下，假设城镇人口数为 n_1，农村人口数为 n_2，则城乡总人口为 $n = n_1 + n_2$，城乡平均收入为 $y = \frac{n_1 y_1 + n_2 y_2}{n_1 + n_2}$，城镇人口比重为 $\alpha_1 = \frac{n_1}{n_1 + n_2}$，农村人口比重为 $\alpha_2 = 1 - \alpha_1 = \frac{n_2}{n_1 + n_2}$。

泰尔指数 TI 可表示为：

$$TI = \sum_i \alpha_i \frac{y_i}{y} \ln \frac{y_i}{y} = \alpha_1 \frac{y_1}{y} \ln \frac{y_1}{y} + \alpha_2 \frac{y_2}{y} \ln \frac{y_2}{y}$$

$$= \alpha_1 \frac{y_1}{y} \ln \frac{y_1}{y} + (1 - \alpha_1) \frac{y_2}{y} \ln \frac{y_2}{y} \tag{3-12}$$

其中，对城乡平均收入 y，分子分母同时除以（$n_1 + n_2$），得：

$$y = \frac{n_1 y_1 + n_2 y_2}{n_1 + n_2} = y_1 \times \frac{n_1}{n_1 + n_2} + y_2 \times \frac{n_2}{n_1 + n_2} = y_1 \alpha_1 + y_2 (1 - \alpha_1)$$

$$\tag{3-13}$$

将式（3-13）代入式（3-12）化简可得：

$$TI = \frac{\alpha_1 y_1 \ln y_1 + (1 - \alpha_1) y_2 \ln y_2}{\alpha_1 y_1 + (1 - \alpha_1) y_2} - \ln[\alpha_1 y_1 + (1 - \alpha_1) y_2] \tag{3-14}$$

---

① 刘田：《中国城乡收入差距收敛性及倒 U 形检验》，载《当代经济科学》2013 年第 1 期，第 1~8 页。

在式（3-14）中 TI 对 α_1 求导数，得：

$$\frac{dTI}{d\alpha_1} = \frac{y_1 y_2 (\ln y_1 - \ln y_2) - y_2 (y_1 - y_2) - \alpha_1 (y_1 - y_2)^2}{[\alpha_1 y_1 + (1 - \alpha_1) y_2]^2} \quad (3-15)$$

由于式（3-15）的分母恒大于0，函数的增减性取决于导数的增减性，导数的增减性取决于式（3-15）中的分子，当分子为正时，$\frac{dTI}{d\alpha_1} > 0$，此时 TI 为 α_1 的增函数，即 TI 随着 α_1 的增加而增加；当分子为负时，$\frac{dTI}{d\alpha_1} < 0$，此时 TI 为 α_1 的减函数，即 TI 随着 α_1 的增加而减少。

公式（3-15）中分子为正的充要条件为：

$$y_1 y_2 (\ln y_1 - \ln y_2) - y_2 (y_1 - y_2) - \alpha_1 (y_1 - y_2)^2 > 0 \quad (3-16)$$

即：

$$\alpha_1 < \alpha = \frac{y_1 y_2 (\ln y_1 - \ln y_2) - y_2 (y_1 - y_2)}{(y_1 - y_2)^2} \quad (3-17)$$

因此，当 $\alpha_1 < \alpha$ 时，TI 为 α 的增函数，即随着 α 的增加泰尔指数 TI 会变大，城乡收入差距会随着城市化进程的加速而增加；当 $\alpha_1 > \alpha$ 时，随着城市化进程的加快，城镇人口比例继续增加，城乡收入差距将缩小。通过以往的分析结果可以发现，城市化进程对城乡收入差距的影响关系基本符合库兹涅茨（Kuznets）的"倒 U 形"曲线变动规律。

（二）收入差距现实水平

根据发展经济学的观点，经济发展常常伴随着经济结构和社会结构的变革，在变革的过程中，往往不可避免地伴随着城乡收入差距问题，发展中国家还会出现城乡割裂的二元经济结构。但是随着经济改革不断深入，以及工业化、信息化和城市化的发展，城乡之间的收入差距往往会表现为先增大后减小的趋势，当经济发展到一定程度，跨过某个临界点之后，城乡二元经济结构会逐渐消除，城乡一体化将取代二元经济结构，实现城乡收入差距的趋同。1978~2018 年城镇居民家庭人均可支配收入和农村居民家庭人均纯收入均逐年递增，城乡收入之间的差距呈现明显的阶段性特征，见表 3-9 和图 3-6。

表 3 - 9   1978 ~ 2018 年中国城乡收入差距现实水平

年份	城镇居民人均可支配收入（元）	农村居民人均纯收入（元）	城乡居民收入比	泰尔指数 TI
1978	343.4	133.6	2.570	0.091
1979	405.0	160.2	2.528	0.090
1980	477.6	191.3	2.497	0.089
1981	500.4	223.4	2.240	0.068
1982	535.3	270.1	1.982	0.049
1983	564.6	309.8	1.822	0.037
1984	652.1	355.3	1.835	0.039
1985	739.1	397.6	1.859	0.042
1986	900.9	423.8	2.126	0.064
1987	1002.1	462.6	2.166	0.069
1988	1180.2	544.9	2.166	0.069
1989	1373.9	601.5	2.284	0.080
1990	1510.2	686.3	2.200	0.073
1991	1700.6	708.6	2.400	0.091
1992	2026.6	784.0	2.585	0.108
1993	2577.4	921.6	2.797	0.128
1994	3496.2	1221.0	2.863	0.135
1995	4283.0	1577.7	2.715	0.121
1996	4838.9	1926.1	2.512	0.104
1997	5160.3	2090.1	2.469	0.100
1998	5425.1	2162.0	2.509	0.104
1999	5854.0	2210.3	2.649	0.117
2000	6280.0	2253.4	2.787	0.129
2001	6859.6	2366.4	2.899	0.138
2002	7702.8	2475.6	3.111	0.155
2003	8472.2	2622.2	3.231	0.162
2004	9421.6	2936.4	3.209	0.159
2005	10493.0	3254.9	3.224	0.158
2006	11759.5	3587.0	3.278	0.160

年份	城镇居民人均可支配收入（元）	农村居民人均纯收入（元）	城乡居民收入比	泰尔指数 TI
2007	13785.8	4140.4	3.330	0.161
2008	15780.8	4760.6	3.315	0.158
2009	17174.7	5153.2	3.333	0.156
2010	19109.4	5919.0	3.228	0.146
2011	21809.8	6977.3	3.126	0.137
2012	24564.7	7916.6	3.103	0.133
2013	26467.0	9429.6	2.807	0.128
2014	28843.9	10488.9	2.750	0.127
2015	31194.8	11421.7	2.731	0.130
2016	33616.2	12363.4	2.719	0.134
2017	36396.2	13432.4	2.710	0.135
2018	39250.8	14617.0	2.685	0.135
2019	42359.0	16021.0	2.644	0.134

资料来源：《中国统计年鉴》（2019）。

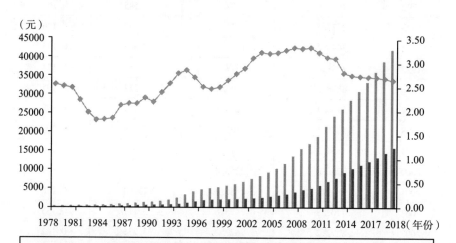

图 3 - 6 1978 ~ 2018 年中国城乡收入比变动趋势

资料来源：《中国统计年鉴》（2019）。

第一阶段（1978~1983年），城乡收入差距逐年缩小。这一时期政府实施了一系列有利于农村发展的政策措施：1978年土地改革率先在农村进行，农民拥有了土地使用权，自主经营自负盈亏，充分调动了农民参加农业劳动生产的积极性，克服了计划经济中人民公社制度下平均分配与集体劳动的缺陷。1979年国家对农业增加了大量的财政补贴，提高了粮食的统购价格，并对农产品实行收购保护价格。1981年粮食收购价格进一步上调，并且价格保持稳定，逐渐放开了农产品市场，实现了单一价格向双轨价格的转变；增加了对乡镇企业的扶持力度，乡镇企业如雨后春笋般发展起来，使广大农民能够参加工农业生产，拓宽了农民的收入渠道。而同期城市的改革步伐步履维艰，企业利润水平较低，自主分配权较小，工资提高幅度并不是很大，城镇居民的收入增速小于农村居民收入增速。因此，这一时期，城乡收入差距逐渐缩小。

第二阶段（1984~1994年），城乡收入差距开始拉大。农村改革的巨大成功使国家开始重新考虑城市发展与农村发展的首要性问题，1988年政府加快了城市改革的步伐。一方面，国有企业改革进一步放权让利，完成了"利改税""拨改贷"等改革，实行了各种形式的承包制[1]。一系列的改革解决了城市工人在劳动激励方面存在的问题，部分城市工人工资得到了大幅度提高，而国家与企业工资的再分配提高了工人增加工资的动机。另一方面，地区发展开始向沿海地区偏移，20世纪80年代中期政府提供了许多促进东部沿海地区发展的政策，沿海地区的乡镇企业得到巨大发展，城市人口收入增速逐渐提高。而同时期农村乡镇企业就业人口的饱和使得很多农村劳动力转移到城市寻找就业机会，但是各种制度性障碍如户籍制度与劳动歧视政策大大限制了劳动力的自由流动，农村经济发展迟缓。

第三阶段（1995~1999年），城乡收入差距第二次实现缩小。1993年政府倡导地区平衡发展战略，开始将更多注意力集中在农村。一方

---

[1]　蔡昉、杨涛：《城乡收入差距的政治经济学》，载《中国社会科学》2000年第4期，第11~22页。

面，城乡户籍制度有了一定的松动，到城市中寻找就业机会的农村劳动力数量不断增加，一系列城市福利体制改革的实施使得农村劳动力得以在城市中安营扎寨；另一方面，国家继续对农产品提供价格支持，农产品相对价格水平达到了新中国成立以来的最高点，农业税水平大幅度下降。同时期，由于政府意识到国有企业冗余的弊端，加快了国有企业改革，生产能力过剩企业减人增效，城市开始出现失业问题，城市居民收入增速低于农村居民收入增速，使得 1995 ~ 1999 年城乡收入差距再次缩小。

第四阶段（2000 ~ 2007 年），城乡收入差距进一步拉大。这一时期，中国为了追求 GDP 增长目标，将工业化作为经济发展的重中之重，对农业、农村和农民问题重视不足。首先，农业产业被边缘化。由于农民可用于耕种的土地有限，农业技术化和专业化水平很低，再加上无法克服的天灾，农业增产有限，农民抵抗市场波动的能力差，当遇到剧烈的市场波动时，农民的收入就会受到巨大冲击。其次，农民工被边缘化。进城农民工由于人力资本水平较低，在城市中并不能获得较高的工资，而且由于政策原因，农民工并不能与城市工人获得同等的就业待遇。而同期城市偏向政策并没有改变，在追求高 GDP 的目标下，城市居民收入水平在增量和增速上均大大高于同期农村地区。

第五阶段（2008 ~ 2018 年），城乡收入差距呈现波动式下降。需要指出的是，虽然这一阶段城乡收入差距有了一定的缩小，但是仍保持在较高的水平，2018 年城乡收入比为 2.64，泰尔指数 TI 为 0.134。这期间城乡收入差距缩小主要有两方面的原因：第一，2006 年取消农业税后，农民的负担大大减轻，彻底改变了"种的不够缴的"的窘境，对农民增加农业收入起到了激励作用；第二，近年来中国出现了一种有别于以往劳动力配置的现象——农民工"用工荒"，用工荒的出现使得农民工的工资收入得到大幅度提高。同期城市改革并没有多大改变，农村居民收入增速高于城市居民收入增速，使得城乡收入差距有了一定的缩小。

总体来看，全国城乡收入差距不断缩小，但不同省份之间的城乡收入差距差异显著。以2019年《中国统计年鉴》数据为基础计算全国31个省份的泰尔指数，见表3-10。2018年城乡收入差距最小的地区为上海，泰尔指数为0.0123，其次是天津（0.0232）、北京（0.0324）等，同时，这三个地区的城市化水平也较高，分别为0.8810、0.8315和0.8650，在全国31个省（区、市）中名列前茅。城乡收入差距最大的地区为贵州（0.2619），其次为甘肃（0.2589）、云南（0.2331）等，这些地区城市化水平明显滞后。东部沿海区域是最早一批获得国家优惠政策扶持的地区，短时期集聚了大量的资本和劳动力，城市化发展较为迅速，城乡收入差距指数并不高。

表3-10　　　　2018年31个省（区、市）城乡收入差距水平

地区	泰尔指数	地区	泰尔指数	地区	泰尔指数
北京	0.0324	浙江	0.0649	海南	0.1132
天津	0.0232	安徽	0.1403	重庆	0.1249
河北	0.1369	福建	0.1035	四川	0.1548
山西	0.1447	江西	0.1326	贵州	0.2619
内蒙古	0.1233	山东	0.1249	云南	0.2331
辽宁	0.0848	河南	0.1388	西藏	0.2203
吉林	0.0838	湖北	0.1070	陕西	0.1911
黑龙江	0.0725	湖南	0.1617	甘肃	0.2589
上海	0.0123	广东	0.0838	青海	0.1876
江苏	0.0845	广西	0.1548	宁夏	0.1568
新疆	0.1668				

资料来源：《中国统计年鉴》（2019）。

二、教育水平差距指数

尽管随着时代的进步和经济的发展，人口教育水平会逐渐提升，但是城乡教育环境对于个人教育水平的影响并没有本质改变，即这种城乡

差异依然显著地影响着城乡人力资本差异，造成了教育水平的城乡差距。衡量城乡教育投入差距主要有两项指标，分别是生均义务教育经费和师资水平。义务教育是公共福利中教育福利的主要内容，生均义务教育经费是影响义务教育水平最基础、最重要的指标，而测度教育发展水平的指标通常采用平均受教育年限。

根据教育水平差距（EG）综合指数的构成要素，令 θ_1、θ_2、θ_3 分别表示 OEFI、EYI、TL 的权重系数，我们先假设三种要素对教育水平差距综合指数的贡献存在差异，则教育水平差距综合指数的计算公式可表示为：

$$EG = \sum_{m=1}^{3} (EG)_m \times \theta_m = OEFI \times \theta_1 + EFI \times \theta_2 + TL \times \theta_3$$

$$(3-18)$$

其中，OEFI（oblication education funds index）代表教育经费差异指数，而 EYI（education years index）则表示教育水平差异指数，TL（teachers level index）表示师资水平差异指数，各个指标的权重通过"熵值法"予以确定。

（一）教育经费差异指数

公共财政义务教育经费能够衡量政府对义务教育的重视程度，教育经费投入的差异直接形成教学设施、师资力量的差距，并最终导致教学质量的差距。城乡生均义务教育经费衡量国家对城乡义务教育投入力度，比值越大表明国家对城市义务教育重视度越高，城乡差距越大。近十年以来，农村义务教育相对水平不断提高，国家为推动义务教育的均衡发展，相继实施了农村义务教育阶段贫困家庭学生就学"两免一补"（免杂费、免书本费、逐步补助寄宿生生活费）、农村义务教育学校教师特设岗位计划和中小学教师国家级培训计划、农村义务教育薄弱学校改造计划、农村义务教育学生营养改善计划等一系列政策，这些政策有助于解决义务教育存在的"乡村弱、城镇挤"问题，推动消除城乡二元结构壁垒，基本实现县域义务教育均衡发展和城乡基本公共教育服务均等化。

以全国生均义务教育经费支出为目标值,用农村相对于全国生均义务教育经费支出的偏离度测量城乡教育经费差异指数。从表 3 – 11 可以看出城乡之间义务教育投入的差距是不断缩小的,2006～2013 年我国农村义务教育经费逐年上升,城乡生均义务教育经费指数也逐年下降,其数值从 0.046 降至 0.003,2014～2018 年基本维持在 0.24～0.28 之间,表明 2006 年以来我国越来越重视农村教育事业的发展,更多地向农村基础教育倾斜,有利于提升农村的人力资本水平,从根本上缩小城乡的教育福利差距。

表 3 – 11　　　2006～2018 年城乡生均义务教育经费及教育经费差异指数

年份	城市(元)	农村(元)	目标值(元)	教育经费差异指数
2006	3530.07	3222.73	3376.4	0.046
2007	4886.46	4517.56	4702.01	0.039
2008	6300.78	5920.75	6110.77	0.031
2009	7689.54	7243.71	7466.63	0.030
2010	9226.42	8699.29	8962.86	0.029
2011	11507.9	10971.75	11239.83	0.024
2012	14265.99	13924.19	14095.09	0.012
2013	16160.14	16050.73	16105.44	0.003
2014	18040.35	17115.73	17578.04	0.026
2015	20943.52	19925.54	20434.53	0.025
2016	22973.88	21723.35	22348.62	0.028
2017	24352.31	23026.75	23689.53	0.028
2018	25845.43	24634.69	25240.06	0.024

资料来源:《全国教育经费执行情况统计公告(2006～2018)》。

（二）教育年限差异指数

教育水平差异是城乡差距的核心要素，测度教育发展水平通常采用平均受教育年限。本书采用《中国人口与就业统计年鉴》2006~2018年全国分城乡人口受教育水平的相关数据，统一按照六岁以上人口作为统计口径计算平均受教育年限。由表3-12可以看出，进入21世纪以来，中国城乡居民的平均受教育水平均有不同程度的提高。城市居民平均受教育年限由10.15年增长到11.12年，增长了0.97年；农村居民平均受教育年限由7.07年增长到8.13年，增长了1.06年。总体来看，城市居民与农村居民平均受教育年限差距趋于缩小，由2007年的3.08年减少到2018年的2.99年。以农村人口平均受教育年限相对于全国平均水平（目标值）的偏离程度度量教育水平差异，教育水平差异指数总体呈波动下降趋势。从城乡平均受教育年限的时序变化数据可以看出，我国城乡之间教育水平差距虽然有所减少，但变动幅度不大，教育不均衡现象仍然没有得到有效解决。

表 3-12　　　　2006~2018 年城乡平均受教育年限及教育年限差异指数

年份	城市（年）	农村（年）	目标值（年）	教育年限差异指数
2006	10.15	7.07	8.04	0.121
2007	10.26	7.18	8.19	0.123
2008	10.28	7.28	8.27	0.120
2009	10.37	7.38	8.38	0.119
2010	10.57	7.58	8.21	0.077
2011	10.62	7.59	8.45	0.102
2012	10.73	7.63	8.94	0.147
2013	10.83	7.71	8.97	0.140
2014	10.96	7.83	9.01	0.131
2015	10.99	7.91	9.05	0.126

年份	城市（年）	农村（年）	目标值（年）	教育年限差异指数
2016	11.02	7.99	9.10	0.122
2017	11.05	8.04	9.15	0.121
2018	11.12	8.13	9.19	0.115

资料来源：《中国人口与就业统计年鉴》（2019）。

（三）师资水平指数

师资水平指数反映的是城乡教育在人力资源储备方面的差距，通过农村与城市义务教育教师本科及以上学历人数比来体现城乡义务教育资源分布情况，师资水平指数越低，城乡教育资源分布越趋于均衡。2006～2018 年我国城乡义务教育本科学历以上教师比不断下降，从 2006 年的 2.50 减小到 2018 年的 2.11，师资水平指数相应从 0.894 下降到 0.153，可见，随着城乡教育均等化政策的持续推进，城乡义务教育的师资水平差异逐渐缩小，见表 3-13。

表 3-13　　　　　　2006～2018 年城乡义务教育师资水平指数

年份	城乡义务教育教师本科及以上学历人数比	目标值	师资水平指数
2006	2.50	1.32	0.894
2007	2.45	1.31	0.870
2008	2.35	1.32	0.780
2009	2.30	1.38	0.667
2010	2.29	1.40	0.636
2011	2.23	1.43	0.559
2012	2.21	1.52	0.454
2013	2.20	1.59	0.384
2014	2.19	1.65	0.327
2015	2.18	1.71	0.275

年份	城乡义务教育教师本科及以上学历人数比	目标值	师资水平指数
2016	2.16	1.80	0.200
2017	2.13	1.82	0.170
2018	2.11	1.83	0.153

资料来源:《中国教育统计年鉴》(2019)。

教育经费、教育年限与师资水平三个指数按照熵值加权得到城乡教育差距综合指数,见图 3 - 7。2006~2018 年,我国城乡教育差异不断缩小,表现为教育差距综合指数持续下降,从 2006 年的 0.351 减少到 2018 年的 0.106。对城乡教育差距缩小贡献最大的是师资水平差异指数,农村相对于城市的义务教育本科以上教师比例逐年增加,农村教育的教师素养得到了较大程度的改善。而教育经费差异指数在 2006~2013 年持续下降后一直保持在 0.25 左右,教育年限差异指数在 2006~2010 年有所下降,2010 年以后则呈现不稳定的波动变化趋势,降幅相对较低,可见,城乡居民的受教育水平差异仍然没有实质性的改变。

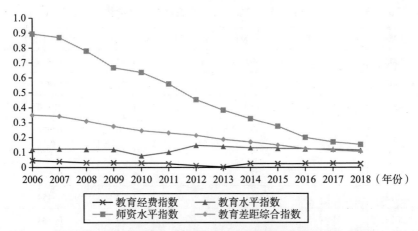

图 3 - 7　2006~2018 年我国城乡教育差距分类指数及综合指数

三、医疗水平差距指数

城乡之间医疗卫生服务不均等已经成为二元经济结构的重要表现之一，公共卫生服务不仅存在投入不足、保障水平不高等问题，医疗卫生资源配置不合理也是需要解决的关键问题，卫生服务水平仍然存在显著的城乡差异。医疗卫生对于保障人民群众的身体健康以及提高生活质量具有重要的保障作用，但是长期以来卫生资源高度集中于城市，无论是卫生经费投入还是医疗资源配置都是如此，农村公共卫生服务严重短缺。因此，本书主要采用人均卫生费用和每千人拥有医疗卫生人员数量两个指标来测量城乡之间医疗资源分布的差异水平。

根据医疗水平差距（MLG）综合指数的构成要素，令 θ_1、θ_2 分别表示 HEI、MPI 的权重系数，则教育差距综合指数的计算公式可表示为：

$$MLG = \sum_{m=1}^{2} (MLG)_m \times \theta_m = HEI \times \theta_1 + MPI \times \theta_2 \quad (3-19)$$

其中，HEI（health expenses index）代表医疗卫生费用差异指数，而 MPI（medical personnel index）则表示医疗人员配比差异指数。各个指标的权重通过"熵值法"予以确定。

（一）医疗卫生费用差异指数

我国医疗卫生资源分布不均衡与医疗卫生经费的构成有很大关系。人均卫生费用可以反映出城乡卫生事业的投入水平差异，用农村人均医疗卫生费用相对于全国平均水平的偏离程度度量城乡医疗投入差距。从人均医疗卫生费用变动趋势来看，2006~2018 年农村人均卫生费用与全国平均水平的绝对差距不断扩大，由 2006 年的 361.9 元增加到 2018 年的 2396.9 元，但相对差距却在不断缩小，从 2006 年的 0.517 减小到 2018 年的 0.422，见表 3-14。可见，公共医疗支出向城市的倾斜状况虽有所改善但程度依然很高。

表 3 - 14　　　　　　　　2006～2018 年城乡医疗费用差异指数

年份	全国人均卫生费用（元）	农村人均卫生费用（元）	医疗卫生费用差异指数
2006	748.8	361.9	0.517
2007	876.0	358.1	0.591
2008	1094.5	455.2	0.584
2009	1314.3	562.0	0.572
2010	1490.1	666.3	0.553
2011	1807.0	879.4	0.513
2012	2076.6	1064.8	0.487
2013	2327.4	1274.4	0.452
2014	2581.7	1412.2	0.453
2015	2980.8	1603.6	0.462
2016	3351.7	1846.1	0.449
2017	3783.8	2064.6	0.454
2018	4148.1	2396.9	0.422

资料来源：2007～2019 年各年度《中国卫生统计年鉴》。

（二）医疗人员配比差异指数

城乡每千人拥有医疗卫生人员比可以反映城乡医疗卫生人力资源分布情况，比值越大说明医疗卫生资源越集中分布于城市，进而拉大城乡差距。本书采用农村每千人拥有医疗卫生人员相对于全国平均水平的偏离程度来度量医疗人员配比的城乡差异，结果见表 3 - 15。农村每千人配备的医疗卫生人员逐年增加，2006～2018 年累计增加 1.93 人，而城市相应增加了 4.82 人，医疗人员配比数量绝对差距越来越大。医疗卫生人员配比的相对差异基本上也呈现波动上升趋势，2016 年达到最大值 0.340。可见，城乡拥有的医疗卫生人力资源水平差距在不断扩大，并未表现出趋同的发展态势，因此，应加强农村基层卫生人员队伍建设，为农村配置高水平的卫生技术人才。乡村医生对于保障农村居民的健康发挥着重要作用。但是乡村医生的个人收入较低、待遇无保障，导致乡村医生流失，应当切实保障农村居民公共卫生服务水平，提高乡村医生的薪酬和福利待遇标准。

表 3 - 15　　　　　2006 ~ 2018 年城乡医疗人员配比差异指数

年份	每千人口医疗卫生人员（人）			医疗人员配比差异指数
	全国	城市	农村	
2006	3.60	6.09	2.70	0.250
2007	3.72	6.44	2.69	0.277
2008	3.90	6.68	2.80	0.282
2009	4.15	7.15	2.94	0.292
2010	4.39	7.62	3.04	0.308
2011	4.58	7.90	3.19	0.303
2012	4.94	8.54	3.41	0.310
2013	5.27	9.18	3.64	0.309
2014	5.56	9.70	3.77	0.322
2015	5.84	10.21	3.90	0.332
2016	6.12	10.79	4.04	0.340
2017	6.47	10.87	4.28	0.338
2018	6.83	10.91	4.63	0.322

综上所述，将医疗卫生差异指数和医疗人员配比差异指数按照熵值加权形成城乡医疗水平差距综合指数。从时间趋势来看，医疗水平差距指数呈现持续下降后波动上升的变动趋势，2007 ~ 2013 年总体呈下降趋势，主要得益于城乡人均医疗卫生费用的相对差异不断缩减，2014 ~ 2018 年，城乡医疗费用支出和医疗卫生人员配比情况均出现了波动变化趋势，因此，城乡医疗水平差距指数也呈现先升后降的变动趋势，见图 3 - 8。可见，城乡医疗水平差异虽然有所降低，但并未得到持续改善，这与城乡之间的医疗资源分布及基础设施建设等密不可分，乡镇医院工作环境较差，医护人员待遇水平不高，这些因素都将影响医疗人力资源向农村倾斜的程度。

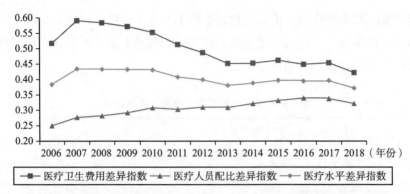

图 3 - 8　2006 ~ 2018 年中国城乡医疗水平差距分类指数及综合指数

四、养老水平差距指数

养老保障水平差距是城乡福利差距的主要体现，一般而言，居民收入水平差异通常用基尼系数来衡量，因此，本书将构建城乡养老保障基尼系数测度城乡养老保险给付水平差异。

（一）城乡养老水平差距指数构建

美国统计学家洛伦茨提出了衡量收入分配差距的洛伦茨曲线。该曲线以人口累计百分比为横轴，以收入累计百分比为纵轴，而曲线上的任意点则反映一定人口数量累计百分比与所拥有的财富收入累计百分比的对应关系。意大利统计学家基尼在洛伦茨曲线的基础上提出了基尼系数的概念。基尼系数等于洛伦茨曲线与对角线所围成的面积与对角线、横轴、垂线所围成的三角形面积之比。收入分配越均等，则基尼系数的值越低；收入分配越不均等，基尼系数的值越高。以福利人口累计百分比为横轴，以养老保障福利待遇累计百分比为纵轴，可以绘制出反映一定比例的福利人口所享有的养老保障福利待遇水平差异的洛伦茨曲线。

为计算城乡养老水平基尼系数，将养老保障洛伦茨曲线横轴的福利人口先按城乡划分，即按先农村后城市、收入由低到高的顺序排列。设收入 x 是一个随机变量，洛伦茨曲线描述的是收入不大于 x 的所有人收入占总收入的比重。同时假设城镇最低的福利待遇高于农村最高的福利待遇，则在城乡养老保障洛伦茨曲线上可以找到一点 E，E 左边的曲线描述的是养老保障福利小于 x 的所有农村人口所拥有的养老保障福利占总福利的比重，E 点右侧描述的是所有农村人口以及养老保障福利低于 x 的城镇人口所拥有的养老保障福利占总福利的比重。然而实际上，农村和城镇都有社会保障未覆盖的人口，因此，养老保障洛伦茨曲线上 E 左边描述的是农村人口所拥有的养老保障福利占总社会养老福利的比重，而 E 右边的曲线则描述城镇养老福利相对于人口份额的变化趋势。城乡社会保障洛伦茨曲线是一条直观反映农村和城镇居民分别享有社会保障福利差异的曲线。城镇人口所对应的曲线斜率高于农村人口，城乡养老保障洛伦茨曲线形状大致如图 3-9 中的曲线 OEA。即正方形 ODAC 的面积为 1。曲面 OEA 与三角形 OCA 的面积之比即为城乡社会保障基尼系数，即城乡社会保障基尼系数 $= S_{OEA}/S_{\triangle OCA} = 2S_{OEA}$。

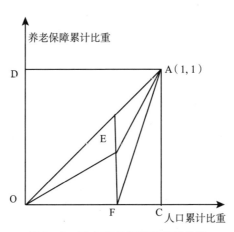

图 3-9　城乡养老保障洛伦茨曲线

根据城乡养老保障基尼系数的几何意义，得到城乡养老保障洛伦茨函数 SL(x) 为：

$$SL(x) = \begin{cases} \dfrac{B_1}{N_1}x, & 0 < x \leqslant N_1 \\ \dfrac{1 - B_1}{1 - N_1}x - \dfrac{N_1 - B_1}{1 - N_1}, & N_1 < x \leqslant 1 \end{cases} \tag{3-20}$$

其中，N_1 为农村福利人口占总福利人口的比重，B_1 为农村人口所享受福利占总福利的比重。相应地，城镇福利人口占总人口的比重为 $1 - N_1$，城镇福利占福利总额的比重为 $1 - B_1$。x 是人口累计百分比，$SL(x)$ 是洛伦兹曲线函数值。

由此得到城乡养老保障基尼系数的计算公式为：

$$G_1 = 2 \times \left[\int_0^{N_1} \left(x - \frac{B_1}{N_1}x \right)dx + \int_{N_1}^1 \left(x - \frac{1 - B_1}{1 - N_1}x + \frac{N_1 - B_1}{1 - N_1} \right)dx \right]$$

$$\tag{3-21}$$

如图 3 – 10 所示，城乡人口结构的变化实际上就是 F 在横轴位置的变化：当农村人口数减少时，F 相应地向左移动到 F′，城乡养老保障洛伦茨曲线也随之变化，G_1 减小；如果 F 向右移动到 C 点，即社会上全部人口均为农村人口，则此时相应的城乡养老保障基尼系数可能的最高取值等于 1。

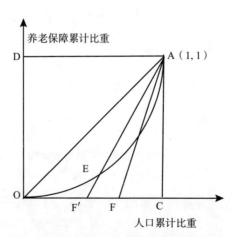

图 3 – 10   城乡人口结构对养老保障基尼系数的影响

（二）城乡养老水平差距指数测算

利用 2006～2018 年城乡居民养老保险待遇水平，采用基尼系数法测算的城乡养老水平差距指数见表 3 – 16。总体来看，城乡养老保障水平差异在逐渐缩小，2006 年养老保障基尼系数为 0.501，到 2018 年下降到 0.350，12 年共减少了 0.151，年均减少 0.012，尤其是 2009～2012 年间下降速度很快，这与城乡统筹的养老保险制度改革密切相关，城乡均等、普惠互利的制度设计理念，农村养老保险制度不断优化，都极大地加快了城乡养老保险制度一体化进程。

表 3 – 16　　　2006～2018 年中国城乡养老水平差距指数变动趋势

年份	城乡养老水平差异指数
2006	0.501
2007	0.490
2008	0.486
2009	0.477
2010	0.451
2011	0.420
2012	0.395
2013	0.395
2014	0.382
2015	0.372
2016	0.371
2017	0.363
2018	0.350

五、城乡差距综合指数

通过以上分析获得了收入水平、教育水平、医疗水平和养老水平四大城乡差距指数。在此基础上，本书利用熵值法确定各自权重，来衡量城乡福利差异测度中四个指数的贡献程度。对标准化数据进行信息熵处理，并获得相应权重，见表 3 - 17。通过熵值法获得四大差距指数权重，其中养老水平差距指数所占权重较大，其次为城乡收入差距指数，医疗水平差距指数所占比重最小，说明城乡福利差距在社会福利、收入水平和教育投入方面表现更为显著，在城市化进程中，应重点解决养老水平和收入分配中的城乡失衡，尽可能减小城乡收入和福利差距。

表 3 - 17   城乡福利综合指数信息熵及权重

项目	教育差距综合指数	医疗水平差距指数	养老水平差距指数	收入水平差距指数
信息熵	0.918	0.938	0.888	0.903
权重	0.233	0.176	0.317	0.274

根据四大指数及熵值法确定的各类指数权重计算城乡差距综合指数，具体结果见表 3 - 18。2006～2018 年城乡差距综合指数呈现缓慢下降趋势，表明随着经济发展水平的提升和城镇化进程的不断加快，政府制度改革趋于城乡均等化态势，二元经济特征有所弱化，城乡收入及福利差异在逐年缩小。其中，权重较高的收入差距指数、养老水平差距指数及教育水平差距指数均出现了不同程度的下降，对城乡差距的缩小贡献度较高；医疗水平差距呈现波动变化趋势。随着经济发展和社会进步，城乡教育医疗的现实差距仍然很大，还存在一定程度的失衡状况，这将是未来解决我国二元结构问题的关键因素。

表 3 - 18   2006～2018 年中国城乡差距分类指数及综合指数变动趋势

年份	教育差距指数	医疗差距指数	养老差距指数	收入差距指数	城乡差距综合指数
2006	0.351	0.384	0.501	0.160	0.352
2007	0.343	0.434	0.490	0.161	0.356
2008	0.311	0.433	0.486	0.158	0.346

续表

年份	教育差距指数	医疗差距指数	养老差距指数	收入差距指数	城乡差距综合指数
2009	0.274	0.432	0.477	0.156	0.334
2010	0.245	0.431	0.451	0.146	0.316
2011	0.230	0.408	0.420	0.137	0.296
2012	0.214	0.399	0.395	0.133	0.282
2013	0.187	0.381	0.395	0.128	0.271
2014	0.170	0.388	0.382	0.127	0.264
2015	0.150	0.397	0.372	0.130	0.258
2016	0.125	0.395	0.371	0.134	0.253
2017	0.115	0.396	0.363	0.135	0.249
2018	0.106	0.372	0.350	0.135	0.238

第三节 农村劳动力迁移决定模型

一、研究基础

农村劳动力迁移和流动始终是发展经济学关注的一个热点问题。关于农村劳动力从农业部门转移到工业部门和城市地区的逻辑过程，国外学者从微观和宏观两个视角形成了系统的理论模型体系。基于宏观视角的解释主要包括刘易斯二元结构模型、拉尼斯—费景汉的推拉模型、托达罗的预期收入模型和皮奥里的双重劳动力市场模型等，这些模型系统阐述了农村劳动力迁移的主要原因及产生的社会经济效应。此外，贝克尔、哈夫曼、斯塔克等基于个人或家庭行为微观视角构造了农村劳动力迁移理论模型，从家庭效用最大化出发分析了家庭劳动力配置与家庭效用之间的关系，从中揭示了农村劳动力转移的动机和行为后果。

宏观理论模型重点研究农村劳动力迁移的宏观影响因素及效应。美国经济学家刘易斯（Lewis，1954）提出了农村劳动力流动与两部门结构发展理论，认为在允许劳动力自由流动的条件下，只要现代部门劳动力的工资水平高于农业部门劳动力的平均收入水平，相对于现代部门所提供的就业机会来说，来自农业部门的劳动力供给具有无限弹性；费景汉和拉尼斯（1961）对刘易斯模型进行了修正，把农村劳动力向非农业部门转移和工农业的发展联系起来进而将农村劳动力转移划分为三个阶段；乔根森（1961）认为农业占据着经济主体地位，工业部门的产生和发展取决于农业剩余的出现和增加，而农业剩余的产生取决于增加的农业产出在满足最大的人口增长之后是否仍有剩余，乔根森的推理思路非常简洁，农业的发展及其产出的增加会有力地推动工业的发展，但是他却没有考虑到城市失业这一问题；李（1966）在《迁移理论》中指出，迁移者在做出决策时除了考虑个人因素外，还包括迁入地、迁出地、迁移障碍等重要因素；塔佛（1968）的迁移作用和后果理论将劳动力资源有效配置视为人口迁移的内在机理，强调人口迁移的社会后果即主要从对迁出地、迁入地及对迁移者本身三个方面的影响来考察；美国经济学家托达罗（1969）建立的城乡劳动力迁移模型发现，引起城乡迁移的主要因素是城市和农村部门预期工资水平、就业机会差异及迁移费用；皮奥里（1970）双重劳动力市场理论解释了劳动力由低收入国家向发达国家流动的机制。

微观理论模型则从个人或家庭微观视角解释农村劳动力迁移的动机及效应。舒尔茨（1990）的成本效益理论指出，迁移的行为决策取决于迁出地获得的收入和迁移成本之和与迁入地的平均收益相比是否满足人的心理预期，其中成本分为货币成本和非货币成本；斯塔克（1991）的新迁移经济学理论认为，与个人不同，家庭通过将家庭内部的劳动力分配多样化以求控制危机及家庭福利风险。国内关于农村劳动力乡城转移的研究始于20世纪80年代。蔡昉（2001）认为，乡城间的人口或劳动力流动，无论对于迁出地还是对于迁入地来说都具有正面效应；李树茁（1993）发现我国省际迁移和经济发展水平关联度较高，男性净迁移距离弹性较大而相对收入弹性较小；韩俊（1994）的农村剩余劳动力转移理论认为，农村劳动力向小城镇集聚，可以有效避免在传统城市化机制情况下农民大量涌入城市所产生的种种社会经济问题，开辟了农村人口城市化的一条新通道，对于缓和中国当前面临的城市化滞后难题、矫正以往城市化过程中的偏差，都会产生积极的影响，因而具有长期而广泛的适应性；王询（1994）认为农业劳动力的转移有两个逻辑环节，一是农业对劳动力的释放，二是非农业对劳动力的吸收，他从劳动力转移的经济形式、专业转移与兼业转移、劳动力转移与城市化三个角度讨论了劳动力转移的方式，并认为中国不同地域的社会群体间存在显著收入差别是造成中国目前收入分配不均等的重要原因，而这种收入不均等可以通过劳动力的地域间转移消除；陈吉元等（2000）认为农业剩余劳动力的转移首先对于农业生产来说具有重大意义，可以增加每个农业劳动力负担的耕地面积，从而扩大农户的土地经营规模，使之获得规模效益从而提高农业劳动生产率、农业商品化程度和产品竞争能力等；黄季馄等（2006）表明，改革以来农村劳动力就业和转移情况与中国市场化改革进程存在密切的联系，农村劳动力流动规模不断增大，农村劳动力就业的多样化以及农村劳动力非农就业的收入差别都反映出中国劳动力市场发育程度正在不断提高。

二、模型构建

托达罗的乡城劳动力迁移与城市失业模型立足于发展中国家农村人口流入城市和城市失业同步增长的历史背景，比较符合中国经济发展现实，这一模型最早重视并研究了发展中国家的城市失业问题，力图根据城乡收入差别和城镇工作的可得性来解释发展中国家城市失业与劳动力乡城流动同时增长的现象。因此，本书将以这一理论模型为基础构建农村劳动力迁移决定模型。

（一）托达罗模型的逻辑体系

刘易斯模型、拉尼斯—费景汉模型均假定农村劳动力供给无限弹性，城市处于充分就业状态，但是经济发展实践表明，尽管许多发展中国家农业的边际劳动生产率为正且城市已经出现失业现象，但农村向城市的人口流动速度并没有因此放缓，反而在快速提高。托达罗模型较好地解释了这一经济现实，其基本前提是发展中国家农村不存在剩余劳动力，城市中存在失业，农村劳动者决定是否迁往城市工业部门工作时，就不能仅仅考虑城乡的实际收入差异，同时也要考虑城市的就业概率，即在城市中找到工作的概率。托达罗模型用公式表示为：

$$d(t) = Y_u(t)n(t) - Y_r(t)$$

$$M(t) = f[d(t)], \quad f' > 0$$

$$n(t) = rN(t) / [s(t) - N(t)]$$

$$\gamma = \lambda - \rho$$

其中，$d(t)$ 表示城乡预期收入差异，$Y_u(t)$ 表示城市部门实际预期收入，$n(t)$ 表示就业概率等于城市部门的工作创造率 r 与城市部门总就业人数 $N(t)$ 的乘积（即城市部门某一时期创造工作的可能性）除以城市部门总劳动力规模 $S(t)$ 与就业人数 $N(t)$ 的差值（即城市部门的失业人数），$Y_r(t)$ 表示农业部门的实际收入水平；此外，城市部门的工作创造率 r 等于工业产出增长率 λ 与劳动生产率增长率 ρ 的差。以上是从总量角度观察进城农民工个人在迁移过程中的决定因素，即需要在城市与农村部门的预期收入差距和就业概率风险之间进行比较后做出理性选择；而从个人角度来讲，在其他因素不变的情况下，迁移者往往需要较长时间才能获得城市部门的工作机会。因此迁移决策不是由某一时期因素决定的，而是由迁移者在城市部门未来某一时期前就业概率的累加值 p_t 决定的，即：

$$V(0) = \int [p(t)Y_u(t) - Y_r(t)]e^{-rt} - C(0) \qquad (3-22)$$

其中，r 表示贴现率，$p(t)$ 表示 t 时期内迁移者在城市部门寻找到工作的累加概率，$C(0)$ 表示迁移成本。这里需要对托达罗理论进行解释说明的是 $p(t)$ 和 $n(t)$ 是不同的，但有联系。以上所说的 $n(t)$ 表示单个迁移者到城市部门被挑选的概率，而 $p(t)$ 表示一个迁移者累加的就业概率。变量之间的关系可以表示为：

$$p(0) = n(0)$$
$$p(1) = n(0) + [1 - n(0)]n(1)$$
$$p(t) = n(t-1) + [1 - p(t-1)]n(t)$$
$$p(t) = n(t) + \sum n(i)(1 - n(j))$$

假设城市部门工资水平与农村部门平均收入不变，那么寻找工作的进城农民工在城市里滞留的时间越长，其获得工作的机会也就越大。如果他们在城市里遇到短暂的结构性失业，那么对模型迁移总量的决定因素也就变成了城乡收入贴现净值的函数，即 $M = f(V(0))$，因此只需要将贴现值与 0 相比来判断迁移者的流向。因此，托达罗模型的理论观点可以概括为：首先，促进农村劳动力迁移的重要因素是预期收益的理性思考，但仍包含心理预期因素。其次，农村劳动力来到城市工作的概率与城市的失业率成反比；人口流动率超过城市就业机会增长率不仅是可能的，而且是合理的，甚至会加大城乡预期收入差额。

托达罗模型对发展中国家农村劳动力向城市流动和大城市高失业率并存现象进行了科学解释，同时指出了农业部门发展的重要意义，对于缩小我国二元结构的城乡差距提出了合理的解决方案。该模型主张在创造城市部门就业机会同时大力发展农村经济，提高农村人均收入水平，通过农村工业化道路来缩小城乡之间的收入差别。该模型存在以下缺陷：模型假设发展中国家农村部门不存在剩余劳动力，二元劳动力市场下城市部门的工资由政治因素决定，这两个假设不符合现实；此外，托达罗模型在进行分析时确实考虑到了农村劳动力进入城市后主要在非正规部门就业，而如果多数劳动力进入非正规部门便不会对城市居民带来较大的就业压力，这也表明农村劳动力在城市的就业概率与城市的失业率并非是完全对立关系；托达罗把农村劳动力流动的原因主要归于纯预期收入对比，却没有考虑到城市与农村两部门经济的生活成本差异。

（二）农村劳动力迁移扩展模型

相关学者对托达罗的乡城劳动力迁移模型进行了系统的改进。衣光春、徐蔚（2004）指出，托达罗模型中未考虑工资待遇兑现存在风险，因此加入表示农民工与用人单位之间的有效合同签约率变量，此外考虑到中国特有的二元经济体制，因而加入反映人口流动行为的外生变量即制度变量；赵武、蔡洪波（2007）在迁移成本的基础上加入了城乡生活成本差异比较并对流动者在城市获得工作概率的测算方法进行了重新定义；周天勇、胡锋（2007）从农业部门、正规部门和非正规部门三个方面构建模型，认为发展中国家劳动力和失业人口的部门分布由各部门人口数量和发展水平共同决定并保持均衡状态，特别是发展城市正规部门和非正规部门的就业岗位，都不会导致城市失业情况的加重和工资上升；李荐、张广文（2010）在原有模型的基础上对新生代农民工的工作环境、社会认同感、住房要求等非经济因素进行了分析；焦克源、张彦雄等（2012）关注了除经济收益之外的城乡非经济收益和福利收益对劳动力迁移决策的影响。综合已有研究结果，本书认为主要从农民工进入的部门行业出发，可以在以下三个方面继续深入研究：首先结合具体地区数据对模型中的变量关系进行实证检验；其次对城乡社会福利进行分项测量统计；最后通过现实数据分析对农民工的迁移费用进行量化计算。

根据我国城乡二元劳动力市场特征对托达罗人口流动模型进行扩展，假定：（1）中国农村存在着大量且亟待转移的学历水平较低的农民工；（2）转移劳动力进入城市的目的仅限于进城务工，不包括其他形式的转移和迁移（即永久居住性劳动力、长期租住性劳动力）；（3）转移农民工进入城市的决定是经过自身预期收益比较后的结果，而不是盲目决策后的结果；（4）转移农民工不考虑制度障碍因素，只限定其进城务工从事非农工作；（5）转移农民工进入的行业部门工资是由市场经济运行规律决定，且农民工签约的企业是诚信守法的企业，即可以在用工期结束以后支付其工资。基于以上五种假设，构建哈里斯·托达罗人口流动扩展模型，见公式（3-23）。

$$V(0) = \int_{t=0}^{n} [y(t) \times \omega + q(t) - d(t)] e^{-rt} - C_n(0) \quad (3-23)$$

其中，y(t) 表示进程务工农民的实际平均工资水平，ω 表示转移农民工实际就业概率，q(t) 表示城乡综合福利差，d(t) 表示农业部门的实际平均收入水平，$C_n(0)$ 表示迁移总成本。根据多林格（Doeringer）和皮奥里（Piore）提出的二元制劳动力市场分割理论，两个劳动力市场无论是在工资收入、工作条件、培训机会、职业发展等方面都存在巨大差异，因此，在托达罗模型中，按城市部门实际预期收入来定义城市就业收入水平不免有失偏颇，因此这里可以直接定义为转移农民工进入行业部门的实际平均预期工资；此外，根据转移农民工进城务工的信息传递方式"传（传递就业信息）、帮（帮助找工作）、带（带动亲友）"的特点，采用赵武、蔡宏波（2007）采用进城务工人员找到合适工作的比重来衡量就业概率，借鉴朱雅玲、李英东（2016）的研究成果增加城乡综合福利差对农民工市民化的影响分析。

三、实证检验

推—拉理论认为，人口流动是流出地的推力或排斥力和流入地的拉力或吸引力共同作用的结果，人口流动的目的是提高收入水平，改善生活条件，增加发展机会。推力和拉力产生的根本原因是地区之间的经济水平差异。从迁移者个体的行为决策过程来看，推—拉理论包含两个基本假设：一是假设人们的迁移行为是一种理性的选择；二是认为迁移者对迁出地和迁入地的信息有比较充分的了解，只有这样才能根据两地之间的推力和拉力，从比较利益的角度出发做出相应的选择。人口流动主要是源于地区之间经济增长的均衡，工资收入水平及发展机会不平等。

本书通过构建劳动力迁移决定模型分析经济发展水平如何影响农村劳动力流动，并确定个体特征及经济因素对农村劳动力流动决策的影响。由于人口是否流动是一个二向性问题，因此选择 Logit 模型，将迁移概率设置为 1 或 0 的虚拟变量。普通二向 Logit 模型的基本形式为：

$$P_i = \frac{e^{\beta X_i}}{1 + e^{\beta X_i}} \qquad (3-24)$$

其中，P_i 为第 i 个人的迁移概率，X_i 为选取的解释变量，β 为待估参数。普通二向 Logit 模型主要用来分析迁移者和非迁移者的差异，但是由于缺少非迁移者的数据，因此将省内迁移者作为对照组来研究省际迁移和省内迁移的差异。省际迁移是一种更正式、更持久、成本更高的人口流动。因此假设省际迁移行为既取决于迁移者的个人特征，又取决于迁入和迁出省份的社会经济特征对比。条件 Logit 模型可以同时引入迁移者的个人特征和迁入（出）地特征，并确定它们之间的交互作用，鉴别流入地哪些因素能够吸引流动人口，不同省份哪种流动人口更容易被吸引。条件 Logit 模型的基本形式为：

$$P_{ij} = \frac{e^{\beta X_{ij}} + \alpha W_i}{\sum\limits_{k} e^{\beta X_{ik}} + \alpha W_i} \qquad (3-25)$$

其中，P_{ij} 为迁移者 i 选择省 j 作为目的地的概率；k 为迁移者所有可能的选择，对于省际流动而言，每个迁移者都有除了户籍所在省份以外的其他省（区、市）选择；X_{ij} 为迁入地与迁出地特征变量的比值；W_i 为省际变量比值与个人特征的乘积，即两者的交互作用。

（一）变量选择及样本描述

本书采用 2017 年全国流动人口动态监测调查数据，样本为东北三省跨省流动人口，共涉及 13941 个样本。由于监测数据样本均是已经发生流动行为的流动人口，无法做是否迁移的二分类变量定义，因此重点考虑流动人口的跨区域流动决策过程，可以做域内流动和域外流动两类区分。东北地区近些年人口持续净流出，城镇化水平较高，流动人口样本在全国具有较强的代表性。虽然以东北地区流动人口数据为基础，但是人口流向却涉及全国，能反映出全国农村劳动力迁移的决策过程，样本分布见表 3-19。

表 3 - 19　　　　　　　　东北地区流动人口区域分布

省份	东北省内流动		东北区域内流动		东北区域流出	
	样本数	占比（%）	样本数	占比（%）	样本数	占比（%）
黑龙江	3773	45.46	1488	66.64		
吉林	2698	32.51	512	22.93		
辽宁	1829	22.04	1488	66.64		
河北					808	23.71
北京					802	23.53
天津					780	22.89
内蒙古					228	6.69
山东					188	5.52
海南					181	5.31
上海					169	4.96
江苏					143	4.20
浙江					109	3.20
总计	8300	100	2233	100	3408	100

资料来源：2017 年全国流动人口动态监测调查数据。

人口迁移决定因素主要分为微观和宏观两个维度，因此，变量选择也主要包括反映迁移者个人特征的微观层次和表征流入地经济社会特征的宏观层次。

影响人口迁移的微观变量主要包括以下一些：一是性别，定类变量，男性取值为 1，女性为 0。二是年龄，定序变量，本书将流动人口的年龄限制在 20~59 岁，一方面可以降低极端值对估计结果造成的干扰，另一方面这个年龄段流动人口正是劳动力适龄人口，其跨省流动原因更多地与经济条件变化有关。此外，本书在模型中还加入了年龄的平方项，以求全面反映年龄的影响趋势。三是文化程度，定序变量，反映流动人口人力资本质量，1~5 分别表示文盲、小学、初中、高中/中专、大学专科及以上。四是户口性质，定类变量，农业户口取值为 1，非农业户口为0。五是子女数量，定距变量，反映流动人口家庭规模情况。

本书针对以上微观层面变量的初步假设如下：

第一，男性一般为家庭的经济支柱，经济因素促使他们通过区域流出以获得较高工作收益，因此假设男性选择区域流出的几率高于女性。

第二，在劳动年龄初期的流动人口对于家庭、土地等依赖较小，可能更愿意去东北以外的省份获得更高的预期收入，而随着年龄的增长，对于新技术、新岗位和新环境的适应能力减弱，并要兼顾家庭生活。假设年长者更愿意区域内流动，年龄与人口流出呈倒 U 形关系。

第三，文化程度反映流动人口的人力资本情况，较高的文化程度可以提高就业概率、降低流动成本，当东北三省较低的经济增速和萧瑟的就业环境无法满足高素质劳动力的就业需求，有更高文化程度和职业技能的劳动力会倾向于域外流动，并根据经济发展情况调整其流动方向。

第四，一般来说，农业户口的劳动力由于有耕地的存在，更愿意流动到离耕地较近的地方，以便在农闲时外出务工，农忙时还可以及时回家照顾田间生产，因此假设农业户口更倾向于域内流动。

第五，一方面，已婚有子女的劳动力需要更多地照顾子女，域外流动风险偏好降低，更愿意就近从事稳定、熟悉的工作；另一方面，抚养子女和其他家庭成员的经济压力会促使他们选择去更远的地方以取得更高的收益。

宏观层面影响流动人口的决策变量主要有以下几个：一是经济总量，即流入（出）地国内生产总值，以 1978 年为基期，剔除通货膨胀因素影响，这是核心解释变量；二是人均工业生产总值，即工业国内生产总值与年末总人口数的比值，反映地区正规部门发展状况；三是预期收入水平，即流入地月工资与当地就业率的乘积，反映地区间收入差距；四是对外开放度，即外资投资占国内生产总值的比重，外资按照当年汇率进行折算。以上变量选取主要基于核心理论模型，其中经济增长率、人均工业国内生产总值是基于刘易斯模型，预期收入水平主要依据是托达罗模型，对外开放度则根据赫克歇尔—俄林定理选取。

经过删失，共有 13941 个流动人口样本参与回归，其中省内流动样本

8300 个，域内流动样本 2233 个，区域流出样本 3408 个，见表 3 - 20。经济总量的均值为 2.09 万亿元，经济总量最低的为海南省，最高的为江苏省。人均工业生产总值平均为 2.57 万元，最低为海南省（人均9667.33 元），最高为北京市（人均 80394.38 元）。对外开放度平均为18.97%，最小值为黑龙江省（5.24%），最大值为上海市（111.49%），预期收入平均值为 5440 元。

表 3 - 20　　　　　　　　　变量描述性统计

变量	样本数	均值	标准误	最小值	最大值
经济总量	13941	2.09	0.99	0.37	7.01
性别	13941	0.52	0.5	0	1
户口性质	13941	0.71	0.45	0	1
年龄	13941	38.73	9.61	20	59
年龄平方	13941	1592	771.1	400	3481
教育水平	13941	3.43	0.88	1	5
子女数	13941	0.8	0.65	0	5
人均工业总值	13941	2.58	1.66	0.97	8.04
预期收入	13941	54.4	45.13	0	1479
对外开放度	13941	18.98	19.54	5.24	111.5

资料来源：2017 年全国流动人口动态监测调查数据，《中国统计年鉴》（2018）。

从微观层面上看，省内流动和域内流动的人口特征较为类似，都以初中学历、农业户口的中年男性为主，而区域流出人口则表现出诸多不同之处：选择区域流出的男性比例更高，达到 54.29%；城镇户口选择区域流出的比例更高，高达 41.09%，比域内流动的比例高了 18.95%；年龄特征表明，域外流动者平均年龄最小，为 38.38 岁，省内流动次之，为 38.83 岁，域内流动者最为年长，平均年龄达到 39.31 岁；在受教育程度上，域外流动人口的受教育程度明显高于省内流动和域内流动人口，比如大专及以上的高学历组，域外流动人口的比例高达

26.57%，而省内和域内流动的占比仅为12%左右；在子女数量上分布较为均衡，三种流动形式中独生子女家庭比例均过半，见表3-21。

表3-21 个体特征描述性统计

个体特征		东北省内流动（N=8300）	东北区域内流动（N=2233）	东北区域流出（N=3408）
性别	男性（取值为1）	51.14	51.04	54.29
	女性（取值为0）	48.86	48.96	45.71
户口性质	城镇（取值为0）	25.43	22.14	41.09
	农业（取值为1）	74.57	77.86	58.91
年龄	20~30岁	24.23	22.55	21.53
	31~40岁	34.01	33.21	39.76
	41~50岁	26.83	29.34	27.98
	51~59岁	14.93	14.9	10.72
文化水平	文盲（取值为1）	0.45	0.72	0.21
	小学（取值为2）	8.64	10.98	8.69
	初中（取值为3）	57.07	58.46	42.21
	高中/中专（取值为4）	20.94	18.86	22.33
	大专及以上（取值为5）	12.90	10.98	26.57
子女数	0个	32.38	33.53	31.25
	1个	56.05	55.31	56.88
	2个及以上	11.57	11.17	11.87

注：文化程度中"大学专科及以上"包括大学专科、大学本科及研究生学历；子女数中"2个及以上"包括2、3、4、5个亲生子女。

资料来源：2017年全国流动人口动态监测调查数据。

从宏观层面看，样本域内流动空间异质性特征显著。东北区域内流动，即户籍地和现住地都在黑龙江、吉林和辽宁的人口，在东北区域内发生的人口流动情况。东北地区虽然作为一个整体，语言、饮食和风俗习惯等差距不大，地域差异造成的流动阻碍较小，但是这三个省份内部还是存在一定的差异性，在发展水平、区位优势和政策扶持等方面都有差距，导致域内人口流动空间异质性突出。

　　东北地区三个省份人口流动方式以省内流动为主，见表 3 - 22。户籍地是辽宁省的流动人口中，有 63.93% 的人选择在辽宁省内跨市或市内跨县的流动方式，辽宁省内市际之间流动人口为 86.06 万人，占全省常住人口的比重为 2.01%，与 2010 年底相比，市际之间流动人口减少了 48 万人，比重降低了 1.05 个百分点。户籍地是吉林省的流动人口中，有 62.80% 选择在省内流动。户籍地是黑龙江省的流动人口中，有 51.36% 选择在省内流动。可以看出，辽宁省流动人口选择省内流动的比例最多，吉林省次之，黑龙江最低。

表 3 - 22　　　　　　　　　东北三省流动人口域内分布　　　　　　　单位：%

户籍地	现住地			
	辽宁	吉林	黑龙江	东北之外
辽宁	63.93	3.74	1.38	30.95
吉林	10.84	62.80	4.84	21.53
黑龙江	14.20	5.32	51.36	29.11

资料来源：2017 年流动人口动态监测数据。

　　此外，除在省内流动以外，流动人口首选流向东北域外的地区。一个地区对外来人口的吸引力下降，同时意味着它对本地人口的吸引力也在下降。辽宁省流向吉林和黑龙江的占比分别为 3.74% 和 1.38%，而流向东北之外的地区占到了 30.95%。吉林省流动人口流向辽宁和黑龙江的占比分别为 10.84% 和 4.84%，而选择流向东北之外的占到了 21.53%。黑龙江流动人口流向辽宁和吉林的占比分别为 14.20% 和 5.32%，流向东北之外的地区占到了 29.11%。从中可以看出，辽宁省流出东北的人口比例最高，黑龙江次之，吉林省最低。除了经济上的原因，流动人口也考虑了流动距离、风俗习惯、语言差异等因素。东北区域的流动人口流向首选自己所在省份，第二选择是东北之外的省份，只有较小比例的流动人口选择去东北其他两个省份。

东北三省内部也呈现流向的不均衡态势，在东北区域内，辽宁省是入口流入的中心省份，吉林和黑龙江则是人口净流出省份。表3-23为东北三省跨省流出人口的比例，可以看出辽宁省接收了来自吉林省29.13%的流动人口和黑龙江省29.20%的流动人口。相比之下，吉林的接收比例比较低，只有10.37%的辽宁省流动人口和10.94%的黑龙江流动人口选择去吉林，黑龙江的流入比例更低，只有3.83%的辽宁省流动人口和13.01%的吉林省流动人口选择去黑龙江。即黑龙江和吉林均有约三成的流动人口流向了辽宁省，但辽宁省流向黑、吉二省的比例却很低。从地理位置也可以看出，辽宁省是连接东北地区和沿海内陆发达省份的"咽喉"，是整个东北地区对外开放的窗口，沈阳和大连双中心城镇发展也具有巨大的集聚效应和吸引能力，辽宁省固有的区位优势更容易吸引吉林省和黑龙江的人口流入。

表3-23　　　　　　　　东北三省人口跨省流动分布　　　　　单位：%

户籍地	现住地			
	辽宁	吉林	黑龙江	东北之外
辽宁	—	10.37	3.83	85.80
吉林	29.13	—	13.01	57.86
黑龙江	29.20	10.94	—	59.86

资料来源：2015年流动人口动态监测数据。

流出人口空间分布受毗邻效应及拉力作用双重影响。东北区域流出是指户籍地是东北三省，而现居住地却在东北地区以外的省份。第六次全国人口普查数据资料显示，黑龙江和吉林都是人口净流出省份。2017年辽宁省国民经济和社会发展统计公报显示，辽宁常住人口4368.9万人，比上年减少8.9万人，这也是17年来辽宁常住人口总量首次出现负增长，吉林、黑龙江、辽宁分列全国各省（区、市）减少人口数量排名前三位。东北三省流动人口中均有超过50%的比例流向了东北之外的区域，并且这种趋势呈现地域递增的特点。吉林和黑龙江流向东北之外的流动人口约占全部跨省流动人口的 60%，而辽宁省流到东北之外的达到 85% 以上。相比于北部的吉林省和黑龙江省，南部的沿海经济发达省份显然对于辽宁的人才更具吸引力，即东北区域以外的省份有较强的"拉力"拉动东北地区的劳动力人口及高素质人才向外流出，而东北地区经济不景气等因素形成的"推力"推动了人口外流并难以产生足够的"拉力"吸引人口回流。

从总体上看，东北流动人口的第一选择是流向京津唐地区，见表 3 – 24。流入北京、天津和河北这三个省份的人口比例合计为 59.55%。京津唐地区是政治、经济中心，资源集中、信息发达并且就业机会多，2015 年北京的 GDP 约为 2.29 万亿元，天津的 GDP 约为 1.65 万亿元，河北省的 GDP 约为 0.61 万亿元，一定程度上也说明经济发展水平是东北地区人口流出的主要推动力，对于东北地区迁移人口的吸引力巨大，不断吸引着人口从农村流向城镇，从经济欠发达地区流向经济发达地区。

表 3 – 24　　　　　　　　东北地区流动人口域外分布　　　　　　　单位：%

户籍地	流入地						
	北京	天津	河北	内蒙古	海南	山东	上海
东北地区	20.31	18.82	20.42	6.01	4.82	4.48	4.43
辽宁	23.15	13.30	22.74	5.28	3.05	1.52	5.89
吉林	22.38	20.78	12.79	6.59	3.50	5.09	5.39
黑龙江	18.27	20.28	22.66	6.06	6.10	5.43	3.43

资料来源：2017 年流动人口动态监测数据。

从分省数据来，由于交通和地理的优势，辽宁省的流动人口去往京津唐地区的比例要稍高于吉林和黑龙江两省。户籍是辽宁省的流动人口流向北京的占到 23.15%，吉林和黑龙江的比例只有 22.38% 和 18.27%。此外，除毗邻效应外，还有珠三角、长三角和京津唐经济增长极的吸附效应，流入地的经济发展程度与流动人口的数量也呈现高度正相关。因为经济发展水平越高，距离因素的阻力就越小，流入人口就会相应增加。东北流动人口中有很多选择去 GDP 排名靠前的省份，上海、江苏、广东等省市的经济增长相对稳定，相应地，有 4.43% 的东北人口流向上海，3.52% 留在江苏，1.52% 去广东打工，这些经济发达地区成为东北地区主要人口流出地。

同时，气候也是影响人口流动的重要拉力之一。东北人口外流出现一个新的趋势：南下养老。整个东北地区有 4.82% 的流动人口选择去往地理位置非常遥远的海南，这个比例超过了江苏、上海和广东等沿海发达省份。这么看来，地理位置和经济发展水平不是影响东北流动人口流向海南省的主要原因，气候是影响经济活动和人口流动的主要因素。东北地区相对纬度较高，冬季寒冷，越来越多的老年人，尤其是患有心脑血管疾病的老年人选择了南下养老。东北地区流出人口一旦体验过海南的温暖，似乎便再也难以忍受东北的严寒。海南三亚地区的购房者有很大一部分来自东北地区。

（二）模型检验及结果分析

依据前文东北人口流动概率的二值选择模型，经过共线性检验，去除掉相关系数大于 0.8 的变量，本书最终选择了以下变量：微观层面为性别、年龄、文化水平、户口性质和子女数；宏观层面为各省 GDP 总量、人均工业生产总值、对外开放度、预期收入。

不同流动行为的决策差异既有可能内生于流动人口的个人特征中，比如人口、社会特征等会对流出决策造成一定的影响，也有可能取决于个人特征以外的区域经济因素。因此在考察区域经济因素对于人口流动行为决策的影响时，有必要控制个体特征因素的影响。为此，本书构建了三个模型逐次回归拟合，其中模型 1 只包含经济总量，以反映单独经济差异对于流动行为选择的影响；模型 2 在此基础上加入微观层面变量，即样本的年龄、性别、文化水平、子女数量，以考察在控制个体特征变量后，经济差距对于流动决策的影响；模型 3 则进一步加入宏观层面变量，即流入（出）地的预期收入、人均工业生产总值和对外开放度，从宏观角度考察这些区域经济因素变化对于流动决策的影响。具体回归结果见表 3 -25 至表 3 -27。

表 3 - 25　　　　　　　　　　模型 1 回归结果

项目	东北省内流动	东北区域内流动	东北区域流出
经济总量	- 1. 167 *** （0. 311）	0. 299 *** （1. 349）	0. 790 *** （2. 204）
常数	2. 810 ***	- 2. 313 ***	- 2. 864 ***
分类正确率	67. 32%	84. 00%	78. 72%
观察值	13941	13941	13941

注：*** 、** 、* 分别表示该系数在 1%、5% 和 10% 水平上显著，括号里为几率比，下同。

表 3 - 26　　　　　　　　　　模型 2 回归结果

项目	省内流动	东北区域内流动	东北区域流动
经济总量	- 1. 167 *** （0. 311）	0. 328 *** （1. 389）	0. 787 *** （2. 196）
男性	- 0. 0452 （0. 956）	- 0. 0973 ** （0. 907）	0. 135 *** （1. 145）
农业户口	0. 284 *** （1. 329）	0. 374 *** （1. 453）	- 0. 577 *** （0. 562）
年龄	- 0. 0783 *** （0. 9247）	0. 0324 （1. 0329）	0. 0691 *** （1. 0716）
年龄平方	0. 000978 *** （1. 0010）	- 0. 000249 （0. 9998）	- 0. 00100 *** （0. 9990）
文化水平	- 0. 0832 *** （0. 9202）	- 0. 229 *** （0. 7951）	0. 296 *** （1. 3443）
子女数量	- 0. 139 *** （0. 8703）	- 0. 280 *** （0. 7558）	0. 375 *** （1. 4545）
常数	4. 503 ***	- 2. 471 ***	- 4. 959 ***
分类正确率	70. 35%	83. 61%	78. 06%
观察值	13941	13941	13941

表 3-27   模型 3 回归结果

项目	省内流动	东北区域内流动	东北区域流出
经济总量	-0.6186 *** (0.5387)	0.3132 *** (1.3679)	0.5083 *** (1.6624)
男性	-0.0811 * (0.9221)	-0.0924 * (0.9221)	0.2319 *** (1.2610)
农业户口	0.1201 ** (1.1276)	0.3779 *** (1.4592)	-0.4252 *** (0.6537)
年龄	-0.0193 (0.9809)	0.0352 * (1.0359)	-0.0183 (0.9819)
年龄平方	0.0002 (1.0002)	-0.0003 (0.9997)	0.0001 (1.0001)
文化水平	0.1402 *** (1.1505)	-0.2280 *** (0.7961)	0.0433 (1.0443)
子女数量	-0.0746 * (0.9281)	-0.2639 *** (0.7680)	0.4083 *** (1.5043)
人均工业总值	-0.4661 *** (0.6274)	0.0102 (1.0102)	0.4892 *** (1.6310)
预期收入	-0.0047 *** (0.9953)	-0.0019 *** (0.9981)	0.0049 *** (1.0049)
对外开放度	-0.0338 *** (0.9668)	0.0037 * (1.0038)	0.0321 *** (1.0326)
常数	3.7297 ***	-2.5117 ***	-4.4067 ***
分类正确率	72.84%	83.65%	87.24%
观察值	13941	13941	13941

  模型 1 即经济总量对于流动行为选择的单因素 Logit 模型,回归结果显示,流动人口选择区域流出的概率高于省内流动和域内流动。如表 3-25 所示,省内流动为负值,其他两种行为是正值,这个结果在 1% 的水平上显著,表明经济总量的增加会促使东北地区流动人口选择域内流动或者区域流出,并会抑制其省内流动决策。几率比(odds ra-

tio）结果显示，经济总量每增加 1 万亿元，会使省内流动的概率降低 69%，域内流动的概率增加 34%，而东北三省以外的省份经济总量每提高 1 万亿元，会使区域流出的概率增加 120%。究其原因，这三种流动决策的行为背后都是以经济目的为主，在样本流动原因的统计中，区域流出的经济驱动最为明显，其因务农经商选择流动的比例高达 86.57%，省内流动和域内流动的占比分别为 81.02% 和 82.49%，这也反映出他们对于经济总量的变化更为敏感。

模型 2 加入了流动人口的个体特征变量，回归结果见表 3-26。结果显示，在控制上述因素后，经济总量对于流动行为决策的影响依旧显著。从几率比上看，经济总量的变量对于域内流动的促进作用略有提高，经济总量每增加 1 万亿元，选择域内流动的概率会提高 38.9%，省内流动的概率降低 69%，域外流动的概率提高 119%。与模型 1 相比，在控制个体微观特征变量后，域外流动的概率略有下降，而域内流出的概率略有提升。

拟合结果同时表明，微观层面变量对于流动决策也有重要影响。从性别特征上看，男性流动人口更倾向于选择域外流动，而选择省内流动或者域内流动的可能性明显较低，同时，女性选择省内流动或者域内流动的可能性则显著高于男性，这与男性主外，更易接受较远距离迁移的固有印象与传统观念相吻合。此外，农村户口的流动人口选择域外流动的可能性较低，选择省内流动和域内流动的可能性相对较高，说明除了经济因素的推力外，农村流动人口也受到流动距离、风俗习惯、语言差异等因素的拉动。随着年龄的增长，选择省内流动的系数为负，选择域内流动和域外流动的系数为正，但是不是简单的单调递增或者单调递减关系，年龄平方项与年龄的系数相左，说明在研究年龄范围内，比如区域流出的决策，随着年龄的增长而提高，在达到一个峰值后，年龄对于区域流出的影响变为负，区域流出的概率也会下降，这也印证了前文倒 U 形影响假设。随着流动人口受教育程度的提高，劳动力选择省内流动和域内流动的可能性均显著下降，选择域外流动的可能性则显著提高。具体来说，流动人口的受教育水平每提高一个层次，选择省内流动的概率会降低

8%，选择域内流动的比例会降低 21%，而选择区域流出的概率则会提高 34%。子女数量对于流动决策的影响呈现出与文化程度相同的趋势，家庭每多出生一个子女，家中父母选择省内流动的概率会降低 13%，选择域内流动的概率会降低 25%，选择域外流动的概率会提高 45%。

模型 3 在模型 2 的基础上，进一步加入人均工业总值、预期收入和对外开放度这三个宏观经济变量，回归结果表明，这些变量对于省内流动和域内流动都有较为显著的影响，并且使得模型的正确预测百分比（correctly classified）显著提高，见表 3 - 27。其中，人均工业生产总值每提高 1 万亿元，会使得省内流动的概率降低 38%，域内流动的概率提高 1%，域外流动的概率提高 63%。预期收入每提高 100 元，使得省内流动的概率降低 0.5%，域内流动的概率降低 0.2%，域外流动的概率提高 0.4%。对外开放度每提高 1%，省内流动的概率会降低 4%，域内流动的概率提高 3.7%，域外流动的概率提高 3.2%。

农村与城镇户籍的流动人口在制定流动决策时会有不同的倾向，因此将这两种户口性质分开进行回归。农村流动人口占总流动人口的 71.28%，无论在区域内流动或是区域流出中占比都较高，本书将着重对农村流动人口的回归结果加以分析。本书中提到的农村流动人口均是指户口性质为农村的人口，与目前居住地无关，即指农村劳动力，城镇流动人口也是指城镇户口的劳动力。回归结果见表 3 - 28。

表 3 - 28　　　　　　　　分户籍模型回归结果

项目	省内流动		域内流动		区域流出	
	城镇户口	农村户口	城镇户口	农村户口	城镇户口	农村户口
经济总量	0.4510 *** (0.0411)	0.8348 *** (0.0371)	0.2313 *** (0.0375)	0.3427 *** (0.0265)	0.3997 *** (0.0384)	0.6499 *** (0.0326)
性别	-0.0697 (0.0822)	-0.0770 (0.0514)	-0.0328 (0.0981)	-0.1096 ** (0.0542)	0.1133 (0.0899)	0.2740 *** (0.0616)
年龄	-0.0673 * (0.0375)	0.0065 (0.0226)	0.1200 *** (0.0455)	0.0130 (0.0236)	-0.0090 (0.0416)	-0.0315 (0.0272)

续表

项目	省内流动		域内流动		区域流出	
	城镇户口	农村户口	城镇户口	农村户口	城镇户口	农村户口
年龄平方	0.0008 * (0.0005)	-0.0001 (0.0003)	-0.0012 ** (0.0005)	-0.0000 (0.0003)	-0.0001 (0.0005)	0.0003 (0.0003)
教育水平	-0.0413 (0.0515)	0.2506 *** (0.0368)	0.1656 *** (0.0622)	0.2473 *** (0.0394)	0.1855 *** (0.0565)	-0.0384 (0.0428)
子女数量	-0.1888 ** (0.0918)	-0.0316 (0.0481)	0.5845 *** (0.1123)	0.1986 *** (0.0508)	0.6979 *** (0.0993)	0.3074 *** (0.0571)
人均工业总值	0.0101 (0.0569)	0.7963 *** (0.0401)	0.0055 (0.0445)	0.0029 (0.0314)	-0.0724 (0.0582)	0.8434 *** (0.0436)
预期收入	0.0050 *** (0.0012)	0.0040 *** (0.0008)	-0.0018 (0.0013)	-0.0009 (0.0008)	0.0044 *** (0.0011)	0.0046 *** (0.0009)
对外开放度	0.0736 *** (0.0052)	0.0076 *** (0.0028)	-0.0072 * (0.0040)	0.0093 *** (0.0027)	0.0813 *** (0.0060)	0.0098 *** (0.0027)
常数	4.5702 *** (0.7573)	3.8024 *** (0.4544)	3.9561 *** (0.9166)	1.8586 *** (0.4679)	4.4215 *** (0.8327)	5.1507 *** (0.5420)
观察值	4004	9937	4004	9937	4004	9937

从分户籍模型回归结果看，流入地的经济发展水平、预期收入和对外开放程度、性别特征、子女数量等变量对城乡人口流动的影响一致性较高，而年龄、受教育水平和人均工业总值等决策变量对流动概率的影响存在差异。随着年龄的增长，东北地区域外流动概率趋于下降，城镇人口域内流动概率增加，省内流动概率则出现下降，而农村人口的域内流动概率则出现增加。可见，域外流动多为年轻人口，年龄增长抑制了城镇劳动力在省内和东北地区以外的流动，对农村劳动力流动的影响较小。受教育程度越高，城镇人口省内流动的可能性越小，省外流动的可能性越高，这主要是因为受教育程度高的人口容易在省内获得高收入的稳定工作，相对流动动机较弱。与此相反，随着受教育程度的提高，农

村人口在东北三省内部的流动概率增加，流向其他省份的概率则会减小。此外，流入地的人均工业总值对农村人口流动具有显著正向影响，而对城镇人口吸引力不足，可见，其他省份的工业化进程有效地促进了农村劳动力的流动，正规部门的发展吸引了大量农村劳动力，而东北地区本身工业化和城镇化水平较高，城镇发展吸纳了大部分城镇劳动力人口。

第四节　城乡福利差异系数模型

城乡二元差距综合指数主要涉及收入、教育、医疗和养老差异四个维度，指数结果仅仅根据城乡现实差异的加权平均计算，权重采用熵值法测量得出，总体而言只是城乡差距的基本体现，还是不够深入，尤其是关于城乡福利差异还需进一步分析。因此，本节将重点从社会福利角度，基于收入和消费两个维度测算城乡二元经济异质化程度。

一、参数设置

城乡福利差是发展中国家普遍存在的问题，也是在二元经济结构下产生的城乡福利差距。收入和消费是反映社会福利水平的主要指标，城乡社会福利差距也体现在收入差和消费差两个维度。因此，本节以收入和消费为视角，选择城乡实际收入偏离均衡收入水平和城乡消费价格差距作为测度城乡福利差的指标（见图3－11）。在选择消费指标时，考虑到消费水平受收入水平影响，两者之间具有相关性，因此本节不选择消费水平作为反映消费的核心指标，而城乡价格指数对城乡就业人口生活成本差异具有直接影响，本节选择城乡消费价格差作为城乡消费福利差异的测度指标具有合理性。

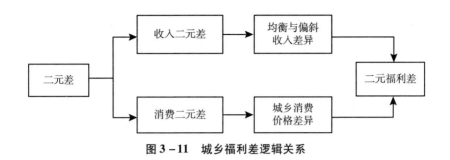

图 3 – 11　城乡福利差逻辑关系

城乡福利差并不是以工农业福利水平绝对相同为主要标准的，而是以工农业均衡状态为标准，度量工农业现实状态与各自均衡状态之间的差距，并延伸到收入分配领域确定城乡福利差距。具体表现为均衡状态下收入水平与偏斜状态收入水平之间的差距。在工农业现实发展条件下，工农业劳动报酬分配与就业人口数量之间不对称，导致劳动报酬分配偏离合理水平。城乡二元福利差距以劳动报酬分配为核心指标。工农业劳动报酬指标参数确定如下：工业部门劳动报酬分配是以工业部门就业平均工资为参数的。在现实统计数据中，农业部门收入水平的统计指标为农民家庭经营纯收入，而农民家庭经营纯收入是包含了劳动报酬、财产性收入和转移性收入等多种要素收入的综合统计，同时也是以全体农村居民为统计对象的平均收入水平，因此农民家庭经营性纯收入需要进行两次转化：一是在约翰逊（Johnson，1954）[①]、张车伟（2010）[②] 及穆怀中（2011）[③] 相关研究基础上，选择农民家庭经营性纯收入的70%作为农业劳动报酬收入；二是以农村劳动人口比重和总抚养比等指标为依据，将农民人均家庭经营性纯收入转化为农民劳均家庭经营性纯收入，使得劳动报酬要素与劳动人口相对应。同时，

① D. W. Johnson, The Functional Distribution of Income in the United States, 1850 – 1952. *The Review of Economic and Statistics*, Vol. 36, No. 2, 1954, pp. 175 – 182.

② 张车伟、张士斌：《中国初次收入分配格局的变动与问题——以劳动报酬占 GDP 份额为视角》，载《中国人口科学》2010 年第 5 期，第 24 ~ 35 页。

③ 穆怀中、丁梓楠：《产业层次的初次分配福利系数研究》，载《中国人口科学》2011 年第 3 期，第 16 ~ 25 页。

城乡消费价格指数比为城镇消费价格定基指数与农村消费价格定基指数之比，由于通常情况下，受产品运输成本等因素影响，城镇价格指数要高于农村，因此城乡消费价格指数比会大于1。

二、模型构建

二元经济结构是发展中国家普遍存在的特征，中国在经济发展过程中也存在二元经济结构问题。城乡福利差是以产业经济为视角，延伸至收入分配层次的二元经济结构差异测度指标。以往研究中，通常直接采用收入差来反映工农业之间福利差距，但事实上，城乡福利差需要结合二元产业分工和二元产业收入来进行综合判断，工农业产业分工差距可以采用劳动生产率指标进行度量，形成二元产业分工差模型：

$$E = \frac{V_I}{V_R} \tag{3-26}$$

其中，E 为城乡二元产业分工差，其实质上为系数形式。V_I 为工业部门劳动生产率，具体为工业增加值与工业就业人数之比，V_R 为农业部门劳动生产率，具体为农业增加值与农业就业人数之比。

本节进一步在工农业分工差的系数模型中引入劳动报酬分配系数指标，将其转换为工农业收入差系数模型，也就是将产业经济差延伸至产业收入差。模型具体为：

$$Y = \frac{V_I \times H_I}{V_R \times H_R} = \frac{S_I}{S_R} \tag{3-27}$$

在模型中，Y 为工农业收入差系数，H_I 为工业部门的劳动报酬分配系数，H_R 为农业部门的劳动报酬分配系数，S_I 是由工业部门劳动分工与劳动报酬分配比例共同确定的工业劳动收入水平，S_R 是由农业部门劳动分工与劳动报酬分配比例共同确定的农业劳动收入水平。

$$Y = \frac{V_I \times H_I}{V_R \times H_R} = \frac{S_I}{S_R} \tag{3-28}$$

收入水平是决定产业经济福利的关键因素，但单纯以收入度量城乡福利差水平难以体现消费对福利的影响①，需要在产业收入差系数模型中进一步加入城乡消费价格差，剔除消费因素对收入福利的影响，最终形成城乡福利差系数模型，模型具体为：

$$CIA = \frac{V_I \times H_I}{V_R \times H_R \times \sigma} = \frac{IW}{AW} \times \sigma \qquad (3-29)$$

在模型中，CIA 为城乡二元福利差系数，σ 为城乡消费价格差，以城乡价格指数（CPI）之比作为指标参数。IW 为工业部门收入福利系数，具体为 $IW = (V_I \times H_I)/\sigma$，AW 为农业部门收入福利系数，具体为 $AW = V_R \times H_R \times \sigma$。由于城镇消费水平高于农村，因此 IW 是在工业产业分工和劳动报酬分配比例确定的情况下，除以城乡消费价格差得到的。AW 是在农业产业分工和劳动报酬分配比例确定的情况下，乘以城乡消费价格差得到的。城乡二元福利差系数（CIA）在工农业收入福利系数基础上，考虑城乡消费价格差重复计算，再乘以城乡消费价格指数而最终确定。

在具体城乡二元福利差系数模型构建的过程中，对各项分模型的构建及度量可以通过表 3 - 29 进行说明。产业分工水平、劳动报酬分配系数和城乡消费价格差的应用是逐渐递进的，首先构建了产业分工水平模型，其次再加入劳动报酬分配系数，最后加入城乡消费价格差。城乡福利差系数是反映二元经济结构差异的综合指标，对测度城乡协调发展水平具有重要意义。

表 3 - 29　　　　　　　　　城乡二元福利差分析框架

度量要素	工农二元经济差异的度量模型		
	工农分工水平差系数（E）	工农产业收入水平差系数（Y）	城乡二元福利差系数（CIA）
工农业分工水平	√	√	√
劳动报酬分配系数	○	√	√
城乡消费价格	○	○	√

注：√表示参与分析内容，○表示非参与分析内容。

---

① 阿玛蒂亚·森：《以自由看待发展》，中国人民大学出版社 2002 年版。

三、实证检验

本书利用城乡福利差系数模型，在确定产业分工系数、劳动报酬分配系数和城乡消费价格差等指标参数的基础上，对产业分工系数水平、产业收入差系数水平和城乡二元福利差系数进行定量测算，分析发展现状及变化趋势。

（一）城乡二元福利差系数趋势分析

本书首先对工农产业分工差系数进行测算，工农产业分工差系数是反映工业部门和农业部门分工水平之差的综合指标，实证分析发现：工农产业分工水平差系数呈现波动发展趋势，总体上保持了相对平稳的水平。如表 3-30 所示，在经济发展初期阶段，工农产业分工水平差系数逐渐上升，由 1952 年的 4.18 上升到 1970 年的 6.70。在经济发展中断期和改革开放由计划经济向市场经济转变阶段，工农产业分工水平差系数呈下降趋势，1990 年下降至 2.85。随着市场经济体制逐步建立，劳动生产率水平逐渐提升，工农产业分工水平差系数逐渐提高，2010 年提高至 4.92。2011~2015 年工农产业分工差系数虽然有所波动，但呈现出下降特征，2015~2018 年则略有回升。总体而言，2010 年后工农产业经济福利差距呈缩小趋势。

表 3-30　　　　　　城乡二元经济差异各模型统计结果

年份	农业劳动生产率	工业劳动生产率	农业劳动收入（元）	工业劳动收入（元）	工农产业分工水平差系数	工农产业收入差系数	城乡二元福利差系数
1952	205.32	858.65	116	445	4.18	3.82	3.70
1955	234.80	1147.11	74	527	4.89	7.12	6.89
1960	210.51	1166.20	68	511	5.54	7.48	7.35
1965	291.96	1718.70	63	590	5.89	9.43	9.13

续表

年份	农业劳动生产率	工业劳动生产率	农业劳动收入（元）	工业劳动收入（元）	工农产业分工水平差系数	工农产业收入差系数	城乡二元福利差系数
1970	295.77	1982.20	53	561	6.70	10.59	10.11
1975	341.40	2147.55	50	580	6.29	11.63	10.99
1980	460.14	2528.58	117	762	5.50	6.51	6.04
1985	844.90	3304.89	551	1148	3.91	2.08	1.86
1990	1518.46	4331.33	916	2140	2.85	2.34	2.09
1995	3753.21	13618.03	2095	5500	3.63	2.63	2.14
2000	4556.67	21449.53	2463	9371	4.71	3.81	3.01
2005	7479.44	35445.83	3211	18200	4.74	5.67	4.64
2009	12814.91	60443.62	4587	32244	4.72	7.03	5.89
2010	14960.87	73587.88	4912	36539	4.92	7.44	6.24
2011	18495.65	83726.00	5740	41799	4.53	7.28	6.07
2012	20321.11	95815.65	5394	45166	4.72	8.37	6.35
2013	23567.91	101933.66	6256	48050	4.33	7.68	5.71
2014	26396.67	107193.6	7007	50530	4.06	7.21	5.19
2015	28698.44	112753.06	7618	53150	3.93	6.98	4.96
2016	30688.45	120770.97	8146	56930	3.94	6.99	4.97
2017	31258.4	130327.8	8621	61467	4.90	7.13	5.12
2018	31954.78	141108.42	9078	72107	5.36	7.95	5.26

资料来源：《中国国内生产总值核算历史资料（1952~2004）》、2000~2019年各年度《中国统计年鉴》、《中国农村经济统计大全（1949~1986）》、历年《中国农村统计年鉴》、《新中国农业60年统计资料》、《新中国55年统计资料汇编（1949~2004）》。

在工农产业分工水平差系数测度基础上，引入劳动报酬分配系数，对工农产业收入差系数进行实证分析。工农产业收入差系数发展趋势大体可以分为四个阶段：1952~1975年工农产业收入差系数快速提高至11.63；1976~1985年改革开放初期阶段是计划经济向市场经济转轨的时期，工农产业收入差系数显著降低；此后一直到 2012 年，工农产业收入差系数持续提高，这是在工业化发展战略等影响下工农业收入水平差距拉大的集中反映；在 2012 年之后，工农产业收入差系数有所降低①，说明工农业之间均衡发展日益受到重视。从工农产业收入差系数与工农产业分工水平差系数比较来看，工农业产业收入差系数波动程度更大，说明在收入分配环节，工农业发展更加异质化。

工农产业收入差系数是对传统二元经济结构差异测度的理论创新，也是综合产业分工水平差和劳动报酬分配系数的城乡二元经济差判定指标。工农产业收入差系数在工农业生产环节，通过引入劳动报酬分配要素，确定工农业经济偏斜发展程度。但工农业收入差系数只是在产业生产、分配环节反映工农业收入偏斜水平，而并没有延伸至终端消费层面，未能完全反映城乡二元福利差距。因此，在工农产业收入差系数基础上，加入城乡消费价格指数，形成城乡二元福利差系数模型，综合反映工农业经济异质化程度。

城乡二元福利差是由工农产业生产、分配和消费环节逐渐递进而确定的二元经济结构差异判定标准。一般来讲，城乡二元福利差要低于工农产业收入差系数，因为城乡消费价格指数大于 1，城镇消费价格高于农村消费价格，城乡消费价格差距缩小了分配环节的工农产业收入差。通过测算，城乡二元福利差系数发展趋势大体可以分为三个阶段，1952 ~ 1980 年为上升期，1981 ~ 1990 年为下降期，1991 ~ 2018 年为波动上升期（见图 3 - 12）。城乡二元福利差系数有效判断了工农业产业经济偏斜发展趋势。

---

① 根据《中国城市发展报告 No. 4——聚焦民生》，目前我国城乡收入差距为 3. 23∶1。从户籍角度衡量的城乡收入差距（3. 23∶1）要小于我们从产业层次角度衡量的工农收入差距（7. 03∶1）。这主要是因为从产业层次角度衡量的工农收入差距（即工农产业收入差系数）是度量具有产业特征的纯务农收入与职工平均工资收入之间的差距，未包含农民从事二三产业所获得的打工收入以及城乡劳动者的财产和转移性收入。实际上，城乡收入差距小于工农产业收入差距表明：农民从事非农劳动对缩小城乡收入差距具有显著效果。

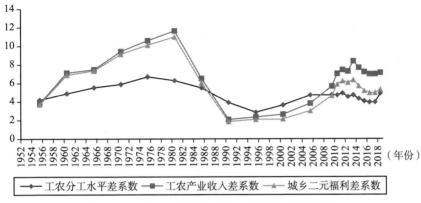

图 3 - 12　城乡二元经济差异各模型统计结果比较

资料来源：《中国国内生产总值核算历史资料（1952～2005）》、2000～2019 年各年度《中国统计年鉴》、《中国农村经济统计大全（1949～1986）》、历年《中国农村统计年鉴》、《新中国农业 60 年统计资料》、《新中国 55 年统计资料汇编（1949～2004）》。

（二）城乡二元福利差系数波动分析

城乡二元福利差系数发展趋势可以划分为三大阶段，而三大阶段又可以进一步划分为六大时期。发展趋势的六大时期特征为：1952～1977年，城乡二元福利差系数逐渐提高，1977 年达到约 8.6；1978～1983年，城乡二元福利差系数显著降低，且降低速度较快；1984～1997 年，城乡二元福利差系数保持了相对稳定的发展趋势；1998～2011 年，城乡二元福利差系数平稳提高；2012～2018 年，城乡二元福利差系数略有降低，但降低幅度较小。总体来看，城乡二元福利差呈现波动发展特征，本书将进一步对各时期内波动发展的原因进行分析。

1952～1977 年，城乡二元福利差系数显著提升，说明城乡二元经济结构异质化程度提高，工业经济福利增长显著快于农业经济福利增长。这一时期，在计划经济体制下采取以工业化为重点的经济发展战略，对农业采取统购统销政策，形成了工农业价格"剪刀差"，这也是发展中国家在工业化战略中普遍采用的方式，利用"剪刀差"获取工业化资本积累，实现经济起步发展。虽然工农"剪刀差"政策对经济发展起到了促进作用，但制约了农业发展和农村居民福利水平的提升，体现在两个方面：一是工业劳动生产率高于农业劳动生产率；二是工业部门就业人口收入福利增长快于农业。这种特征在 1958 年"大跃进"时体现得更加明显。

1978～1983 年，城乡二元福利差系数显著降低，由约 8.6 快速降低至 1983 年 1.87。这种变化趋势主要是受农业经济体制改革影响，由于农村家庭联产承包责任制开始试点并逐步推广实施，农业劳动生产率显著提高，粮食产量快速增加，农民收入水平也稳步提高。农业经济发展速度超过了工业部门，而农业劳动报酬增加幅度也高于工业，因此城乡二元福利差系数快速降低，工农业经济结构异质化程度缩小。

1984～1997 年，城乡二元福利差系数保持了相对稳定的发展趋势。这种发展特征是与工业部门经济体制改革推进相联系的，在确定改革开放和市场经济体制改革之后，城市开始由计划经济向市场经济体制转轨，实行价格机制、竞争机制等市场配置资源方式。在微观层面，企业开始自负盈亏，独立经营，拥有更多自主权。同时，医疗、养老和员工住房福利等社会保障逐渐剥离到社会，建立了社会保障体系，企业经营成本降低。在市场经济体制改革下，工业部门劳动生产率显著提高，劳动报酬分配水平也平稳提高，工业部门经济福利增加。但在此时期，工农业之间是关联发展的。在家庭联产承包责任制逐步推广之后，农业劳动生产率快速提高，农业潜在剩余劳动力问题开始凸显。而随着市场经济体制改革，大量乡镇企业建立，吸纳了很多农业转移人口，农业剩余劳动力转入工业部门，这不仅推动了工业部门经济快速发展，也进一步提高了农业劳动生产率，增加了农业就业人口收入水平。所以工农业呈现同步发展的特征，相应的城乡二元福利差也保持了相对稳定的发展趋势。

1998 年之后，城乡二元福利差系数开始再次提高，说明工农业产业结构异质化水平开始扩大。这受两方面因素影响：一是工业部门劳动生产率水平持续提高。随着市场经济体制改革逐步深化，工业部门资源配置效率显著提高，并且在技术进步的推动下，工业部门经济仍保持了较高的增长速度，在此过程中，工业部门劳动报酬分配水平也随之提高，工业就业人口收入水平提高，工业部门劳动生产率和劳动报酬分配同步提高，提升了工农业经济偏斜发展水平。二是农业部门经济发展相对滞后。受城镇化发展过程中社会福利与户籍制度挂钩等因素影响，农业转移人口速度有所放缓，在农业资本投入偏低等因素的强化下，农业部门劳动生产率和劳动报酬分配增长幅度低于工业部门。因此，城乡二元福利差系数开始回升。需要注意的是，2010 年之后工业反哺农业力度增强，工农业经济偏斜发展程度得到有效控制，城乡二元福利差系数开始平稳发展且略有降低。

（三）城乡二元福利差系数移动分析

城乡二元福利差系数发展特征不仅体现在波动性变化上，同时也表现在移动性上。这种移动性受以下几个方面因素影响：一是财政支农补贴；二是以财政为筹资来源的农村基础养老金；三是农村转移人口数量等（见表 3 - 31 和图 3 - 13）。

表 3 - 31　　　　　城乡二元福利差系数移动因素比较

年份	城乡二元福利差系数	二元福利差系数（包含财政支农）	二元福利差系数（包含财政支农、基础养老金）
1952	3.70	3.60	3.60
1955	6.89	6.62	6.62
1960	7.35	5.82	5.82
1965	9.13	8.42	8.42
1970	10.11	9.52	9.52
1975	10.99	9.98	9.98
1980	6.04	5.44	5.44
1985	1.86	1.76	1.76
1990	2.09	1.97	1.97

续表

年份	城乡二元福利差系数	二元福利差系数（包含财政支农）	二元福利差系数（包含财政支农、基础养老金）
1995	2.14	2.04	1.57
2000	3.01	2.78	2.23
2005	4.64	4.19	3.53
2009	5.89	4.95	4.42
2010	6.24	5.19	4.67
2011	6.07	5.03	4.59
2012	6.35	5.16	4.62
2013	5.71	4.86	4.43
2014	5.19	4.71	4.21
2015	4.96	4.32	3.68
2016	4.97	4.12	3.45
2017	5.12	4.16	3.49
2018	5.26	4.24	3.41

注：（1）国家财政支农支出数据来自历年《中国财政统计年鉴》。（2）农村基础养老金是指以中央及地方财政为筹资来源，具有普惠特征和福利性质的农村居民养老保险基础养老金，农村基础养老金是模拟城乡二元福利差系数的主要依据之一。

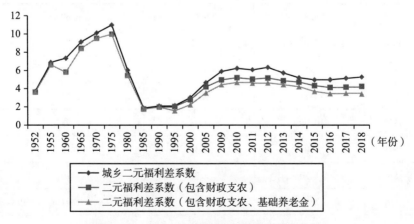

图3-13 城乡二元福利差系数移动因素比较

　　财政支农补贴对缩减工农业经济福利差距具有重要意义。通过测算发现，包含了财政支农补贴的城乡二元福利差系数要低于原来的水平，包含财政支农的城乡二元福利差系数由 1952 年 3.60 波动变化至 2018 年 4.24，平均比未包含财政支农的城乡二元福利差系数大约低 0.4。因此，提高财政支农补贴水平，实现工农业之间的转移支付，有利于降低二元经济偏斜发展程度。

　　随着工业反哺农业条件逐渐成熟，工农业之间转移支付水平开始持续提高。2009 年国家建立了"新型农村社会养老保险"制度，其中基础养老金给付完全由中央和地方财政筹资，农村 60 岁以上老年人口可以无偿享受基础养老金，新农保基础养老金具有普惠性和福利性。城乡居民养老保险合并后，农村居民收入水平进一步提高，意味着农业人口经济福利进一步改进，城乡二元福利差因此降低。2018 年，包含财政支农和农村基础养老金的城乡二元福利差系数为 3.41，低于只包含财政支农的城乡二元福利差系数，更低于不包含两者的城乡二元福利差系数。新型农村社会养老保险是相对于传统农村养老保险制度（老农保）而言的，1992 年国家建立了以缴费积累为筹资模式的农村养老保险制度，缴费积累模式主要指向个人生命周期收入再分配，而缺少横向收入再分配，因此对二元福利差水平缺乏影响。为了进一步分析以财政筹资为主的农村基础养老金对工农业经济福利差距的影响，本书假定农村养老保险已经采用普惠制的模式所对应的基础养老金水平，并测算包含农村基础养老金的城乡二元福利差系数。通过比较分析，可以发现农村基础养老金会显著降低工农业产业经济异质化程度。

　　通过城乡二元福利差系数不同阶段发展特征和城乡经济社会发展特征比较，可以确定农村剩余劳动力转移是影响城乡二元福利差的关键因素。在农村开始试点家庭联产承包责任制到全面推广铺开，农民生产积极性得到了极大的提升，农业劳动生产率也随之提高。在农业生产率提高的过程中，农村潜在剩余劳动力开始向工业部门转移①。在农村剩余劳动力转移的影响下，农村非农产业就业人口显著提升，2009 年占农村劳动年龄人口比重接近 50%②。通过测算发现，农村剩余劳动力转移对缩小城乡二元福利差具有直接影响，未包含农村劳动力转移的城乡二元福利差系数远高于包含农村劳动力转移的城乡二元福利差系数。

---

① 市场经济体制改革和城镇化不断推进，国家对农村人口在产业间、城乡间转移放松了管制。农村剩余劳动力转移可分为三个阶段：一是农村内部由传统种植业向其他农业部门转移；二是农业剩余劳动力向农村非农产业转移；三是农业剩余劳动力向城镇工业部门转移。

② 农村劳动力的非农化就业人员是指外出务工或从事本地非农活动 6 个月及以上的农村劳动力（这与国家统计局对农民工的定义相同）。近年来，农村剩余劳动力向非农产业转移的数量较大。以 2011 年为例，农村劳动力非农就业人口为 25278 万人，农村劳动力农业就业人口为 25796 万人，农村劳动力非农就业人口占全部农村劳动人口比重为 49.49%（农村劳动力非农就业人口数据来自《农民工监测调查报告 2011》；农业劳动力人口数据是在《中国统计年鉴》（2012）第一产业从业人数的基础上按农林牧渔业人数的比例进行的估算）。

第四章

人口城市化水平与质量测度
及协调性分析

本书以"四大理论模型"为核心，确立人口城市化水平与质量协调的"四个理论标准"：一是适度性，人口城市化水平与经济增长速度、工业化进程和人口转变相适应；二是包容性，乡城迁移人口在城市中应获得均等的生存与发展机会，主要体现在公共福利制度和社会认同等方面；三是协调性，人口城市化进程中应实现城乡协调、人口与资源环境协调；四是稳定性，农村迁移劳动力在城市应实现就业稳定、家庭完整、社会网络关系固定。依据四个理论标准构建人口城市化水平与质量测度指标体系，并对二者的协调性进行检验，以此确定二者协调程度及协同发展路径。

第一节 人口城市化水平与质量测度标准

一、指标体系设计原则

城市化水平与质量反映着一个地区整体的经济发展情况，涉及人口、经济、社会和环境多个维度。因此，在设计城市化指标评价体系时，应遵循系统性、代表性、可比性、可操作性、差异性与普遍性原则。

一是系统性原则。一个城市发展具有复杂性和综合性，需要多角度、多层面测量，因此，建立城市化评价指标体系时应遵循系统性原则，尽量反映城市化总体发展情况。采用系统性原则建立指标体系，可以更全面地评价城市化发展的各个方面，同时确保各个指标的相互独立性。

二是代表性原则。对人口城市化水平和质量评价涉及多个维度，选取单一指标可能会造成一定的偏差，不能很好地反映城市化发展的水平与质量，对后面分析人口城市化水平与质量的协调性产生影响。因此，为了客观地反映城市化水平与质量，必须从指标本质入手，选取具有代表性的科学指标。

三是可比性原则。为了对不同时期或地区的城市化水平与质量进行横向与纵向的比较，就必须要确保每个评价指标的统计口径一致，因此，在选择评价指标时，要避免使用绝对指标，更多选择相对指标。

四是可操作性原则。可操作性是决定一个方案能否实行的必要条件，只有测量具备操作的条件，才能实现既定的研究目标。建立评价指标时，一方面要坚持数据的可获得性，另一方面所得到的数据资料必须是可量化的，评价指标应尽量做到少而精，保证数据的代表性以及测算结果的真实性、可靠性和有效性。

五是差异性与普遍性原则。不同的研究层次，不同的研究领域，存在经济结构的差异和环境背景的不同，构建人口城市化指标体系要根据不同的领域、不同的经济特征设置差异性测量标准，在考虑普遍性特征的同时，更加注重差异性。

二、指标体系构建方法

本书基于城市化的定义和内涵，构建指标体系测度人口城市化水平和质量。从以往学者的研究来看，构建城市化指标体系通常采用两种度量方法，即单一指标法和综合指标法。

（一）单一指标法

单一指标法就是用某一个指标来定义城市化水平或质量。单一指标法的优点是代表性和可操作性强，便于最后结果的分析。但由于指标的单一性，这种方法不能综合反映总体特征，存在一定的片面性。纵观学者研究历程，衡量人口城市化水平和质量所采用的评价指标大概有以下几种：

一是人口比重法。所谓人口比重法就是城镇人口或非农人口占总人口的比重。用公式表示：城镇化率（水平）＝城镇人口或非农人口/总人口×100%，我国测量城镇化水平多采用城镇人口比重这一指标。

二是城市用地比重法。这种方法用建成区土地面积与总土地面积的比值来衡量城市化水平，主要从土地角度反映城市化土地利用水平，属于土地城市化指标。

三是调整系数法。由于个别年份城镇人口统计口径不一致，导致不同时期城市化水平度量标准不一致，不具有可比性。调整系数法就是在人口比重法的基础上，通过设定统计口径系数来调整各年城市化水平，从而达到统计口径的一致性，使得数据具有纵向可比性，更能真实地反映城镇化的历史发展趋势。

四是复合指标法。随着城镇化的不断深入发展以及众多学者研究的推进，部分学者意识到用单一指标衡量城镇化发展水平有些片面，因此尝试将多个单一指标组合起来对城市化水平进行综合判定。

单一指标法作为城市化水平的测量工具，计算简单易操作，但是缺乏系统全面性。采用单一指标法测度城市化水平，可操作性高，数据的收集与计算较为简单，数据经过处理后，可比性也较高，但是由于指标单一，缺乏科学性，测量的城市化水平太过片面。随着社会的进步，城市化不再仅仅表现为城镇人口的比重或者是城镇建设用地的增加，仅以某一指标评价城市化水平，尤其过分强调城镇化发展过程中人口规模的变化，显然不能涵盖城市化的全部内容。

（二）综合指标法

无论是人口比重指标法，还是复合指标法，都是从单一的角度来分析和测算人口城市化水平与质量，但是随着经济的发展，影响城市化水平和质量的因素越来越多，仅仅依靠一个指标体系反映人口城市化水平和质量远远不够，因此，分析某一地区或者国家的城市化水平和质量时应基于综合视角，全方位考虑收入消费情况、居住条件、基础设施建设、城市绿化、基本保障等多方面因素。这样，仅仅依靠单一指标法来测算城市化水平和质量就显得远远不够，应采用一种综合的评价方法，即综合指数法。综合指数法与多角度定义人口城市化内涵相吻合，能更全面、多维度地反映一个地区真实的城市化水平和质量。

随着对城市化水平测度方法研究的不断深入，更多学者开始采用综合指数法来测量城市化水平和质量。牛慧恩（2003）运用层次分析法，从城市化的动力因素、数量因素和质量因素等方面选取 11 个指标，对深圳市特区外的其他地区进行了城市化水平综合测量[1]。杨青青等（2008）采用熵值法从城市竞争力和空间结构两个维度构建了城市化评价指标体系，发现城市化空间结构对城市竞争力具有显著影响[2]。张力（2010）认为单一指标已不能反映城市化的内涵，因而采用模糊层次分析法对大连城市化水平进行了综合测度。其设计的准则层包括人口城市化、经济城市化、生活城市化、社会城市化 4 个方面，对象层选择了14 个具体指标，主要涉及城镇人口比重、人均 GDP、人均工业总产值、人均教育支出、非农业人口比重等。通过综合测算，得出大连城镇化率远远高于全国平均水平，但与发达国家相比仍有一些差距[3]。李淑娟等

---

[1] 牛慧恩：《城市化水平测度方法与实证研究——以深圳市特区外地区为例》，载《城市规划》2003 年第 11 期，第 34～38 页。

[2] 杨青青、潘杰义、李燕：《基于熵值法的城市竞争力评价》，载《统计与决策》2008年第 9 期，第 62～64 页。

[3] 张力：《基于模糊层次分析法对大连市城市化水平综合测度》，载《经济研究导刊》2010 年第 26 期，第 56～57 页。

（2011）采用 AHP 法，采用定量与定性相结合的分析方法，构建了城市化评价指标体系，测算了青岛市城市化综合水平。指标层次主要涉及人口、经济、社会生活和资源环境 4 个层面，涉及 15 个具体观测指标，通过确定评价准则层的判断矩阵计算权重，得出了青岛市城市化综合值，并与 2000 年数据进行对比，发现青岛市综合城市化水平提升较快，尤其在经济方面表现突出[1]。穆兰（2012）在以往学者测度城市化水平的基础上，以经济、人口、社会和环境 4 个维度作为基准，选择了 16 个具体指标，对四川省 18 个地级市的城市化水平做了综合评价，代表性指标有城镇人口比重、人均国内生产总值、人均财政收入水平、人均消费支出、第二和第三产业产值及从业人员比重、常住人口密度、万人拥有在校大学生数、万人拥有医院床位数、电话普及率、人均拥有图书量、人均生活用电量、建成区面积比、市区人均道路面积和绿化覆盖率等[2]。

可见，学者对城市化质量的评价指标体系看法不一，评价方法也不尽相同，但越来越多地采用综合指数法来测度城市化水平和质量。因此，本书在城市化质量相关理论的基础上，对人口城市化质量评价体系及方法进行了一定程度的改进，选取综合指标法构建综合指标体系对人口城市化进行客观和科学的评价。

三、指标体系维度划分

人口城市化质量是深度城市化和稳定城市化的量化表征，农民市民化是一个动态的调整适应过程，是城市化水平和质量的协调性表现。本书确立了人口城市化水平与质量协调的"四个理论标准"，即适度性、包容性、协调性、稳定性。

①　李淑娟、高红旗：《基于 AHP 的城市化水平综合测度体系研究——以青岛市为例》，载《科技管理研究》2011 年第 11 期，第 42～44 页、第 71 页。

②　穆兰：《基于因子—聚类分析的四川省区域城市化水平综合测度研究》，载《经济研究导刊》2012 年第 25 期，第 123～125 页。

　　评价指标体系需要从人口城市化水平与质量两个层面考虑：水平指标主要反映人口城市化水平与经济发展水平、工业化程度和产业转型升级的适应性，表现为相对于经济社会历史变迁的人口城市化发展水平的适度性，人口城市化速度与水平落后于产业结构转换、工业化进程和经济发展水平，意味着人口城市化存在滞后性；质量指标主要反映人口城市化的社会包容性、协调性和稳定性，包容性即乡城迁移人口在城市中应获得均等的生存与发展机会，主要体现在公共服务、福利制度和社会认同等方面，协调性即人口城市化进程中应实现城乡协调、人口与资源环境协调，稳定性即农村迁移劳动力在城市应实现安居乐业，形成适应的生产和生活方式。

　　本书在系统梳理人口城市化水平与质量的理论基础上，确立了人口城市化水平与质量综合评价的基本原则和评价依据，对已有研究成果进行了总结并改进了综合评价指标体系，确定了权重量化方法，以系统评价人口城市化水平与质量的总体情况及地区差异程度。

　　人口城市化质量可以划分为四个维度：第一个维度是经济发展水平。经济实力的强弱，是一个国家或地区最具代表性的发展指标，也是城市化最关键的指标，以往学者单独研究城市化与经济发展的关系，以此来验证城市化水平高低，足以看出经济发展这个维度对于城市化测量的重要性。第二个维度是生态环境状况。随着经济的发展，生态环境越来越得到重视，国家提倡的绿色经济逐渐成为经济发展战略中不可或缺的主导方向，绿化指标越来越成为一个城市发展质量高低的重要评价因素，城市化的质量提升必须以生态环境优化作为前提。第三个维度是公共服务水平。公共服务涉及的主要是政府提供的公共便利，包括城市公共基础设施、医疗等，公共服务水平能够反映出一个国家政府服务的整体水平。第四个维度是生活质量。人口城市化越来越关注人自身的发展，生活质量能够更好地体现城市化的质量水平。经济、生态和公共服务三个维度都是宏观视角，生活质量更多地是从微观角度来测量居民的生活质量及幸福程度。

四、指标设计

人口城市化质量指标体系如表 4 - 1 所示。

表 4 - 1　　　　　　　　　　**人口城市化质量指标体系**

	子系统层	指标层	单位	指标性质
人口城市化质量指数	经济发展	人均 GDP	元	正指标
		公共财政预算收入	亿元	正指标
		第二三产业贡献率	%	正指标
		第二三产业就业比重	%	正指标
		万元 GDP 能耗	吨标准煤/万元	逆指标
		外贸进出口总额	亿元	正指标
	生态环境	人均绿地面积	平方米/人	正指标
		环境治理投资额	亿元	正指标
		工业固体废物综合利用量	万吨	正指标
		建成区绿化覆盖率	%	正指标
	公共服务	社会保障和就业支出	元	正指标
		人均医疗卫生支出	元	正指标
		人均生活用水量	升	正指标
		互联网使用人数	万人	正指标
		公共图书馆图书流通人次	万人次	正指标
		教育支出占 GDP 比重	%	正指标
		就业人数	万人	正指标
	生活质量	人口平均预期寿命	岁	正指标
		职工平均工资	元	正指标
		恩格尔系数	%	逆指标
		人均城市道路面积（平方米）	人/平方米	正指标
		人均可支配收入	元	正指标
		人均消费支出	元	正指标

(一) 经济发展维度

经济发展指标是城市化质量的基础，只有经济发展才能促进城市经济发展，提高居民生活水平，因此经济发展能够体现一个城市的整体水平，能更全面地反映城市化的经济基础与发展成果。首先 GDP 总量，它能反映一个地区经济的整体实力，透过人均 GDP 可以看出居民的平均收入情况；其次是公共财政一般预算收入、第二三产业就业比重、第二三产业 GDP 贡献率、万元 GDP 能耗和外贸进出口总额等，这些指标涉及财政、产业、就业、能耗和对外开放程度等，均从宏观角度反映了整体经济发展水平。

(二) 生态环境维度

经济的快速增长和城市的不断扩张在创造经济价值的同时，也会带来一系列的城市问题，环境污染加重，空气质量下降，严重影响了城市的整体水平和人们的生活质量，随着绿色经济的提出，以及幸福城市的定位，生态环境越来越受到重视。生态环境指标主要表现在污染治理和绿化水平等方面，指标层主要包括人均绿地面积、环境治理投资额、工业固体废物综合利用量、建成区绿化覆盖率等。随着经济高质量发展的宏观经济目标的确立，生态环境治理与保护越来越受到关注，在人口城市化质量评价体系中所占的权重也不断加大。

人均绿地面积主要反映城市绿化面积的占有率，建成区绿化覆盖率是指建成区绿化面积占建成区总面积的比重，城市人均绿化面积反映城市生态文明建设水平，对改善居民生活质量有极其重要的作用，也代表着一个城市的美好形象和发展等级。环境治理投资额和工业固体废物综合利用量从治污和除污方面展现出城市管理对生态环境的综合治理能力。

(三) 公共服务维度

城市化质量也主要体现在城市公共服务水平上，健全的公共服务体系，自然会提升市化质量水平。公共服务指标主要包括财政社会保障和就业支出、人均医疗卫生支出、人均生活用水量、互联网使用人数、公共图书馆图书流通人次、教育支出占 GDP 比重、就业人数等。

在我国基本公共服务体系中，社会福利水平主要体现在基本养老、医疗服务、失业保险、工伤保险、生育福利和最低生活保障等方面，当城市居民在就业市场竞争遭遇生活危机时，社会福利制度体系便能化解短期生存和生活压力，为市民提供最基本的生存和生活保障，起到最低生存保障的"兜底"作用。

（四）生活质量维度

居民生活质量水平主要体现在客观物质条件和主观满意评价两个方面。由于主观满意度很难量化，因此重点通过客观指标来测量城市的生活质量水平，主要包括消费水平与结构、健康情况和公共服务水平等。具体指标包括职工平均工资水平、人均消费支出、人均可支配收入、恩格尔系数、人口平均预期寿命和人均城市道路面积等。收入和消费作为维持生活质量的基础，是生活质量维度中最重要的指标；恩格尔系数、平均预期寿命、人均城市道路面积和居民平均工资水平等从不同角度反映了居民生活质量水平，是城市化质量在"人"生活过程中的体现。

五、指标权重确定

人口城市化中各指标对于城市化水平和质量的影响程度存在差异，因此需要确定各个指标权重，根据以往学者的研究，权重确定方法分为主观赋权法、客观赋权法和组合赋权法。

主观赋权法依据决策者主观信息对指标进行赋权，如二项系数法、层次分析法、专家调查法等，主观赋权法是相对较早、较为成熟的方法，操作过程主要是征询专家意见，通过专家对指标权重打分，依据系统程序，排除掉个别过于主观的偏见因素，收集专家趋于集中的意见，最终获得相对准确的集体权重判定结果。主观赋权法的优点是：专家们可以依据自身多年的实践经验，结合具体问题，合理地确定各指标权重的大小，避免出现预测的指标权重与实际情况相悖的情况。但主观赋权法由于受个别偏好和先入为主的观念影响较大，同时增加了决策分析者的负担，应用的局限性较大，具有较强的主观性。

客观赋权法是界定评价指标权重的另一种方法，不依赖于评价者的主观判断，主要采用客观的主成分分析法、熵值法、多目标规划法、标准离差法等计算指标权重。客观赋权法优点是不依赖评价者的主观判断，具有较强的数学理论依据，所得权重的客观性强；但有时可能需要大量数据，计算比较复杂，也不能反映出评价者对于指标重要程度的理性判断。

组合赋权法也叫主客观赋权法，是将数据的内在规律和专家的知识经验结合对指标赋权，此方法既能充分考虑专家的意见，又保持了客观的数学理论依据。组合赋权法的两种常用方法是"乘法"集成法和线性综合法。本书利用客观赋权法中的离差系数法确定人口城市化水平与质量各级指标权重，见表4-2。

表4-2　　　　　　　　　　人口城市化质量指标权重

	子系统层	指标层	单位	指标性质	权重
人口城市化质量指数	经济发展 0.235	人均GDP	元	正指标	0.048
		公共财政预算收入	亿元	正指标	0.056
		第二三产业贡献率	%	正指标	0.010
		第二三产业就业比重	%	正指标	0.032
		万元GDP能耗	吨标准煤/万元	逆指标	0.044
		外贸进出口总额	亿元	正指标	0.045
	生态环境 0.172	人均绿地面积	平方米/人	正指标	0.035
		环境治理投资额	亿元	正指标	0.055
		工业固体废物综合利用量	万吨	正指标	0.047
		建成区绿化覆盖率	%	正指标	0.035

	子系统层	指标层	单位	指标性质	权重
人口城市化质量指数	公共服务 0.348	财政社会保障和就业支出	元	正指标	0.058
		人均医疗卫生支出	元	正指标	0.054
		人均生活用水量	升	正指标	0.047
		互联网使用人数	万人	正指标	0.060
		公共图书馆图书流通人次	万人次	正指标	0.047
		教育支出占 GDP 比重	%	正指标	0.045
		就业人口数量	万人	正指标	0.037
	生活质量 0.245	人口平均预期寿命	岁	正指标	0.029
		职工平均工资	元	正指标	0.049
		恩格尔系数	%	逆指标	0.034
		人均城市道路面积（平方米）	人/平方米	正指标	0.038
		人均每年可支配收入	元	正指标	0.045
		人均消费支出	元	正指标	0.050

资料来源：由《中国统计年鉴》（2019）中数据测算得到。

具体操作如下：

第一步，求变量平均数：

$$\bar{x}_j = \frac{1}{n} \sum_{i=1}^{n} x_{ij} \quad (i = 1, 2, 3, \cdots, n) \quad (4-1)$$

式（4-1）中，x_{ij} 为第 i 年第 j 个指标的特征值，$\bar{x}_j$ 为第 j 个指标特征值的均值。

第二步，求变量标准差：

$$S_j = \sqrt{\frac{\sum_{i=1}^{1} (x_{ij} - \bar{x})}{n}} \quad (4-2)$$

式（4-2）中，S_j 为 n 年内第 j 个指标特征值的标准差。

第三步，求变异系数：

$$V_j = \frac{S_j}{\bar{x}_j} \quad (j = 1, 2, 3, \cdots, m) \quad (4-3)$$

式（4-3）中，V_j 为第 j 个特征值所对应的变异系数。

第四步，确定权重。经过公式（4-1）~公式（4-3）的数据计算处理，得到人口城市化质量指标体系权重：

$$W_j = \frac{V_j}{\sum_{i=1}^{n} V_j} \quad (j = 1,\ 2,\ 3,\ \cdots,\ n) \quad\quad (4-4)$$

第二节　人口城市化水平与质量发展现状

一、数据来源及数据处理

人口城市化水平与质量分析的数据范围涵盖中国 31 个省（区、市），涉及的数据种类较多，计算较复杂。为保证数据统计口径一致，减少数据误差，数据主要以《中国统计年鉴》《中国城市统计年鉴》《中国人口与就业统计年鉴》以及各省（区、市）统计年鉴等为准。

（一）缺失值处理

由于数据选取年份跨度较大，有一些数据统计口径发生了变化，个别年份存在数据缺失状况，对于缺失的数据采取"内插法"获取，对于连续数据的缺失，根据相邻数据发展趋势，对以往数据进行回归分析和趋势外推，以补足缺失年份数据。内插法公式如下：

$$x_t = x_{t-1} + \frac{x_{t+1} - x_{t-1}}{2} \quad t = 1,\ 2,\ \cdots,\ n \quad\quad (4-5)$$

其中，x_{t+1}，x_{t-1} 为缺失数据相邻的两个数值，x_t 为插入值。

不能用内插法获取数据的采用回归分析和趋势外推，公式为：

$$y_t = \beta_0 + \beta_1 x_t + \varepsilon \quad\quad (4-6)$$

其中，y_t 为预测目标值，β_0 为回归常数，β_1 回归参数，ε 为随机

误差，x_t 为 t 期自变量值。

（二）指标无量纲化处理

数据的无量纲化处理即数据的标准化处理，在采用综合指标评价时，由于指标种类不同，其代表的含义和性质也不同，如果直接采用原始数据分析，势必导致绝对数值大的指标权重较大，影响结果的客观性。因此，为了保证评价结果的客观公正，需要对原始数据进行统一处理，消除量纲。目前研究领域的无量纲方法有三大类：直线型方法（如阈值法、指数法、标准化方法）、折线型方法（凸折线型法、凹折线型法、三折线法）、曲线型方法（半正态性分布），本书采用离差标准化分析方法，见公式（4-7）。

$$X^* = \frac{X - \min}{\max - \min} \qquad (4-7)$$

其中，X^* 为标准化后的数据，max 为变量最大值，min 为变量最小值。

二、人口城市化水平及省际差异

人口城市化的推进是人口不断向城市聚集、农村向城市演变、城市规模不断扩大的过程，同时包括由此引起的经济社会结构等诸多方面的变化。开始阶段定义的城市化是城市人口的增加和城市规模的扩大，这是一种简单粗放的城市化，这一阶段的城市化追求发展速度，引起了一系列的城市病；随后人们开始从多角度评价城市化的发展进程，以避免片面的数量城市化，城市化发展进入了以质量为导向的新阶段。我国城市化起步晚，新中国成立初期，由于经济水平较低，各方面发展滞后，城市化水平较低。改革开放以后，我国工业迅速崛起，城市化水平也显著提高，这一阶段的城市化以大城市规模不断扩大为主，东部沿海城市化发展较快，中西部地区受政策优惠较少发展缓慢，出现了非均衡的人口城市化地域分布格局，片面追求城市化速度的发展目标也影响了城市化质量的提升。近些年，中央的西部开发政策有效刺激了西部省份的经济增长，城市化水平与质量也同步协调发展。

（一）人口城市化水平发展趋势

本书重点研究人口城市化水平与质量的协调发展关系，水平指标相对明确单一，因此更多关注质量指标体系。人口城市化水平用城镇人口比重来衡量，城市化发展速度用城市化水平环比增长率表示，具体变动情况见表4-3和图4-1。

表4-3　　　　　　　　1991～2018年中国人口城市化水平

年份	城镇化率（％）	增长百分点	增长率（％）	年份	城镇化率（％）	增长百分点	增长率（％）
1991	26.94	0.53	0.02	2005	42.99	1.23	0.03
1992	27.46	0.52	0.02	2006	44.34	1.35	0.03
1993	27.99	0.53	0.02	2007	45.89	1.55	0.03
1994	28.51	0.52	0.02	2008	46.99	1.1	0.02
1995	29.04	0.53	0.02	2009	48.34	1.35	0.03
1996	30.48	1.44	0.05	2010	49.95	1.61	0.03
1997	31.91	1.43	0.05	2011	51.27	1.32	0.03
1998	33.35	1.44	0.05	2012	52.57	1.3	0.03
1999	34.78	1.43	0.04	2013	53.73	1.16	0.02
2000	36.22	1.44	0.04	2014	54.77	1.04	0.02
2001	37.66	1.44	0.04	2015	56.1	1.33	0.02
2002	39.09	1.43	0.04	2016	57.35	1.25	0.02
2003	40.53	1.44	0.04	2017	58.52	1.17	0.02
2004	41.76	1.23	0.03	2018	59.58	1.06	0.02

资料来源：《中国统计年鉴》（2019）。

新中国成立以来，我国在推进经济全面复苏的同时，城镇开始逐渐扩张，但是受到严格户籍制度的限制，城市化发展缓慢，与经济发展并不协调。市场经济制度改革后户籍管制放松，人口流动加剧了城市人口增长，城市规模不断扩大，人口城市化发展速度逐步加快。我国城市化发展可以分为两个阶段：第一阶段是改革开放之前，城市化发展相对缓慢；第二阶段是改革开放之后，城市化快速发展阶段。

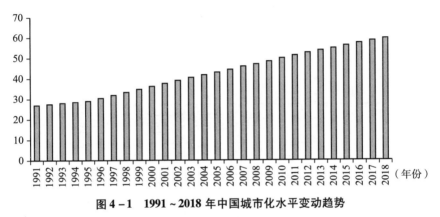

图 4 – 1　1991 ~ 2018 年中国城市化水平变动趋势

资料来源：《中国统计年鉴》（2019）。

　　改革开放前，受当时国情的影响，我国实行以重工业为导向的发展模式，同时实行二元经济结构下的户籍管理制度，严格限制农村人口向城市流动；此外，政府为了减轻城市人口福利对财政的压力，把城市基础设施与生活服务相关的建设划为"非生产性"，也影响了城市化的进程，城市化发展水平较其他国家相对滞缓。1949 年全国共有 132 个城市，平均城市化率仅为 10.64%；1978 年，全国城市化率仅提高到17.9%，平均每年增加 0.25 个百分点。相比较而言，世界平均城市化率在 1950 ~ 1980 年由 28.4% 上升到 39.1%，平均每年增加 0.36 个百分点，其中发展中国家由 16.2% 上升到 30.5%，平均每年增加 1.34 个百分点，这一时期我国城市化水平远低于世界平均水平，也低于发展中国家的平均水平。改革开放后，我国调整了经济发展模式，以市场为导向的经济发展模式促进了城市的经济发展，吸引了农村劳动力转移到城市

就业生活，人口城市化水平大幅度提高，城市化率由 1978 年的 17.90%
提高到 2018 年的 59.58%，提高了 41.68 个百分点，平均每年增长
1.04 个百分点，见图 4-2。

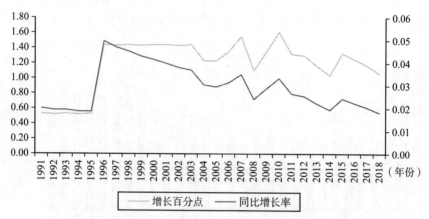

图 4-2　1991~2018 年城市化增长百分点和增长率

资料来源：《中国统计年鉴》（2019）。

　　由人口城市化水平变动趋势可以看出，随着我国经济体制改革的不
断推进，1990 年以后城市化的增长速度不断加快，1991~2018 年城市
化水平增长百分点和环比增长率均出现了持续稳定的上升趋势。1996
年我国人口城市化速度提升最快，无论是增长百分点还是增长率均出现
了较大幅度的提高。1996 年以后，城市化水平增长率开始下降，由
1996 年的 5% 下降到 2018 年的 2%。与此同时，人口城市化的增长百分
点在 1996 年后开始波动下降，由 1996 年的 1.44 个百分点下降到 2018
年的 1.06 个百分点，与发达国家城市化水平到达高位后增速下降的发
展规律相一致。

　　世界银行根据收入水平将各国划分为高等、中高等、中等、高低等、
中低等和低等六个类型，不同类型国家的城市化水平对比见表 4-4。
2018 年高收入国家城市化率达到 81.34%，低收入国家城市化率仅为
32.57%，中国的城市化水平处于中等和中高等收入国家之间，高于世

界平均水平 4.31 个百分点，但是从收入水平维度来看，我国的人均
GDP 比世界平均水平少 1541.8 美元，经济发展水平相对滞后。一方面，
我国城市化水平超前经济发展水平，由于初始时期过度强调城市化率，
导致各大城市形成攀比之风，盲目扩大规模；另一方面，这表明我国城
乡经济差异较大，过多的农村人口涌入城市，阻碍了农村经济发展和整
体经济效率的提升。可见，依据世界发展经验判断，我国人口城市化与
经济发展之间仍存在一定程度的不适应。

表 4－4 2018 年世界不同收入国家城市化水平比较

国家类型	城市化率（%）	人均 GDP（现价美元）
中国	59.580	9770.8
高收入国家	81.335	44786.6
中高等收入国家	66.233	9205.4
中等收入国家	52.534	5485.6
高低等收入国家	40.508	2217.1
中低等收入国家	50.328	4971.2
低收入国家	32.572	833.9
世界	55.271	11312.6

资料来源：《中国统计年鉴》（2019）、世界银行数据库 2018。

（二）人口城市化水平省际差异

我国幅员辽阔，各个省份受自然资源、区位优势及政策倾斜等因素
影响，城市化水平地区差异显著，具体见图 4－3。直辖市的城市化水
平总体较高，2018 年上海的城市化水平最高，达到 88.10%，而西藏的
城市化水平最低，仅为 31.14%，两者相差 56.96 个百分点。江苏、浙
江和广东三省由于近些年经济发展迅速，区位优势不断增强，市场化程
度和城市化水平迅速提高。而辽宁省作为东北老工业基地的核心省份，

近些年受制于经济下行压力及转制成本提升，城市化水平增长缓慢，被广东省赶超，与江苏、浙江两省之间的差距逐渐缩小，工业化对城镇化的促进作用相对弱化。

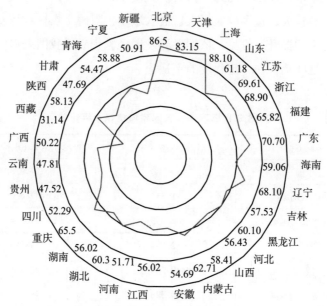

图4-3 2018年我国各省份城市化水平分布情况

注：图中数字为百分比。

资料来源：《中国统计年鉴》(2019)。

表4-5将全国分为东部、中部、西部和东北四个地区，其中直辖市归到东部地区。东部沿海省份和直辖市城市化水平较高，平均城镇化率可达72.56%；中西部城市化水平较低，西部城镇人口比重仅为52.27%，东部和西部相差20.29个百分点；东北城市化水平居中，平均城镇化率为61.91%，单纯从城镇化率来看，呈明显的东西阶梯状分布，这与我国经济发展分布格局趋同。因此，应加强中西部城市群发展，促进城市化整体水平的提升。

表 4 – 5 　　　　　　2018 年我国分地区城市化水平 　　　　　单位：%

地区	省份	城镇化水平	平均	地区	省份	城镇化水平	平均
东部	北京	86.50	72.56	东北	辽宁	68.10	61.91
	天津	83.15			吉林	57.53	
	上海	88.10			黑龙江	60.10	
	山东	61.18		西部	四川	52.29	52.27
	江苏	69.61			重庆	65.50	
	浙江	68.90			贵州	47.52	
	福建	65.82			云南	47.81	
	广东	70.70			广西	50.22	
	海南	59.06			西藏	31.14	
中部	河北	56.43	56.23		陕西	58.13	
	山西	58.41			甘肃	47.69	
	安徽	54.69			青海	54.47	
	江西	56.02			宁夏	58.88	
	河南	51.71			新疆	50.91	
	湖北	60.30			内蒙古	62.71	
	湖南	56.02					

资料来源：《中国统计年鉴》（2019）。

三、人口城市化质量及省际差异

人口城市化水平是城市化最基础的测量指标，量化较为单一，而人口城市化质量涉及范围较广，具体表征指标较多，测算和比较需要构建综合性评价体系。

（一）人口城市化质量发展趋势

人口城市化质量评价主要包括经济发展、生态环境、公共服务和生活质量四个维度，其中经济发展水平是最基础和关键的发展指标，生态环境状况和公共服务水平是居民赖以生存的环境和服务指标，体现城市发展的生态和社会环境舒适程度，生活质量水平体现了城市居民的生活质量及幸福程度，是以上维度综合作用的最终结果体现。

1. 经济发展维度

人口城市化质量测度的经济发展维度选取了6个指标，分别为人均 GDP、公共财政预算收入、外贸进出口总额、第二三产业产值贡献率、第二三产业就业人口比重和万元 GDP 能耗，各指标变动趋势见表 4 - 6 和图 4 - 4。

表 4 - 6　　　1990 ~ 2018 年我国人口城市化经济发展维度指标变化情况

年份	人均 GDP（元）	公共财政预算收入（亿元）	第二三产业贡献率（%）	第二三产业就业比重（%）	万元 GDP 能耗（吨标煤/万元）	外贸进出口总额（亿元）
1990	1663	2937.1	59.8	39.9	5.2	5560.1
1995	5091	6242.2	91.3	47.8	3.9	23499.9
2000	7942	13395.2	95.8	50.0	2.9	39273.2
2001	8717	16386.0	95.4	50.0	1.4	42183.6
2002	9506	18903.6	95.9	50.0	1.4	51378.2
2003	10666	21715.3	96.9	50.9	1.5	70483.5
2004	12487	26396.5	92.6	53.1	1.6	95539.1
2005	14368	31649.3	94.8	55.2	1.6	116921.8
2006	16738	38760.2	95.6	57.4	1.4	140974.0
2007	20494	51321.8	97.4	59.2	1.3	166863.7
2008	24100	61330.4	94.8	60.4	1.2	179921.5
2009	26180	68518.3	96.0	61.9	1.2	150648.1
2010	30808	83101.5	96.4	63.3	1.1	201722.1
2011	36302	103874.4	95.9	65.2	0.9	236402.0
2012	39874	117253.5	95.0	66.4	0.8	244160.2
2013	43684	129209.6	95.7	68.6	0.8	258168.9
2014	47005	140370.0	95.4	70.5	0.8	264241.8
2015	50028	152269.2	95.5	71.7	0.7	245502.9

续表

年份	人均GDP（元）	公共财政预算收入（亿元）	第二三产业贡献率（%）	第二三产业就业比重（%）	万元GDP能耗（吨标煤/万元）	外贸进出口总额（亿元）
2016	53680	159605.0	95.9	72.3	0.6	243386.5
2017	59201	172592.8	95.3	73	0.6	278099.2
2018	64644	183359.8	95.8	73.9	0.6	305008.1

资料来源：《中国统计年鉴》（2019）。

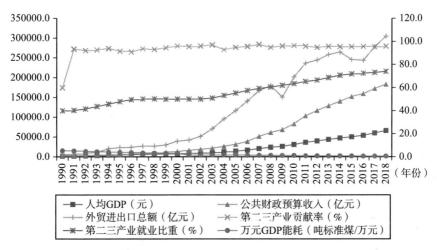

图4-4　1990~2018年我国人口城市化经济发展维度指标变化情况

资料来源：《中国统计年鉴》（2019）。

经济发展各个指标在1990~2018年总体向好趋势明显。人均GDP、公共财政预算收入、外贸进出口总额和第二三产业就业及产值比重近20多年来有明显的上升趋势，这也得益于我国经济的发展；而万元GDP能耗从1990年开始不断下降，体现了我国生产方式从粗放向集约的转变过程。经济增长和结构优化为城镇化的发展提供了巨大的推动力，进出口总额增长迅速，由1990年的5560亿元增加到2018年的305008亿元，增加了299448亿元，增加了54倍之多。

2. 生态环境维度

快速的经济增长和城镇化进程导致了一系列的生态环境问题，国家开始着手调整城市化发展战略，以质量来替换速度，越来越重视生态城市的建设。生态环境维度涉及的指标主要有环境治理投资额、工业固体废物综合利用量、人均绿地面积和建成区绿化覆盖率，指标具体变动趋势见表4-7和图4-5。

表4-7　　　1990~2018年中国人口城市化生态环境维度指标变化情况

年份	人均绿地面积（平方米）	环境治理投资额（亿元）	工业固体废物综合利用量（万吨）	建成区绿化覆盖率（%）
1990	0.1	428.9	16137.0	29.9
1993	1.4	555.4	24826.0	30.8
1994	1.6	605.4	26692.0	31.1
1995	1.8	659.9	28511.0	31.4
1996	2.1	719.3	28364.0	31.7
1997	2.4	784.0	30009.0	32.1
1998	2.8	854.6	33387.0	32.4
1999	3.2	931.5	35756.0	32.7
2000	3.7	1015.3	37451.2	33.0
2001	4.3	1106.7	47290.0	33.4
2002	5.4	1367.2	50061.0	33.7
2003	6.1	1627.7	56040.0	34.1
2004	7.4	1909.8	67796.0	34.4
2005	7.9	2388.0	76993.0	34.7
2006	8.3	2566.0	92601.0	35.1
2007	9.0	3387.3	110311.5	35.3
2008	9.7	4490.3	123482.0	37.4
2009	10.7	5258.4	138185.8	38.2
2010	11.2	7612.2	161772.0	38.6

续表

年份	人均绿地面积（平方米）	环境治理投资额（亿元）	工业固体废物综合利用量（万吨）	建成区绿化覆盖率（%）
2011	11.8	7114.0	195214.6	39.2
2012	12.3	8253.5	202461.9	39.6
2013	12.6	9037.2	205916.3	39.7
2014	13.1	9575.5	204330.3	40.2
2015	13.4	8806.3	198807.0	40.1
2016	13.7	9219.8	184096.0	40.3
2017	14.0	9539.0	181187.0	40.9
2018	14.1	9235.0	194867.0	41.1

资料来源：《中国统计年鉴》（2019）。

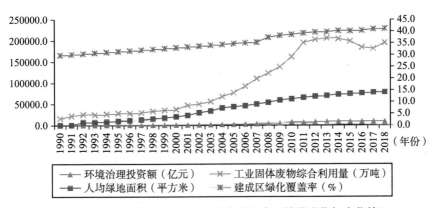

图 4 – 5　1990～2018 年中国人口城市化生态环境维度指标变化情况

资料来源：《中国统计年鉴》（2019）。

生态环境各指标中，工业固体废物综合利用量变化最大，表明近年来我国在处理污染方面付出了巨大的努力。环境治理投资额、人均绿地面积和建成区绿化覆盖率这三个指标呈稳定上升趋势：人均绿地面积由1990 年的每人 0.1 平方米升至每人 14.1 平方米。建成区绿化面积由29.9% 上升至 40.9%，上升了 10 多个百分点，仅从这两项来看，我国城市生态环境建设有了极大的改善，成效非常显著。国家对于环境治理投资逐年增加，从 1990 年的 428.9 亿元增加到 2018 年的 9235.0 亿元。

3. 公共服务维度

一个城市的发展离不开城市基础设施的完善和公共服务水平的提升。一个城市公共服务水平是评价其综合实力强弱的重要指标。本书选取的公共服务测量指标主要有财政社会保障和就业支出、人均医疗卫生支出、人均生活用水量、互联网使用人数、公共图书馆图书流通人次、教育支出占 GDP 比重和就业人员数量，见表 4－8。

表 4－8　　　1990~2018 年我国人口城市化公共服务维度指标变化情况

年份	财政社会保障和就业支出（亿元）	人均医疗卫生支出（元）	人均生活用水量（升）	互联网上网人数（万人）	公共图书馆流通人次（万人次）	教育支出占 GDP 比重（%）	就业人员数量（万人）
1990	55.0	65.4	67.9	0.004	10904.0	2.4	17041
1991	67.3	77.1	68.9	0.012	11531.4	2.5	17465
1992	66.5	93.6	69.8	0.041	12194.7	2.7	17861
1993	75.3	116.3	70.8	0.139	12896.3	2.5	18262
1994	95.1	146.9	71.8	0.470	13638.2	2.4	18653
1995	115.5	177.9	72.8	1.593	14422.8	2.3	19040
1996	182.7	221.4	73.8	18.300	15252.6	2.4	19922
1997	328.4	258.6	74.8	62.000	16130.0	2.4	20781
1998	595.6	294.9	75.9	210.000	17058.0	2.4	21616
1999	1197.4	321.8	94.1	890.000	18040.0	2.6	22412
2000	1518.0	361.9	95.5	2250.000	18854.0	2.6	23151
2001	1987.4	393.8	78.8	3370.000	20876.0	2.8	24123
2002	2636.2	450.7	77.8	5910.000	21950.0	2.9	25159
2003	2655.9	509.5	77.1	7950.000	21440.0	2.8	26230

续表

年份	财政社会保障和就业支出（亿元）	人均医疗卫生支出（元）	人均生活用水量（升）	互联网上网人数（万人）	公共图书馆流通人次（万人次）	教育支出占GDP比重（%）	就业人员数量（万人）
2004	3116.1	583.9	76.9	9400.000	22100.0	2.8	27293
2005	3698.9	662.3	75.5	11100.000	23331.0	2.8	28389
2006	4361.8	748.8	68.7	13700.000	25217.0	2.9	29630
2007	5447.2	876.0	65.1	21000.000	26103.0	3.1	30953
2008	6804.3	1094.5	65.0	29800.000	28141.0	3.3	32103
2009	7606.7	1314.3	64.5	38400.000	32168.0	3.6	33322
2010	9130.6	1490.1	62.6	45730.000	32823.0	3.7	34687
2011	11109.4	1807.0	62.4	51310.000	38151.0	3.9	35914
2012	12585.5	2076.7	62.7	56400.000	43437.0	4.3	37102
2013	14490.5	2327.1	63.3	61758.000	49232.0	4.1	38240
2014	15968.9	2581.7	63.4	64875.000	53036.0	4.1	39310
2015	19018.7	2980.8	63.7	68826.000	58892.0	4.2	40410
2016	21591.5	3351.7	64.6	73125.000	66037.0	4.2	41428
2017	24611.7	3783.8	65.3	77198.000	74450.0	4.1	42462
2018	27012.1	4237.0	65.4	82851.000	82032.0	4.1	43419

资料来源：《中国统计年鉴》（2019）。

由图4-6可知，除了人均生活用水量，其他指标变化较大，财政社会保障和就业支出、公共图书馆图书流通人次、人均医疗卫生支出和就业人员数量逐年平稳快速增加，财政社会保障和就业支出从1990年的55.0亿元增加到2018年的27012.1亿元，人均医疗卫生支出从1990年的每人65.4元增加到2018年的每人4237.0元，增加了60多倍。1990～2000年的人均用水量是逐渐增加的，2000年后人均用水量呈下降趋势，这说明居民生活质量得到了提升，越来越关注节约用水，环保意识不断增强。

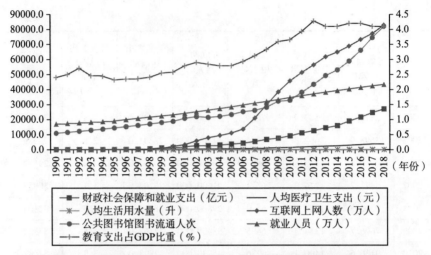

图4-6 1990~2018年中国人口城市化公共服务维度指标变化情况

资料来源：《中国统计年鉴》（2019）。

4. 生活质量维度

随着经济发展和社会进步，人们越来越追求生活质量的提升。反映城市居民生活质量水平的指标主要包括工资收入水平、消费支出水平、恩格尔系数、平均预期寿命和人均城市道路面积等，收入及消费支出指标能够反映居民生活质量的基本物质保障水平，以恩格尔系数为代表的消费结构指标能够反映出居民生活方式的高级化程度，平均预期寿命能够反映居民的身体健康素质，是生活质量高低的综合体现，见表4-9和图4-7。

表4-9 1990~2018年中国人口城市化生活质量维度指标变化情况

年份	平均预期寿命（岁）	职工平均工资（元）	恩格尔系数（%）	人均城市道路面积（平方米）	城镇人均可支配收入（元）	人均消费支出（元）
1990	68.6	2140.0	54.2	3.1	1510.2	803.0
1991	69.0	2340.0	53.8	3.3	1700.6	896.0
1992	69.5	2711.0	53.0	3.4	2026.6	1070.0

续表

年份	平均预期寿命（岁）	职工平均工资（元）	恩格尔系数（%）	人均城市道路面积（平方米）	城镇人均可支配收入（元）	人均消费支出（元）
1993	69.7	3371.0	50.3	3.6	2577.4	1331.0
1994	70.1	4538.0	50.0	3.8	3496.2	1746.0
1995	70.5	5348.0	50.1	4.0	4283.0	2236.0
1996	70.8	5980.0	48.8	4.2	4838.9	2641.0
1997	71.0	6444.0	46.6	4.5	5160.3	2834.0
1998	71.2	7446.0	44.7	4.7	5425.1	2972.0
1999	71.3	8319.0	42.1	4.9	5854.0	3143.0
2000	71.4	9333.0	39.4	6.1	6280.0	3721.0
2001	71.7	10834.0	38.2	7.2	6859.6	3987.0
2002	72.2	12373.0	37.7	7.9	7702.8	4301.0
2003	72.5	13969.0	37.1	9.3	8472.2	4606.0
2004	72.8	15920.0	37.7	10.3	9421.6	5138.0
2005	73.0	18200.0	36.7	10.9	10493.0	5771.0
2006	73.3	20856.0	35.8	11.0	11759.5	6416.0
2007	73.5	24721.0	36.3	11.4	13785.8	7572.0
2008	74.0	28898.0	37.9	12.2	15780.8	8707.0
2009	74.3	32244.0	36.5	12.8	17174.7	9514.0
2010	74.8	36539.0	35.7	13.2	19109.4	10919.0
2011	75.0	41799.0	36.3	13.8	21809.8	13134.0
2012	75.2	46769.0	36.2	14.4	24564.7	14699.0
2013	75.5	51483.0	35.0	14.9	26955.1	16190.0
2014	75.8	56360.0	32.2	15.3	29381.0	17806.0
2015	76.3	62029.0	30.6	15.6	31790.3	19397.0
2016	76.7	67569.0	30.1	15.8	33616.2	21228.0
2017	76.8	74318.0	29.3	16.1	36396.2	22935.0
2018	76.9	82413.0	28.4	16.7	39250.8	25002.0

资料来源：《中国统计年鉴》（2019）。

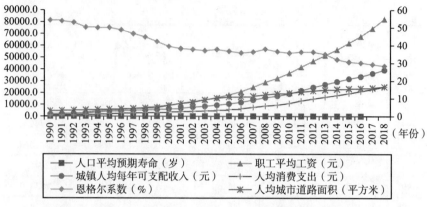

图4-7 1990~2018年中国人口城市化生活质量维度指标变化情况

资料来源:《中国统计年鉴》(2019)。

1990~2018年生活质量各项指标均趋于优化。人口平均预期寿命、职工平均工资、人均可支配收入、人均消费支出、人均城市道路面积呈现上升趋势,恩格尔系数则逐年下降。其中,人口预期寿命由1990年的68.6岁增加到2018年的76.9岁,恩格尔系数由54.2%的温饱水平,下降到28.4%的富裕水平,居民消费结构不断优化,生活质量水平有了大幅度的提升。

5. 人口城市化各维度及综合质量指数

人口城市化质量各维度发展指数近些年的变化情况见表4-10和图4-8。1999年之前,经济发展指数的比重>生活质量的指数>公共服务指数,1999年之后,公共服务指数>生活质量指数>经济发展指数,而生态环境指数一直是稳步上升的态势,说明我国城市化进程以经济增长为起点,逐渐重视公共服务、生态环境和居民生活质量,城市化质量稳定提升。

表4-10 1990~2018年我国人口城市化各维度质量指数变动趋势

年份	经济发展指数	生态环境指数	公共服务指数	生活质量指数	综合指数
1990	0.0438	0.0000	0.0096	0.0334	0.0867
1991	0.0518	0.0027	0.0145	0.0352	0.0217

续表

年份	经济发展指数	生态环境指数	公共服务指数	生活质量指数	综合指数
1992	0.0495	0.0075	0.0219	0.0374	0.0411
1993	0.0498	0.0090	0.0188	0.0367	0.0449
1994	0.0520	0.0113	0.0213	0.0408	0.0610
1995	0.0534	0.0136	0.0214	0.0453	0.0723
1996	0.0537	0.0157	0.0261	0.0471	0.0854
1997	0.0534	0.0183	0.0304	0.0466	0.0971
1998	0.0518	0.0214	0.0360	0.0467	0.1086
1999	0.0520	0.0246	0.0689	0.0458	0.1462
2000	0.0540	0.0277	0.0753	0.0481	0.1622
2001	0.0421	0.0331	0.0615	0.0528	0.1737
2002	0.0450	0.0393	0.0688	0.0584	0.1957
2003	0.0515	0.0452	0.0699	0.0651	0.2143
2004	0.0598	0.0541	0.0734	0.0731	0.2414
2005	0.0689	0.0616	0.0773	0.0781	0.2663
2006	0.0763	0.0686	0.0783	0.0826	0.2913
2007	0.0884	0.0803	0.0894	0.0921	0.3370
2008	0.0959	0.0985	0.1092	0.1053	0.3973
2009	0.0966	0.1118	0.1297	0.1115	0.4387
2010	0.1135	0.1343	0.1417	0.1210	0.5002
2011	0.1284	0.1428	0.1656	0.1349	0.5665
2012	0.1369	0.1540	0.1896	0.1466	0.6227
2013	0.1477	0.1607	0.2030	0.1561	0.6636
2014	0.1559	0.1664	0.2159	0.1634	0.6984
2015	0.1598	0.1608	0.2387	0.1736	0.7305
2016	0.1642	0.1611	0.2596	0.1840	0.7685
2017	0.1783	0.1649	0.2804	0.1950	0.8187
2018	0.1912	0.1673	0.3020	0.2082	0.8690

资料来源：依据《中国统计年鉴》（2019）中相关数据计算而得。

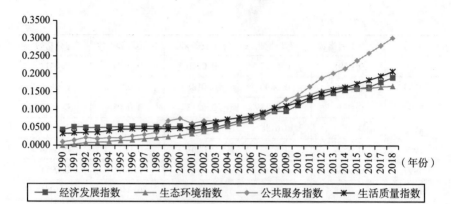

图 4-8　1990~2018 年我国人口城市化质量各维度指数

资料来源：依据《中国统计年鉴》（2019）中相关数据计算而得。

根据上文选取的城市化质量指标体系及变异系数方法确定的指标权重构建城市化质量综合指数，测算人口城市化综合质量指数，具体公式为：

$$Z_j = \sum_{j=1}^{n} w_j x_{ij} \qquad (4-8)$$

其中，Z_j 为质量综合指数，w_j 为权重系数，x_{ij} 为分维度质量指数。

由人口城市化质量综合指数计算结果可以看出，近 30 年来我国城市化质量综合指数一直呈上升趋势，且上升速度平稳，并没有明显的阶梯状或者跳跃式上升或下降。人口城市化质量综合指数由 1990 年的 0.0871 上升至 2018 年的 0.8690，扩大到原来水平的近 10 倍，共增长了 0.7819。

城市化水平与质量既存在协同关系又有一定的失衡性，见图 4-9。无论是城市化率还是城市化质量指数，在 1990 年到 2018 年之间都是一种不断上升的状态，说明城市化水平和城市化质量有一种内在的联系，城市化水平的上升在一定程度上带动了城市化质量的上升。与此同时，城市化水平与质量之间又存在一定的差异和失衡状况。2010 年后城市化质量发展速度明显快于城市化水平，城市化质量指数增长速度远超城市化水平指数，表明城市化进程中质量逐渐提升，超过了城市化水平的增长速度，质量发展优势越来越突出。

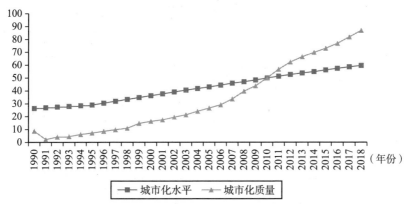

图 4 - 9　1990～2018 年我国人口城市化水平与质量指数变化趋势

资料来源：依据《中国统计年鉴》（2019）中相关数据计算而得。

（二）人口城市化质量省际差异

人口城市化质量体现在经济发展、生态环境、公共服务和生活质量四个方面，各个维度的指标权重依然采用离差系数法确定。本书选取2018 年相关统计数据对全国 31 个省（区、市）人口城市化质量进行综合评价。首先对经济发展、生态环境、公共服务和生活质量四个维度的各指标进行单独分析，再利用综合指标法计算各省域的综合得分，从而对各地区人口城市化质量进行综合评价。结合 2018 年各个省份实际数据得到其城市化质量分类及综合指数，见表 4 - 11 和图 4 - 10。

表 4 - 11　　　　　2018 年我国省际人口城市化质量指数

指标	经济发展指数	生态环境指数	公共服务指数	生活质量指数	综合指数
北京	0.5136	0.3026	0.0779	0.5312	1.4253
天津	0.3303	0.2938	0.0438	0.4098	1.0777

续表

指标	经济发展指数	生态环境指数	公共服务指数	生活质量指数	综合指数
河北	0.1273	0.1644	0.0357	0.1302	0.4576
山西	0.0992	0.1222	0.0274	0.1058	0.3546
内蒙古	0.1005	0.1242	0.0235	0.2164	0.4645
辽宁	0.1534	0.1580	0.0389	0.2295	0.5797
吉林	0.1638	0.1259	0.0215	0.1537	0.4649
黑龙江	0.1149	0.0966	0.0192	0.1326	0.3632
上海	0.5371	0.3634	0.0676	0.5524	1.5205
江苏	0.3975	0.2989	0.0701	0.3355	1.1020
浙江	0.3191	0.2364	0.0884	0.3767	1.0206
安徽	0.1461	0.2256	0.0382	0.1684	0.5782
福建	0.2493	0.1774	0.0580	0.2634	0.7482
江西	0.1441	0.1527	0.0399	0.1335	0.4702
山东	0.2543	0.2317	0.0434	0.2379	0.7673
河南	0.1593	0.1808	0.0365	0.0924	0.4690
湖北	0.2039	0.1349	0.0397	0.1910	0.5696
湖南	0.1882	0.1725	0.0333	0.1524	0.5465
广东	0.4805	0.2627	0.0673	0.3201	1.1306
广西	0.0996	0.1412	0.0464	0.1260	0.4132
海南	0.1069	0.1403	0.0414	0.2122	0.5008
重庆	0.1950	0.1737	0.0454	0.2161	0.6302
四川	0.1743	0.1089	0.0444	0.1661	0.4937
贵州	0.0810	0.1198	0.0334	0.0707	0.3049
云南	0.0876	0.0934	0.0309	0.0648	0.2767
西藏	0.1343	0.0379	0.0308	0.1560	0.3589
陕西	0.1664	0.1045	0.0379	0.1355	0.4444

续表

指标	经济发展指数	生态环境指数	公共服务指数	生活质量指数	综合指数
甘肃	0.0411	0.0695	0.0322	0.0980	0.2408
青海	0.0409	0.0733	0.0396	0.1301	0.2839
宁夏	0.0515	0.1614	0.0363	0.1919	0.4413
新疆	0.0693	0.1369	0.0382	0.1510	0.3954

资料来源：依据《中国统计年鉴》（2019）中相关数据计算而得。

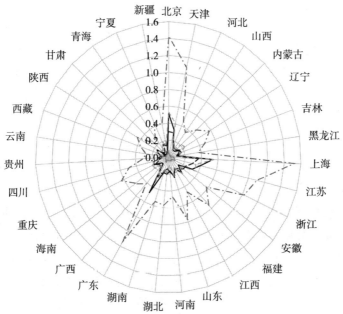

图 4 - 10　2018 年我国省级人口城市化各维度质量指数

资料来源：依据《中国统计年鉴》（2019）中相关数据计算而得。

　　我国 31 个省（区、市）人口城市化质量各维度指数差异明显，地区间城市化质量差异显著。无论是综合指数曲线还是各维度指数曲线，均是有别于圆形的不规则图形。一方面，在四个维度中，并不是一个维度包围一个维度而是相互交错分布，有重合点，说明不是某一个维度一直占据主导地位；另一方面，从图形中可以明显看出，北京、上海、广东、江苏等发达地区各个维度的数值都很大，表明其城市化水平与质量总体均占据优势地位，而西藏、云南、贵州、青海等省份城市化程度明显较低，城市化质量有待进一步提升。

从图 4-10 可以看出，四个分类指数和综合指数的五条趋势线走势基本一致，也就是说综合指数高的省份，四个维度的分类指数普遍较高，但是各个省份之间也存在一定差异。经济发达的省份，如江苏、浙江、上海、北京、天津等，其经济发展指数和生活质量指数较高，而一些西部地区生态环境指数相对较高，这是由于西部地区生态环境保护效果较好，经济发展对其产生的环境负效应较低。随着时间的推移，各个维度曲线趋于一致，表明各个指标变动趋势趋同，城市化各系统的协调性越来越高。

我国各省份城市化质量按照指数值可以划分 4 个等级：第一（高质量）等级包括北京、上海、江苏、广东和浙江；第二等级包括福建、山东、重庆；第三等级为湖南、湖北、海南、安徽、辽宁、四川等省；第四等级包括河北、内蒙古、河南、云南、贵州、江西、山西、陕西、青海、宁夏、甘肃、新疆、西藏、吉林、黑龙江、广西等地区，人口城市化质量水平相对较低。人口城市化低质量区域较多，高质量区域相对较少，两者差距较大，可见，城市化质量呈现非均衡的分布态势。

第三节　人口城市化水平与质量协调性检验

一、人口城市化水平与质量协调度模型构建

测量人口城市化水平的核心指标是城镇化率，可以反映城市化发

展速度;而如果要衡量城市化发展质量的高低,就必须涉及经济发展、公共服务、生态环境和生活质量多个维度。本书在研究城市化水平和质量的协调性时,用城市化率表示城市化发展水平,用城市化质量综合指数表示城市化发展质量,人口城市化水平与质量的协调度测算模型见公式(4-9)。

$$UE_{(i)} = \left\{ \frac{Z_{(i)} - V_{(i)}}{|Z_{(i)} - V_{(i)}|} \left[1 - \frac{\min\{Z_{(i)}, V_{(i)}\}}{\max\{Z_{(i)}, V_{(i)}\}} \right] \right\} \qquad (4-9)$$

公式(4-9)中,$UE_{(i)}$为城市化水平与质量的协调度,$Z_{(i)}$为第 i 年城市化质量综合指数,$V_{(i)}$为第 i 年城市化水平指数。具体划分标准如下:$UE_{(i)} \leq -0.5$ 时,人口城市化水平与质量为过度失衡型;$-0.5 < UE_{(i)} \leq 0$ 时,人口城市化水平与质量为低度失衡型;$0 < UE_{(i)} \leq 0.5$ 时,人口城市化水平与质量为低度协调型;$0.5 < UE_{(i)} \leq 0.8$ 时,人口城市化水平与质量为适度协调型;$0.8 < UE_{(i)} \leq 1$ 时,人口城市化水平与质量为高度协调型。

二、人口城市化水平与质量协调度测算结果

(一) 人口城市化水平与质量协调度测算

对人口城市化发展程度的判定不仅仅看城镇化率及其增长速度,更要看人口城市化综合质量水平,通过人口城市化水平与质量的协调度测算结果来判断二者的协调关系,具体测算结果见表4-12。近些年来,我国城市化水平和质量均不断上升,但是上升快慢存在差异,二者的协调发展程度随着时间的变化而变化。2001 年之前,$UE_{(i)} < -0.5$,城市化水平与质量过度失衡;2002~2009 年,$-0.5 < UE_{(i)} \leq 0$,城市化水平与质量低度失衡;2010~2018 年,$-0.5 < UE_{(i)} \leq 0$,城市化质量与水平低度协调。这种变化与我国近年来发展目标一致。城市化初始阶段,我国片面追求城市化速度,忽视了城市化质量发展。随着经济的发展和对更舒适生活环境的追求,城市化质量逐渐得到提升。

表4-12 1991~2018年我国人口城市化水平与质量协调度变动趋势

年份	城市化水平	城市化质量	协调度	协调状态	年份	城市化水平	城市化质量	协调度	协调状态
1991	26.94	2.17	-0.92	过度失衡	2005	42.99	26.63	-0.38	低度失衡型
1992	27.46	4.11	-0.85	过度失衡	2006	44.34	29.13	-0.34	低度失衡型
1993	27.99	4.49	-0.84	过度失衡	2007	45.89	33.70	-0.27	低度失衡型
1994	28.51	6.10	-0.79	过度失衡	2008	46.99	39.73	-0.15	低度失衡型
1995	29.04	7.23	-0.75	过度失衡	2009	48.34	43.87	-0.09	低度失衡型
1996	30.48	8.54	-0.72	过度失衡	2010	49.95	50.02	0.00	低度协调型
1997	31.91	9.71	-0.70	过度失衡	2011	51.27	56.65	0.10	低度协调型
1998	33.35	10.86	-0.67	过度失衡	2012	52.57	62.27	0.16	低度协调型
1999	34.78	14.62	-0.58	过度失衡	2013	53.73	66.36	0.19	低度协调型
2000	36.22	16.22	-0.55	过度失衡	2014	54.77	69.84	0.22	低度协调型
2001	37.66	17.37	-0.54	过度失衡	2015	56.1	73.05	0.23	低度协调型
2002	39.09	19.57	-0.50	低度失衡	2016	57.35	76.85	0.25	低度协调型
2003	40.53	21.43	-0.47	低度失衡	2017	58.52	81.87	0.29	低度协调型
2004	41.76	24.14	-0.42	低度失衡	2018	59.58	86.90	0.31	低度协调型

资料来源：依据《中国统计年鉴》（2019）中相关数据及公式（4-9）计算而得。

（二）人口城市化水平与质量省际协调度测算

由2018年人口城市化水平与质量协调度的测算结果可知，我国人口城市化水平与质量存在一定程度的不协调，近期协调度虽有所提升，但是与理想目标仍然存在一定差距。我国幅员辽阔，存在明显的区域差异，各地区城市化水平与质量协调程度见表4-13。由人口城市化水平与质量协调度省际差异可以看出，有10个省份城市化水平与质量处于协调状态，其中北京、上海、江苏、广东为适度协调型，天津、浙江、安徽、福建、山东、西藏处于低度协调状态。其余21个省份城市化水平与质量为低度失衡型，无过度失衡型省份。

表 4 - 13　　　　　2018 年我国人口城市化水平与质量协调度省际差异

地区	城市化率	城市化质量	协调度	协调状态
北京	86.50	142.53	0.65	适度协调型
天津	83.15	107.77	0.30	低度协调型
河北	56.43	45.76	-0.19	低度失衡型
山西	58.41	35.46	-0.39	低度失衡型
内蒙古	62.71	46.45	-0.26	低度失衡型
辽宁	68.10	57.97	-0.15	低度失衡型
吉林	67.53	46.49	-0.31	低度失衡型
黑龙江	60.10	36.32	-0.40	低度失衡型
上海	88.10	152.05	0.73	适度协调型
江苏	69.61	110.20	0.58	适度协调型
浙江	68.90	102.06	0.48	低度协调型
安徽	54.69	57.82	0.06	低度协调型
福建	65.82	74.82	0.14	低度协调型
江西	56.02	47.02	-0.16	低度失衡型
山东	61.18	76.73	0.25	低度协调型
河南	51.71	46.90	-0.09	低度失衡型
湖北	60.30	56.96	-0.06	低度失衡型
湖南	56.02	54.65	-0.02	低度失衡型
广东	70.70	113.06	0.60	适度协调型
广西	50.22	41.32	-0.18	低度失衡型
海南	59.06	50.08	-0.15	低度失衡型
重庆	65.50	63.02	-0.04	低度失衡型
四川	52.29	49.37	-0.06	低度失衡型
贵州	47.52	30.49	-0.36	低度失衡型
云南	47.81	27.67	-0.42	低度失衡型
西藏	31.14	35.89	0.15	低度协调型

续表

地区	城市化率	城市化质量	协调度	协调状态
陕西	58.13	44.44	−0.24	低度失衡型
甘肃	47.69	24.08	−0.50	低度失衡型
青海	54.47	28.39	−0.48	低度失衡型
宁夏	58.88	44.13	−0.25	低度失衡型
新疆	50.91	39.54	−0.22	低度失衡型

资料来源：依据《中国统计年鉴》(2019) 中相关数据及公式 (4-9) 计算而得。

由以上省际城市化水平和质量的测算结果可以看出，目前 31 个省份均未达到城市化水平与质量高度协调的理想状态，各地区人口城市化水平与质量的协调性差异显著，经济高度发达地区，城市化水平和质量同步快速提升，处于适度协调状态，大多数地区城市化质量的提升速度滞后于城市化水平增长速度，导致城市化水平与质量仍然存在一定程度的失衡，见表 4-14。

表 4-14　　　　2018 年我国省级城市化水平与质量协调发展类型

类型	省份
适度协调型	北京、上海、江苏、广东
低度协调型	天津、浙江、安徽、福建、山东、西藏
低度失衡型	河北、山西、内蒙古、辽宁、吉林、黑龙江、江西、海南、河南、湖北、湖南、广西、四川、重庆、贵州、云南、陕西、甘肃、青海、宁夏、新疆

第四节　人口城市化水平与质量协调度影响因素

人口城市化水平与质量的协调程度对经济稳定增长、居民福祉提升以及社会和谐发展具有重要意义。协调度测算结果显示，无论是全国范围还是省级地域间，人口城市化水平与质量都存在一定程度的不协调，这种不协调受城市化质量各个维度综合影响。

一、人口城市化质量分类指数相关性检验

人口城市化水平与质量的协调发展受多方面因素共同影响，为了进一步验证人口城市化水平与质量的协调度，需要对经济发展维度、生态环境维度、公共服务维度和生活质量维度进行分析，测算这四个维度对人口城市化水平与质量协调度的影响程度。在用四个维度进行测算时，首先要进行单个样本检验以确定其稳定性，由 SPSS 20.0 测算的结果见表 4 - 15。

表 4 - 15　　1990~2018 年我国城市化质量分类指数稳定性检验结果

单个样本检验						
项目	检验值					
	t	df	Sig（双侧）	均值差值	差分95%置信区间	
					下限	上限
经济发展指数	9.495	26	0.000	0.0893963	0.070043	0.108750
生态环境指数	5.931	26	0.000	0.0691963	0.045216	0.093177
公共服务指数	6.249	26	0.000	0.1052593	0.070635	0.139884
生活质量指数	8.512	26	0.000	0.0913889	0.069320	0.113458
质量综合指数	6.262	26	0.000	0.3265926	0.219390	0.433795

由单个样本检验结果可知，Sig（显著性）<0.01，数据显著，且符合 95% 的置信区间，表明四类指数具有较好的稳定性。本书以经济发展指数、生态环境指数、公共服务指数和生活质量指数作为解释变量，以城市化水平与质量协调度作为被解释变量，相关性检验的结果见表 4 - 16。

表 4 – 16　　　　1990～2018 年我国人口城市化质量指数相关性分析

检验值		y	x1	x2	x3	x4
皮尔森（Pearson）相关	y	1.000	0.980	0.990	0.990	0.996
	x1	0.980	1.000	0.972	0.972	0.988
	x2	0.990	0.972	1.000	0.968	0.987
	x3	0.990	0.972	0.968	1.000	0.987
	x4	0.996	0.988	0.987	0.987	1.000
显著性（单尾）	y	0.000	0.000	0.000	0.000	0.000
	x1	0.000	0.000	0.000	0.000	0.000
	x2	0.000	0.000	0.000	0.000	0.000
	x3	0.000	0.000	0.000	0.000	0.000
	x4	0.000	0.000	0.000	0.000	0.000

　　四个分类指数与被解释变量的 Pearson 相关性大于 0.95，即经济发展指数、生态环境指数、公共服务指数和生活质量指数的 R^2 分别为 0.980、0.990、0.990 和 0.996，与协调度相关性很强。与此同时 Sig（显著性）< 0.01，显著状态为极强显著。可见，人口城市化质量四个分类指数对协调度影响较大，是影响城市化水平与质量协调性的关键要素。

二、人口城市化质量分类指数影响程度分析

　　我国城市化水平与质量关系经历了从过度失衡到低度失衡再到低度协调的发展历程。1990～2001 年城市化水平与质量严重不协调，城市扩张方式粗放，城市化质量极端滞后；2002～2009 年二者协调性有所改善，但是质量水平仍然偏低；2009 年以后，由于人口城市化质量指数快速提高，与城市化水平发展差距不断缩小，二者协调程度不断提高，见图 4 – 11。

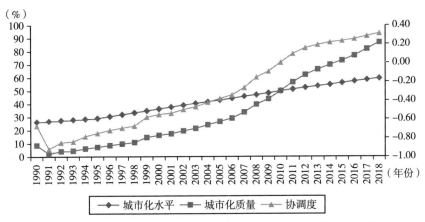

图 4 - 11　1990～2018 年我国人口城市化水平与质量协调度变动趋势

资料来源：依据《中国统计年鉴》（2019）中相关数据及公式（4 - 9）计算而得。

人口城市化质量测量维度中，经济发展指数对协调度的影响程度较大。在其他因素不变的前提下，经济发展指数与协调度的相关系数达到 0.98。经济发展维度涉及六个指标，分别为人均 GDP、公共财政预算收入、外贸进出口总额、第二三产业贡献率、第二三产业就业比重和万元 GDP 能耗。改革开放以来，我国经济取得了翻天覆地的变化，经济发展带动城市人发展，城市化水平进一步提高，从 1990 年的 26.41%，上升到 2018 年的 59.58%，上升了近 33 个百分点，测量经济发展指数的 6 个指标从经济增长、结构优化、就业收入、对外开放程度等角度反映出城市化的丰硕成果及促进因素，深度影响着城市化水平与质量的协调性关系。

城市化水平与质量的协调度还与生态环境治理水平密切相关，生态环境指数包括人均绿地面积、环境治理投资额、工业固体废物综合利用量和建成区绿化覆盖率等六个指标。随着城市规模不断扩张，人口集聚加快，城市污染程度加深，拥挤成本不断增长，环境质量受到严重威胁。2006 年之前各个生态环境指标变化不大，城市化主要表现为粗放型增长；2006 年之后，生态环境指数有所增长，虽然城市化进程加快产生了一系列环境问题，但与此同时环境治理投入也在不断增大，治理效果明显改进。有些城市地区尽管城市化水平极高，但是由于环境质量下降，人口规模超过了环境承载力，影响到城市居民的身体健康及生活舒适性，使城市化发展面临严峻挑战，客观上制约了城市化水平的进一步提升。

随着经济实力增强，生态环境优化，政府把资金更多投向了公共服务领域。公共服务指数主要包括财政社会保障和就业支出、人均医疗卫生支出、人均生活用水量、互联网上网人数、公共图书馆图书流通人次、教育支出占 GDP 比重和就业人员数量等指标。随着城市化水平的提升，城市集聚效应得到充分发挥，公共服务水平得到了极大的提升，城市化质量有了明显的改善，二者协调性不断增强。

在经济得到发展、生态环境得到改善、公共服务质量显著上升的条件下，人们生活水平和生活质量也得到了不断提高。生活质量涉及的变量包括人口平均预期寿命、职工平均工资、恩格尔系数、人均城市道路面积、城镇人均每年可支配收入和人均消费支出。人口平均预期寿命、职工平均工资、人均城市道路面积、城镇人均每年可支配收入和人均消费支出与生活质量指数曲线一致，恩格尔系数作为负指标，呈下降趋势。总体来看城市居民的生活质量明显改善，收入和消费水平同趋势增长，消费结构不断趋向高级化，健康素质水平不断提升。

从31个省（区、市）人口城市化水平与质量的协调度测算结果来看，区位优势起着至关重要的作用。从图4-12可以看出，长三角、珠三角、环渤海等东部沿海地区城市化水平和质量普遍高于中西部内陆地区，呈阶梯状分布，由东向西，城市化水平和质量逐级降低，这与我国东部地区地理位置有关，其开放程度高，经济增长水平和市场化程度都远远高于其他地区。此外，政策支持对地区的城市化发展速度和质量也会产生巨大影响，东部沿海地区市场经济发展得比较早，政府对部分沿海城市注入了大量资本和技术，极大地推动了东部沿海地区的繁荣，城市经济得到迅猛发展，其中最为典型的就是广东和江浙沪地区。未来不同地区城市化水平与质量的协调发展还将依赖于全国的经济和产业政策引导，并将政策扶持转化为现实的发展动力。

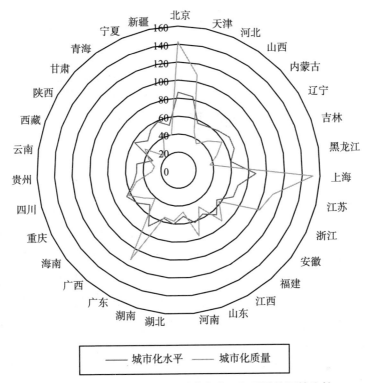

图 4 – 12　2018 年我国省际城市化水平与质量协调性比较

资料来源：依据《中国统计年鉴》（2019）中相关数据及公式（4 – 9）计算而得。

第五章

人口城市化水平与质量
协调效应检验

任何影响城乡居民收入水平的经济与社会差异，都会直接或间接地影响人口城市化过程，而人口城市化过程又往往会反向改变城乡之间的经济活动、收入分配，甚至是人口增长形式。人口城市化水平与质量协调发展的社会经济效应主要有经济增长、效率提升、结构优化和差距调节四大效应，其中经济增长效应最为显著，已在人口城市化水平与经济增长联动模型中详细论证，本章重点讨论人口城市化的效率提升、结构优化和差距调节三大效应。

第一节　城市化、效率改进与全要素生产率

城镇化所带来的要素集聚效应使得市场规模扩大，形成单个企业生产成本下降的规模效应，同时城镇化使得劳动分工更为具体，产生更加精细化的分工效应，提高企业生产效率，从而促进全要素生产效率改进。城镇化的产业集聚效应，有利于低效率企业向高效率企业模仿学习，促进产城融合和产业链的延长；同时城镇化发展过程中金融、物流等现代服务业的快速发展，能够显著改善城镇经济发展水平，促进全要素生产率的提高。首先，城市具有专业化特征。城市中的企业、高校以及研究所数量相对较多，人才和资本云集，形成了区域资源共享，提高了

经济的整体创新能力和效率改进空间。城市竞争相对激烈，相同产业不同企业之间的激烈竞争能够使企业更专业化地进行生产运营，推动了企业的技术创新；高校及研究院所之间的竞争加剧，也促使了知识创新的产生。其次，城市具备多样化环境。城市中不同领域的企业和人才集聚，促进了不同行业、不同知识背景的人才交流，这就意味着知识和技术的传播与交流，有利于新知识、新技术的产生和应用。城镇创新协同与创新环境条件的改善，进一步促进了城市功能的快速发展完善以及提供更多的产权合作机会，这些城镇化创新质量的改善都将引起全要素生产率的大幅度提升。

一、全要素生产率水平测度方法

全要素生产率是各要素（资本和劳动力等）投入之外的技术进步和效率改进程度，重点体现技术进步对经济增长的贡献，是经济增长的核心动力要素。目前有两种主要方法可用来测度全要素生产率：一种是参数方法，包括索洛余值法、超越对数生产函数和随机前沿生产函数；另一种是指数方法，如 DEA – Malmquist 指数。本书将采用指数模型来测算全要素生产率。

Malmquist 生产率指数是基于 DEA 模型采用距离函数的比率来计算投入产出的效率。该指数最初由瑞典经济学家和统计学家马尔姆奎斯特（Sten Malmquist，1953）提出，用于消费指数的定量分析，后来凯夫斯（Caves）、克里斯滕森（Christensen）和迪沃特（Diewert）提出了 CCD 模型，将马尔姆奎斯特的思想用于分析生产率增长，从而极大地丰富了生产力增长的测算方法。随着距离函数理论和生产力增长理论研究的发展，法尔（Färe，1994）提出了基于规模收益不变的（FGNZ）Malmquist 指数，同时把生产率的增长分解为技术进步（TC）和技术效率增进（TEC）两部分，利用距离函数计算两个 Malmquist 生产率指数的几何平均数表示生产率的变化[1]。

---

[1] Caves D, Christensen L and Diewert D, The ecomomic theory of index numbers and the measurement of input, output and productivity. *Econometrica*, Vol. 50, 1982, pp. 1394 – 1414.

对于一个投入产出系统，假设有 n 个生产要素投入，m 个产出，生产技术 S^t 表示在时间 $t=1, \cdots, T$ 把投入 $x^t \in R_+^n$ 转化为 $y^t \in R_+^m$，定义为：

$$S^t = \{ [x^t, y^t] : x^t \text{ 能产生 } y^t \} \tag{5-1}$$

这里，假设 S^t 满足某些公理，其中技术进步指数反映的是生产前沿的外推（Färe，1994），也就是最优技术的变化，而不反映决策单位（如厂商、国家或地区）的真实技术水平变化，测算得到的技术变化指数对于决策单位而言是外生变量。技术效率增进指数既与生产前沿相关，也与决策单位自身特征相关，与技术进步指数不同，技术效率增进指数变化是决策单位内生的。假定规模效率是固定的，因为对于一个国家或地区而言，其土地、自然资源等要素禀赋是给定的，规模不能自行决定，也不可能随意改变，因此应设定有意义的产出距离函数。

根据法尔等（Färe et al.，1994）定义[1]，距离函数是法雷尔（Farrell，1957）技术效率的倒数，θ 为达到生产前沿面时产出要素的增加比率，从而可以定义时期 t 的参考技术 S^t 的产出距离函数：

$$D_0^t(x^t, y^t) = \inf \left\{ \theta : \left(x^t, \frac{y^t}{\theta} \right) \in S^t \right\} = \{ \sup [\theta : (x^t, \theta y^t) \in S^t] \} \tag{5-2}$$

产出距离函数可以看作某一生产点 (x^t, y^t) 向理想的最大产出点压缩的比例。如果 $D_0^t(x^t, y^t) = 1$，(x^t, y^t) 在生产前沿面上，生产在技术上是有效率的；如果 $D_0^t(x^t, y^t) < 1$，(x^t, y^t) 在生产前沿面内部，则生产在技术上是无效率的；如果 $D_0^t(x^t, y^t) > 1$，(x^t, y^t) 在生产前沿面外部，生产在技术上是无效的。

以 t 时期的技术为参照，从时期 t 到 t+1 技术效率变化的 Malmquist 指数可以表示为：

$$M_0^t = \frac{D_0^t(x^{t+1}, y^{t+1})}{D_0^t(x^t, y^t)} \tag{5-3}$$

① Färe, R, Grosskopf, S. Norris, M and Zhang. Z, Countries, Productivity Growth, Technical Progress and Efficiency Change in Industrialized Countries. *American Economic Review*, 1994, pp. 84.

以 t + 1 时期的技术为参照，基于产出角度的 Malmquist 指数可以表示为：

$$M_0^{t+1} = \frac{D_0^{t+1}(x^{t+1}, y^{t+1})}{D_0^t(x^t, y^t)} \qquad (5-4)$$

其中，(x^t, y^t) 表示第 t 期的投入产出量，(x^{t+1}, y^{t+1}) 表示第 t + 1 期的投入产出量，D_0^t 和 D_1^{t+1} 分别表示以 t 时期的技术和 t + 1 时期的技术为参照的距离函数。

利用法尔（Färe et al.，1997）的研究思路，将 Malmquist 生产率变化指数分解为技术效率增进和技术进步两部分，用 t 期和 t + 1 期的两个 Malmquist 生产率指数的几何均值来计算生产率的变化。因此，可将以产出为基础的 Malmquist 生产率指数定义为公式（5-3）和公式（5-4）的几何平均数，并分解为：

$$M_0(x^{t+1}, y^{t+1}, x^t, y^t)$$

$$= \left\{ \left[\frac{D_0^{t+1}(x^{t+1}, y^{t+1})}{D_0^t(x^t, y^t)} \right] \left[\frac{D_1^{t+1}(x^{t+1}, y^{t+1})}{D_1^{t+1}(x^t, y^t)} \right] \right\}^{1/2}$$

$$= \frac{D_1^{t+1}(x^{t+1}, y^{t+1})}{D_0^t(x^t, y^t)} \left\{ \left[\frac{D_0^t(x^{t+1}, y^{t+1})}{D_0^{t+1}(x^{t+1}, y^{t+1})} \right] \left[\frac{D_0^t(x^t, y^t)}{D_1^{t+1}(x^t, y^t)} \right] \right\}^{1/2}$$

$$= E(x^{t+1}, y^{t+1}, x^t, y^t) \ T(x^{t+1}, y^{t+1}, x^t, y^t)$$

$$= TEC \cdot TC$$

$$= PEC \cdot SEC \cdot PTC \cdot STC \qquad (5-5)$$

Malmquist 指数的测算结果即为全要素生产率 TFP，通过公式（5-5）Malmquist 生产率指数的分解可以看出，全要素生产率变化来源于技术创新带来的技术边界变化和对最佳实践边界的追赶带来的技术效率增进。TFP 总体上可以分解为技术效率变化指数 TEC 和技术进步指数 TC 两项，同时技术效率变化指数可以分解为 PEC（纯效率变化）和 SEC（规模效率改进），技术进步指数可以分解为 PTC（技术进步）和 STC（规模技术偏好）。

Malmquist 生产率指数的分解式中 TEC $(x^{t+1}, y^{t+1}, x^t, y^t)$ 测度规模报酬不变且要素自由处置条件下的效率变化指数，即测度 t 期至

t+1 期之间每个观测对象对最佳实践边界的追赶（catching-up）程度，TEC > 1 表明前沿面下的决策单元向前沿面趋近，效率改善，而 TEC < 1 则表明决策单元远离前沿面，效率退步。TC（x^{t+1}，y^{t+1}，x^t，y^t）表示技术进步指数，即测度 t 期至 t+1 期观察对象到最佳实践边界的追赶程度，TC 指数则测度技术边界 t 期至 t+1 期的移动，TC > 1 表示生产可能性边界的向外移动，即技术进步；反之，则技术退步。因此，Malmquist 生产率指数大于 1，生产率增长；Malmquist 生产率指数等于 1，生产率不变；Malmquist 生产率指数小于 1，生产率降低。具体来说，PEC > 1 表明规模报酬效率改善，对 TFP 提高起到促进作用，反之则效率退步；SEC > 1 表示相对于第 t 期，第 t+1 期更接近固定规模报酬，表示该地区的创新实现了规模经济，SEC < 1 则远离固定规模报酬，说明当前规模下的创新生产力发展受规模的限制；STC < 1 说明当前时期创新能力使效率水平降低，STC = 1 说明此时技术水平在当前规模下达到最佳，STC > 1 说明当前规模下的创新生产力水平有改进空间；同理，若 PTC > 1，则表示该区域技术水平有所提高。

二、全要素生产率水平测算结果

根据 Malmquist 指数方法，利用 2000～2018 年全国面板数据，运用 DEAP 2.1 软件中的 DEA-Malmquist 指数模型对全要素生产率水平进行了测算，2000～2018 年我国全要素生产率、技术效率增进和技术进步测算结果见表 5-1 和图 5-1。

表 5-1　　　　2000～2018 年中国全要素生产率及其构成

年份	PTC	STC	PEC	SEC	TFP	PTC 偏离度（%）	STC 偏离度（%）	PEC 偏离度（%）	SEC 偏离度（%）	TFC 偏离度（%）
2000	1.043	0.985	0.993	0.992	1.027	4.30	-1.50	-0.70	-0.80	2.70
2001	1.042	0.988	0.993	0.995	1.03	4.20	-1.20	-0.70	-0.50	3.00
2002	1.04	0.994	0.992	1.002	1.034	4.00	-0.60	-0.80	0.20	3.40

续表

年份	PTC	STC	PEC	SEC	TFP	PTC 偏离度（％）	STC 偏离度（％）	PEC 偏离度（％）	SEC 偏离度（％）	TFC 偏离度（％）
2003	1.046	0.994	0.993	1.001	1.04	4.60	− 0.60	− 0.70	0.10	4.00
2004	1.057	0.984	0.999	0.985	1.04	5.70	− 1.60	− 0.10	− 1.50	4.00
2005	1.058	0.978	1.001	0.977	1.034	5.80	− 2.20	0.10	− 2.30	3.40
2006	1.052	0.985	0.988	0.997	1.036	5.20	− 1.50	− 1.20	− 0.30	3.60
2007	1.054	0.99	0.979	1.011	1.043	5.40	− 1.00	− 2.10	1.10	4.30
2008	1.054	0.977	0.982	0.994	1.029	5.40	− 2.30	− 1.80	− 0.60	2.90
2009	1.023	0.994	0.991	1.004	1.018	2.30	− 0.60	− 0.90	0.40	1.80
2010	1.056	0.979	0.98	0.999	1.034	5.60	− 2.10	− 2.00	− 0.10	3.40
2011	1.062	0.967	0.986	0.981	1.027	6.20	− 3.30	− 1.40	− 1.90	2.70
2012	1.056	0.965	0.991	0.973	1.019	5.60	− 3.50	− 0.90	− 2.70	1.90
2013	1.012	1.002	1.004	0.998	1.013	1.20	0.40	0.40	− 0.20	1.30
2014	1.044	0.973	0.989	0.984	1.015	4.40	− 2.70	− 1.10	− 1.60	1.50
2015	1.034	0.987	0.997	0.99	1.02	3.40	− 1.30	− 0.30	− 1.00	2.00
2016	1.032	0.989	0.998	0.991	1.02	3.20	− 1.10	− 0.30	− 0.90	2.00
2017	1.037	0.994	1.001	0.993	1.031	3.70	− 0.60	0.10	− 0.70	3.10
2018	1.027	1.004	1.003	1.001	1.031	2.70	0.40	0.30	0.10	3.10
均值	1.044	0.986	0.993	0.993	1.028	4.36	− 1.43	− 0.74	− 0.69	2.85

资料来源：根据 2001～2019 年《中国统计年鉴》计算整理所得。

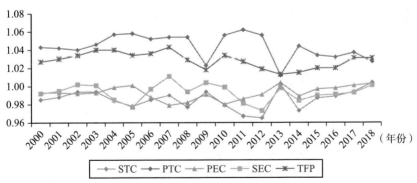

图 5 – 1　2000～2018 年中国全要素生产率及分类指数变动趋势

资料来源：根据 2001～2019 年《中国统计年鉴》计算整理所得。

技术效率可以继续分解为 PEC 和 SEC。PEC 代表决策单元的预计最大产出与实际产出之间的差距；SEC 则表示决策单元在不完全竞争情况下实际生产规模和最优生产规模之间的距离。全要素生产率在 19 年间的平均值为 1.028，表明全要素生产率基本比较稳定。其中规模效率的平均值趋近最高值 1，表明我国的高新技术产业基本都接近于规模报酬最优水平。通过各年度的数据结果还会发现：19 年间全要素生产率一直保持在 1 以上，经济增长趋势稳定，处于技术效率前沿阶段，全要素生产率呈波动变化趋势；规模效率仅有 5 年超过了 1，余下 14 年都较低，说明全国高新技术产业还未完全处于最佳规模状态，产业规模扩大还有一定的提升空间；技术效率在 19 年间均达到了 1，对全要素生产率的变化起了主要的推动作用。

（一）经济增长效率总体趋势分析

通过图 5 - 2 可以看出，2000～2018 年全要素生产率变化较为平稳。全国的 TFP 走势大致可以分为四个增长阶段：2000～2003 年、2005～2007 年、2009～2010 年、2013～2018 年，2005 年、2009 年以及 2013 年分别为区间变化最低点，这与经济增长变化趋势和宏观经济环境变化相吻合，可以从全国经济增长与全要素生产率增长方向的变化得到印证。2000 年以来，随着积极财政政策的实施，尤其是基础设施建设与公共教育支出经济效应的逐步显现，宏观经济逐渐好转，全要素生产率增长率出现逐年攀升的势头；2003～2005 年，随着我国出台政策抑制经济过热，TFP 数值不断下滑；2006～2013 年，全要素生产率增长率总体呈下降趋势，2010 年之前我国 TFP 贡献率的波动比较剧烈，表现为波长较长，波幅不稳定，由于正处于经济转型时期，我国的市场化程度、制度变迁和结构调整等因素的变动往往是剧烈而不稳定的；从 2014 年开始，TFP 贡献率的波动逐渐趋于平缓上升，表现为波长变短，波幅较为稳定，这一变化与我国经济进入稳定的新常态发展阶段有关。

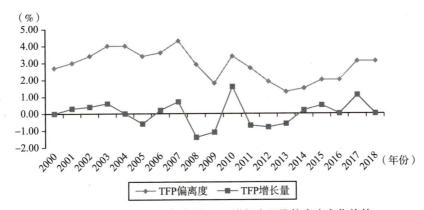

图5-2　2000～2018年全国TFP增长水平及偏离度变化趋势

资料来源：根据2001～2019年《中国统计年鉴》计算整理所得。

（二）技术进步指数发展趋势分析

从时间序列变动趋势来看，技术效率增长与规模效率增长对我国全要素生产率的提升作用始终呈现交替领先态势，但技术效率增长趋势更为明显，有效促进了全要素生产率的提升，加快了经济增长方式转变的步伐。技术效率的变化是PTC（技术进步）和STC（规模技术偏好）共同作用的结果，其中技术进步效率提升作用较为突出。我国技术进步增长率在2000～2018年间波动较为剧烈，但技术进步总体呈上升的态势，年均增长幅度为4.36%，总体均值达到1.044，见图5-3。技术进步指数在2009年之前总体上呈上升趋势，2010～2018年波动幅度较大，2010年达到最低点后迅速回升，2012年达到最高值6.2%，2012～2018年总体呈现波动下降趋势。从技术进步增长量来看，19年中除2002年、2003年、2010年、2014年和2016年以外，其他年份均大于0。2000～2002年我国以资本密集—能源节约型发展为主；2003～2005年能源密集—资本节约型技术进步逐渐占据主导地位；2006～2016年为要素偏向型技术进步，2016～2018年又重回资本密集—能源节约型。

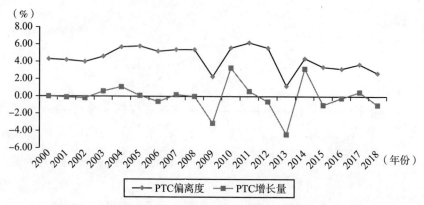

图 5 – 3　2000 ~ 2018 年中国 PTC 增长量及其偏离度变化趋势

资料来源：根据 2001 ~ 2019 年《中国统计年鉴》计算整理所得。

与技术进步指数相比，规模技术偏好效率总体还未达到最优状态，对全要素生产率的拉动作用并不明显，技术效率提升主要得益于技术进步的贡献，见图 5 – 4。2001 ~ 2018 年规模技术偏好增长率均值为0.986，仅在 2013 年和 2018 年超过了规模效率水平。从规模技术偏好增长率的变化量来看，2000 ~ 2018 年平均增加了 0.1 个百分点，下降幅度较大的区间是 2006 ~ 2007 年，平均降幅达到了 1.35 个百分点，其余年份的变化趋势与技术效率大致相同。

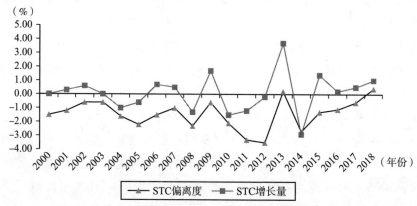

图 5 – 4　2000 ~ 2018 年中国 STC 增长量及其偏离度变化趋势

资料来源：根据 2001 ~ 2019 年《中国统计年鉴》计算整理所得。

（三）　效率变化指数发展趋势

技术进步指数与生产效率指数交替变化共同促进了全要素生产率的提升，生产效率指数变动包括规模效率改进和纯效率两个方面，纯效率指数偏离最优状态的程度及增长趋势见图 5 - 5。从纯效率指数的变动趋势可以看出，2000～2018 年纯效率均值为 0.993，平均增长了 0.05 个百分点，仅有 2005 年、2013 年和 2017～2018 年超过了 1，其余年份均未达到规模报酬最优状态。从纯效率指数的增长趋势来看，除 2002 年、2006～2007 年、2010 年和 2014 年趋于下降外，其中下降幅度最大的年份是 2006～2007 年，年均下降 1.1 个百分点。

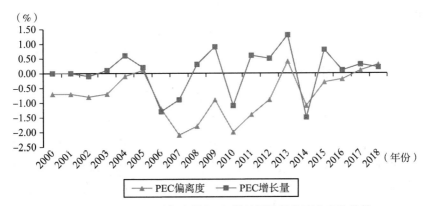

图 5 - 5　2000～2018 年中国 PEC 增长量及其偏离度变化趋势

资料来源：根据 2001～2019 年《中国统计年鉴》计算整理所得。

规模效率指数变动趋势相对于纯效率指数比较稳定。2001～2003 年、2006～2010 年规模效率增长超越了纯技术效率增长，对总体生产效率提升发挥了显著作用。从规模效率指数的变动趋势可以看出，2000～2018 年规模效率平均增长了 0.05%，总体均值为 0.993。除 2002 年、2006～2007 年、2010 年和 2014 年下降外，其余多数年份都呈现微弱上升趋势，见图 5 - 6。

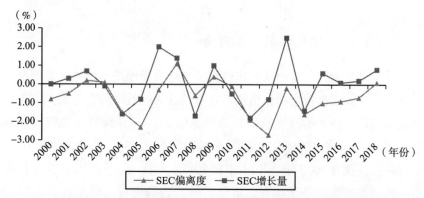

图 5 - 6　2000 ~ 2018 年中国 SEC 增长量及其偏离度变化趋势

资料来源：根据 2001 ~ 2019 年《中国统计年鉴》计算整理所得。

基于以上数据分析，我国经济增长效率总体不断改进，其中贡献最大的是技术进步，规模效率对经济增长的促进作用相对较低。当前，影响全要素生产率提升的主要因素是生产效率水平不高，资源配置不尽合理，规模效率未能充分发挥。随着经济发展水平的不断提升，我国城市化发展进程大大加快，科研院所、高等院校及企业研发部门等在内的各类科研机构多数分布在发达城市地区，为充分获取技术先发优势，大量高技术水平、高附加值行业也集中布局在发达的城市地区，为城市生产技术水平的不断提升创造了良好的社会经济环境，因此城市化有助于促进全要素生产率增长。与此同时，城市地区具备更为充足的资金来源、更高的机械化生产水平与更为丰富的高智力人才储备，且城市经济活动密度大、经济类型多样、对外贸易往来频繁，市场经济体制与竞争机制相对完善，有助于推动城市全要素生产率水平进一步提升，促使更多物质资本、人才与劳动力资源向城市地区集中，有效地提升生产效率水平。

三、城市化效率回归模型分析

城市化对生产率的提升效应可以通过测算城市化率对全要素生产率

的影响来分析。在供给侧改革背景下,依靠资本和劳动要素的投入推动经济增长已成为过去时,提高全要素生产率成为可持续的发展动力。一方面,提高城镇化可以提升人力资源水平、改善资源配置效率,从而对全要素生产率产生正向影响。另一方面,城镇化如果粗放式扩张,不同等级城市趋同化发展会制约全要素生产率的上升,导致生产效率低下,重复建设浪费情况突出。因此,城镇化对于全要素生产率的影响,需要通过计量分析结果进行精准识别。

(一)随机效应模型选取

本章的被解释变量为全要素生产率,使用全要素生产率指数进行衡量,通过 DEA - Malmquist 非参数分析方法计算得到。解释变量为城镇化率,根据 1990~2018 年各省份统计年鉴,使用城镇人口数除以各省份年末总人口数获得,由于西藏和重庆数据缺失,因此采用 29 个省份 19 年数据共 551 个观测值参与模型回归。本章数据为平衡面板数据,对于采用何种面板数据模型,需要经过似然比检验和豪斯曼(Hausman)检验。

首先对模型进行最大似然估计(MLE),以确定是采用混合回归还是固定效应模型。检验原假设为 29 个省份的模型截距项相同。结果见表 5-2,在 1% 的显著性水平下,LR 检验值拒绝原假设,即认为存在随机效应,不能选择混合回归。其次对模型进行豪斯曼检验,以确定使用随机效应模型还是固定效应模型。结果显示原假设为随机效应模型与固定效应模型所估计出的系数没有差别,在 5% 的显著水平下豪斯曼检验的结果并不显著,因此选择随机效应模型。

表 5-2 似然比和豪斯曼检验结果

统计量	LR 检验值	P 值	豪斯曼检验值	P 值
结果	21.960	0.000	0.330	0.848

为了考察城镇化（URB）对于全要素生产率（TFP）的影响效果，本章构建了29个省份面板数据的随机效应模型。为了控制模型的弱内生性偏误，加入地区和时间两个虚拟变量。构建模型如下：

$$TFP_{it} = \alpha + \beta_k URB_{it} + \theta_i + \mu_t + \varepsilon_{it} \qquad (5-6)$$

其中，TFP_{it}代表 i 省第 t 年的全要素生产率，URB_{it}代表 i 省第 t 年的城镇化率，θ_i代表根据省份划分的四个区域虚拟变量，即东部省份、西部省份、中部省份和东北省份，μ_t代表年份虚拟变量，β 为城镇化率的回归系数，若回归系数为正，则说明城镇化率的提高可以促进全要素生产率的提高，反之则没有对全要素生产率产生正向影响。

（二）回归结果分析

本章通过以上分析构建了19年29个省份面板数据的随机效应模型。为了控制模型的弱内生性偏误，加入地区和时间两个虚拟变量，回归结果见表5-3。从回归结果可以得出以下结论：（1）从省份虚拟变量看，与东部省份相比，中部、西部和东北省份的回归系数均为负值，说明这些地区省份的全要素生产率均低于东部省份，我国区域间发展不平衡在全要素生产率上有所体现。（2）从时间虚拟变量看，以1990年为参照组，全要素生产率经历了先上升后下降的变化过程。农业剩余劳动力转移到生产力更高的非农业部门，这是全要素生产率的组成部分，但是劳动力近些年转移速度减缓，并且新生劳动力不足，导致资源优化配置减速。此外，投资率过高和产能过剩在一定程度上也影响了全要素生产率的提升。（3）在5%的显著水平下，城镇化率的系数为正，表明城市化水平对全要素生产率的提高有着正向影响。城镇化的进展蕴含着较大的内需空间，随着其潜能的进一步释放，城镇人口继续增加，由此拉动大量的投资和消费需求，为全要素生产率的提高提供了强大的动力。通过人员流动，城镇化对周边省份产生外溢效应，有利于提高相邻区域省份的全要素生产率。

表 5 - 3　　　　　　　　随机效应模型回归结果

变量	模型参数
参照组（东部省份）	
中部省份	- 0. 0088
西部省份	- 0. 0122 *
东北省份	- 0. 0061 *
参照组（1990）	
1991	0. 0298 ***
1992	0. 0815 ***
1993	0. 0561 ***
1994	0. 0241 ***
1995	0. 0184 **
1996	0. 0308 ***
1997	0. 0154 *
1998	0. 0097
1999	- 0. 0238 **
2000	0. 0016
2001	0. 0042
2002	0. 0114
2003	- 0. 0001
2004	0. 0022
2005	- 0. 0233 **
2006	- 0. 0044
2007	0. 0045
2008	- 0. 0273 ***
2009	- 0. 0352 ***
2010	- 0. 0264 **

变量	模型参数
2011	− 0. 0296 ***
2012	− 0. 0376 ***
2013	− 0. 0449 ***
2014	− 0. 0457 ***
2015	− 0. 0366 ***
2016	− 0. 0336 ***
2017	− 0. 0338 ***
2018	− 0. 345 ***
URB	0. 0445 **
截距项	0. 9997 ***
样本数	783
省份数	29

注：*** 、** 、* 分别表示该系数在1%、5% 和10% 的水平上显著。

可见，1990 年以来我国人口城市化进程不断加快有效提高了全要素生产率水平，这主要得益于农村劳动力的有效配置，使人力资本得到了最有效的利用，同时通过产业升级形成规模效应，表明人口城市化水平与质量正处于不断协调的优化过程中。就地区而言，东部省份的城镇化效率提升效果较好，而中西部和东北地区提升幅度相对较小，经济扩张和城市化推进仍然属于粗放型。

第二节　城市化、结构变迁与产业升级

2018 年中国城市化率达到 59. 58%，已进入高水平城市化发展阶段。从 2014 年起我国已经进入中高速增长的经济新常态阶段，城市化作为未来经济增长的新引擎、新动力，需要产业结构优化升级为支撑。

城市化发展带来人口和要素的集聚，会加快生产性服务业、先进制造业、战略新兴产业的集聚，促进产业层次提高，并产生空间溢出效应，实现产业优化升级。

一、研究基础及基本思路

国内外学者围绕城市化与产业升级开展了较为全面深入的研究。在城市化对产业结构升级影响理论机制方面，干春晖、余典范（2003）认为，城市化的发展促使农村剩余劳动力转移到城镇，提高了劳动生产率，对第一产业发展具有优化作用，城市化发展同时提高了城市竞争力，吸引外资和先进技术，推动产业高级化和产业内部结构优化，支持并推动了第三产业的发展，加快了产业转型，促进了产业结构调整与升级。卡利诺（Calino，2007）认为，城市发展不断吸引人口向城市集聚，而城市竞争性的市场结构进一步加快了城市人力资本积累和知识外溢，促进了技术创新并推动产业升级。考尔科（Kolko，2010）认为，城市化发展不仅促进了生产要素集聚，而且提高了产业之间的协同创新效应，推动了地区产业结构升级。米切尔斯（Michaels，2012）认为，城市的形成源于人口和产业的集聚，而集聚会产生一系列外部性，包括劳动力与资本流动、人力资本积累、知识与技术创新，进一步推动产业发展与升级。

在城市化对产业结构升级影响的实证分析方面，吴福象、沈浩平（2013）以长三角城市群16个核心城市为例，研究了新型城市化与产业结构升级的关系，发现城市化不仅促进了人力资本等创新要素的空间集聚，而且形成了合理的产业分工体系，实现了不同层次城市产业协同发展。蓝庆新、陈超凡（2013）以省级面板数据为基础的研究结果表明，新型城市化对产业结构升级具有强烈的空间冲击，对产业发展层次有显著的提升作用。马子量、郭志仪（2016）利用西北地区30个城市2005~2012年面板数据，采用空间杜宾模型研究了城市化发展对产业升级的推动作用，发现西北地区城市化带来的要素集聚显著促进了产业升级，并且要素集聚对相邻城市的产业升级存在空间溢出效应，但存在 600 千米阈值。李宝礼、胡雪萍（2016）利用中国 345 个城市 2009～2013 年的数据分析了城市化对产业结构升级的影响路径与强度，研究发现人口城市化对产业结构升级具有正向促进作用，主要影响路径为储蓄总额和科技人员数量，而土地城市化不利于产业结构升级。

在城市化发展模式对产业结构升级影响分析方面，崔裴、李慧丽（2012）发现，以美国为代表的内生集中型城市化模式导致资源、人口的过度集中而造成城市病，不利于产业转型升级，而以德国为代表的政府主动选择城市化路径的外生型城市化模式促进了人口的流动，为产业结构升级提供了充分的劳动力资源，推动了产业结构升级。刘志彪（2010）认为，相比工业化发展战略，城市化能够充分消化过剩产能并安置剩余劳动力，实现经济持续增长，并促进产业转型升级。

城市化的发展会带来人口、资源等生产要素在不同空间上的流动、集聚与扩散，而推动产业结构升级，有必要考虑地区之间的空间相关性来考察城市化与产业结构升级的关系。以往研究多为定性考察城市化与产业结构升级的关系，而少量的实证研究采用时间序列 VAR 模型或静态面板数据模型，较少考虑地理单元之间的空间依赖关系而采取空间计量方法分析两者的关系，且大多数学者分析了人口城市化对产业结构升级的影响，而较少考虑土地城市化对产业结构升级的作用。基于此，本章以 1998～2018 年 30 个省级行政区面板数据为研究样本，首先运用静态面板固定效应 FE 和随机效应 RE 模型及动态面板 DIF－GMM 和 SYS－GMM 模型估计了人口城市化、土地城市化与产业结构升级的关系，进一步在考察城市化与产业结构升级空间自相关性的基础上，采用空间杜宾模型（SDM）实证分析了人口城市化、土地城市化对产业结构升级的总效应、直接效应与间接效应。

二、变量选取与描述统计

（一）变量选取及解释

1. 产业结构升级系数（UI）

产业结构升级是一个复杂、系统的过程，学术界尚未得到统一的测度方法。本章采用李逢春（2013）提出的生产效率加权平均法衡量产业结构升级水平，具体测量方法为：

$$UI = \sum_{i=1}^{3} \left(\frac{Y_i}{Y} \cdot \frac{Y_i}{L_i} \right) \qquad (5-7)$$

其中，UI 表示产业结构升级系数；Y 表示国内生产总值 GDP，Y_i 表示第 i 产业产值，Y_i/Y 表示第 i 产业产值比重；L_i 表示第 i 产业就业人口，Y_i/L_i 表示第 i 产业劳动生产率。UI 值越高表示产业结构升级水平越高。

2. 城市化水平（urban）

城市化可以分为人口城市化和土地城市化，本章将研究人口城市化和土地城市化两者对产业结构升级影响是否存在差异。人口城市化（pu）采用城镇人口占常住人口比重指标衡量，土地城市化（lu）采用城市建成区面积占市区行政区面积比重指标衡量。

3. 控制变量

本章在借鉴其他学者研究的基础上，加入以下控制变量。

（1）市场化水平（market）。樊纲等学者编制的市场化指数衡量了各个地区市场化程度高低，在一定程度也可反映一个地区社会中介组织、金融支持、要素与人力资本流动等方面的开放与灵活程度[1]。

---

[1] 王小鲁、余静文、樊纲于 2016 年公布了中国市场化八年进程报告，报告中列出了 2008 年、2010 年、2012 年和 2014 年各省份市场化指数，但此指数测算进行了数据资料和计算基期的调整，报告中公布的过去某些年份指数评分和排序与 2011 年报告有所不同。本章 1999 ~ 2009 年市场化指数变量数据来源于樊纲、王小鲁和朱恒鹏主编的《中国市场化指数：各地区市场化相对进程 2011 年报告》，2010 ~ 2018 年数据运用趋势外推法得到。

市场化指数越高，资源配置效率越高，越能够及时为产业转型升级提供必要的制度、金融与要素支持，从而推动该地区产业结构升级水平的提高。

（2）对外开放度（open）。对外贸易的发展可以通过优化出口结构，促进资源、要素配置到新兴产业，促进产业结构优化升级，同时可以引进国外先进技术、设备等，促进传统产业升级改造，推动新兴产业的发展，实现产业结构优化升级（杜传忠，郭树龙，2011）。本章采用汇率折算的进出口总额占 GDP 比重衡量对外开放度。

（3）外商直接投资（FDI）。外商直接投资不仅是企业发展所需资本要素的重要来源，而且还能带来先进的技术、管理经验等，促进东道国生产工艺、生产技术的提升，同时通过技术溢出、竞争效应等促进地区产业升级。本章采用当年汇率折算的各地区实际利用外商投资总额衡量外商直接投资指标。

（4）财政分权（fd）。财政分权度的提高意味着地方政府可支配财力的扩张，这可以带来技术进步创新溢出以及竞争效应，从而促进产业升级（刘建民、胡小梅，2017）。本章借鉴陈硕和高琳（2012）的方法对财政分权进行度量，财政分权（fd）＝省级人均财政支出/中央本级人均财政支出。

（5）基础设施便利度（ins）。良好便利的基础设施能促进要素、资源的集聚和流动，为产业升级提供必要的环境条件。我们借鉴刘瑞明、石磊（2015）的方法，采用"（公路里程数＋铁路里程数）/地区面积"表征基础设施便利度。

（6）技术进步（tech）。高新技术产业和战略新兴产业的发展离不开先进技术的支持，技术进步有助于促进高新技术产业和战略新兴产业生产效率的提高，导致更多的资源和要素流入该产业。同时，上述产业的快速发展会产生辐射与带动作用，促进其他相关联产业的发展和传统产业的改造升级，从而促进整体的产业升级（杜传忠，郭树龙，2011）。本章技术进步指标采用发明专利授权数量表征。

（二）数据来源及描述性统计

鉴于数据的可获得性和完备性，本章选取了 1998～2018 年 30 个省级行政区①数据构成研究样本，数据主要来源于《中国统计年鉴》《中国劳动统计年鉴》《中国人口与就业统计年鉴》《中国工业经济统计年鉴》及各省份统计年鉴，个别缺失数据采用移动平均法补全，主要变量统计描述见表 5-4。

表 5-4　　　　　　　主要变量描述统计

变量	单位	最小值	最大值	标准差	平均值
UI	—	0.85	42.23	5.51	7.54
pu	%	14.14	89.61	16.01	48.66
lu	%	0.01	19.65	2.74	1.44
market	—	1.49	16.53	2.87	7.31
open	%	1.68	172.22	37.22	30.13
fdi	亿元	0.30	2257.35	428.90	340.90
fd	—	1.11	14.88	2.99	4.79
ins	公里/平方公里	0.02	2.19	0.49	0.70
tech	件	1.00	53259.00	7081.56	3235.69

三、静态与动态面板回归估计

根据对个体特定效应的不同假设，首先采用静态面板固定效应 FE 和随机效应 RE 模型对人口城市化与土地城市化对产业结构升级关系进行估计，结果见表 5-5，其中模型 1 为固定效应估计结果，模型 2 为随机效应估计结果，发现无论是固定效应还是随机效应结果均显示，人口城市化与产业结构升级回归估计系数显著为正，而土地城市化与产业结

---

① 未将西藏和香港、澳门和台湾考虑在内。

构升级回归估计系数显著为负，表明人口城市化会促进产业结构升级，而土地城市化则会抑制产业结构升级。

鉴于产业结构升级受到各方面因素影响，由于部分数据如地区产业政策数据等不可获取，导致不可能将所有影响因素纳入控制变量中进行控制，因而可能出现遗漏变量。此外，变量之间还存在双向因果关系，这两方面因素可能会导致内生性问题。考虑到动态差分 GMM 模型以高阶的滞后变量作为工具变量，可以在一定程度上有效解决遗漏变量和克服因果联立偏误导致的内生性问题，而且系统 GMM 能提高模型估计的准确程度，因此本书采用系统 GMM 模型估算产业结构的升级效应。

表 5 – 5   人口城市化、土地城市化与产业结构升级回归估计结果

变量	模型 1	模型 2	模型 3	模型 4
l. lnpr			0.543 *** (23.21)	0.499 *** (20.26)
lnpu	0.254 *** (4.064)	0.317 *** (5.476)	0.0797 * (1.943)	0.162 *** (5.465)
lnlu	− 0.0595 * (− 1.665)	− 0.138 *** (− 6.163)	− 0.0391 *** (− 3.131)	− 0.0997 *** (− 6.292)
lnmarket	0.564 *** (8.386)	0.616 *** (9.774)	0.360 *** (5.863)	0.493 *** (14.40)
lnfdi	− 0.0451 ** (− 1.985)	− 0.0557 *** (− 2.796)	0.0374 *** (3.894)	0.0170 ** (2.076)
lnopen	0.00511 (0.420)	− 0.00373 (− 0.333)	0.00992 * (1.698)	− 0.0302 *** (− 4.960)
lntech	0.0947 *** (7.184)	0.101 *** (8.318)	0.0226 *** (3.356)	0.0123 ** (2.307)
lnfd	0.648 *** (16.35)	0.703 *** (22.04)	0.257 *** (9.588)	0.371 *** (14.66)

续表

变量	模型 1	模型 2	模型 3	模型 4
lnins	0.166 *** (4.368)	0.116 *** (3.668)	0.0798 *** (4.854)	0.0639 *** (6.924)
Constant	− 1.645 *** (− 5.891)	− 2.125 *** (− 9.564)	− 0.774 *** (− 5.153)	− 1.158 *** (− 11.88)
R − squared	0.950			
AR（2）			0.2272	0.2438
Sargan Test（p）			1.000	0.9997
N	630	630	570	600
ID	30	30	30	30

注：*、**、*** 分别表示在 10%、5%、1% 水平上的显著性；括号内为 Z 统计量。

本章进一步引入被解释变量的滞后值构建动态面板进行差分和系统 GMM 估计克服潜在的内生性问题。其中模型 3（DIF - GMM）和模型 4（SYS - GMM）分别为差分 GMM 和系统 GMM 估计结果，AR 检验结果表明 DIF - GMM 和 SYS - GMM 不存在二阶序列自相关，Sargan 检验计量结果显示，模型显著接受 "所有工具变量都有效" 的原假设，工具变量过度识别条件通过验证，表明差分 GMM 和系统 GMM 模型设定是合理的，工具变量也是有效的。差分 GMM 和系统 GMM 估计结果显示，人口城市化与产业结构升级回归估计系数也显著为正，土地城市化与产业结构升级回归估计系数显著为负，同样表明人口城市化会促进产业结构升级，而土地城市化则会抑制产业结构升级。

四、空间计量模型分析

无论是人口城市化还是土地城市化，其发展均会带来人口、资源等生产要素在不同空间上的流动、集聚与扩散，从而推动或阻碍本地区或周边地区的产业结构升级，有必要考虑地区之间的空间相关性来考察城市化与产业结构升级的关系。我们进一步考虑地理单元之间的空间依赖关系并采取空间计量方法分析人口城市化、土地城市化与产业结构升级的关系，具体结果见表 5－6。

表 5－6　　　　1998～2018 年产业结构升级的 Moran's I 指数检验结果

年份	Moran's I	E(I)	sd(I)	z	P 值
1998	0.326	－0.034	0.114	3.158	0.002
1999	0.334	－0.034	0.114	3.241	0.001
2000	0.329	－0.034	0.116	3.138	0.002
2001	0.351	－0.034	0.117	3.283	0.001
2002	0.354	－0.034	0.119	3.258	0.001
2003	0.355	－0.034	0.120	3.255	0.001
2004	0.345	－0.034	0.120	3.172	0.002
2005	0.340	－0.034	0.122	3.071	0.002
2006	0.315	－0.034	0.122	2.859	0.004
2007	0.313	－0.034	0.122	2.840	0.005
2008	0.294	－0.034	0.123	2.659	0.008
2009	0.296	－0.034	0.122	2.701	0.007
2010	0.271	－0.034	0.122	2.498	0.012
2011	0.309	－0.034	0.121	2.848	0.004
2012	0.301	－0.034	0.124	2.717	0.007
2013	0.291	－0.034	0.125	2.592	0.010
2014	0.310	－0.034	0.127	2.720	0.007
2015	0.215	－0.034	0.127	1.967	0.049
2016	0.272	－0.034	0.162	1.892	0.059
2017	0.251	－0.034	0.162	1.761	0.078
2018	0.188	－0.034	0.111	2.007	0.045

（一）空间自相关检验

1998～2018 年产业结构升级的 Moran's I 指数检验结果显示，各年份 Moran's I 指数均为正值，且通过显著性检验，表明各省份之间的产业结构升级并没有表现出完全的随机状态，而是存在比较稳健且明显的空间依赖性，这意味着产业结构升级存在显著的空间相关性及集聚效应。

从 1998 年和 2018 年产业结构升级空间集聚特征分布可以看出，产业结构升级存在局域空间关联效应，并且"高—高""低—低"区域具有明显的空间片状集聚结构性特征。1998 年"高—高"集聚区主要集中于北京、天津、上海、江苏、浙江、福建等，上述地区经济发展水平高，第三产业比重高，现代服务业发展快，产业结构层次较高；而"低—低"集聚区主要集中于山西、内蒙古、甘肃、宁夏、安徽、河南、湖北、重庆、四川、贵州、青海等中西部省份，这与上述地区第三产业发展滞后有一定的关系。新疆、云南省呈现"高—低"聚集特征，相比于其他西部省份，其成为典型的"热点"区域。2018 年"高—高"和"低—低"集聚区有所扩大。其中"高—高"主要集中于北京、天津、上海、浙江等省份，而"低—低"集聚区仍然主要集中于中西部省份。整体上来讲，产业结构高级化空间集聚结构性特征明显。

（二）空间计量模型选择

研究区域有关经济问题时，我们不能忽视变量之间的空间相关性和空间依赖关系。常用的空间计量模型有以下几种：空间滞后模型（spatial lag model，SLM），主要用于分析因变量是否存在地区之间的空间溢出效应；空间误差模型（spatial error model，SEM），主要用于分析遗漏变量或不可观测变量的空间效应；空间杜宾模型（spatial durbin model，SDM），综合考虑了解释变量和被解释变量的空间滞后因素。相比空间误差模型和空间滞后模型，空间杜宾模型充分考虑了解释变量和被解释变量的空间相关性，还能够得到被解释变量受本地区解释变量影响的直接效应，以及受邻近地区解释变量影响的间接效应和被解释变量受所有地区影响的总效应（LeSage，2008）。因此，本章重点采用空间杜宾模型研究城市化对产业结构升级的促进效应。模型设定如下：

$$Y = \beta X + \rho WY + \theta WX + \varepsilon \qquad (5-8)$$

其中，Y 表示被解释变量，X 表示被解释变量组合，ρ 为空间自回归系数，ρWY 表示被解释变量的空间滞后项，θ 为空间溢出系数，θWX 为解释变量的空间滞后项，W 为空间权重比重，ε 表示随机误差。

（三）空间权重矩阵构建

空间权重矩阵通常设置为邻接权重，且邻接权重矩阵在模型构建中简单且易于处理，认为其空间截面之间的空间交互作用取决于相邻与否，所有不相邻的空间单元的影响为 0。其中邻接权重矩阵构建方式为：如果区域 i 和区域 j 两者存在共同边界，则 $W_{ij} = 1$，反之，如果区域 i 和区域 j 两者不存在共同边界，则 $W_{ij} = 0$。其中 W_{ij} 是包含 i 行和 j 列元素的矩阵，行与列均对应相关的地理单元，对角线上元素均为 0。

（四）空间回归估计结果

本书同时采用空间滞后模型（SLM）、空间误差模型（SEM）、空间杜宾模型（SDM）初步研究了城市化与产业结构升级的关系。结果发现，无论是 SLM、SEM 还是 SDM 模型，人口城市化与产业结构升级回归系数均为正且通过了高水平显著性检验，而土地城市化与产业结构升级回归系数为负且通过显著性检验（见表 5-7），表明人口城市化水平的提高是促进产业结构升级的重要因素，而土地城市化水平的提高不利于产业结构升级。

表 5 - 7　人口城市化、土地城市化与产业结构升级空间计量回归估计结果

变量	模型 1	模型 2	模型 3
	SLM	SEM	SDM
lnpu	0. 253 *** (4. 570)	0. 218 *** (3. 582)	0. 131 ** (2. 190)
lnlu	- 0. 0944 *** (- 4. 322)	- 0. 106 *** (- 4. 470)	- 0. 0812 *** (- 3. 099)
lnmarket	0. 399 *** (6. 040)	0. 471 *** (7. 208)	0. 304 *** (4. 346)
lnopen	- 0. 0254 (- 1. 321)	- 0. 0486 ** (- 2. 479)	- 0. 0381 * (- 1. 875)
lnfdi	- 0. 000775 (- 0. 0734)	- 0. 0144 (- 1. 386)	0. 00431 (0. 421)
lntech	0. 0503 *** (3. 784)	0. 106 *** (8. 410)	0. 0280 (1. 643)
lnfd	0. 575 *** (16. 54)	0. 789 *** (21. 29)	0. 741 *** (16. 85)
lnins	0. 0841 *** (2. 761)	0. 100 *** (2. 990)	0. 0710 * (1. 946)
W × lnpu			0. 221 ** (2. 308)
W × lnlu			- 0. 0606 (- 1. 395)
W × lnmarket			0. 288 *** (2. 582)
W × lnopen			- 0. 0617 * (- 1. 699)
W × lnfdi			0. 0838 *** (4. 231)

续表

变量	模型 1	模型 2	模型 3
	SLM	SEM	SDM
W × lntech			0.00646 (0.266)
W × lnfd			−0.465 *** (−7.133)
W × lnins			−0.0349 (−0.655)
ρ 或 λ	0.292 *** (7.616)	0.446 *** (8.022)	0.377 *** (7.504)
sigma2	0.0234 *** (17.15)	0.0227 *** (16.76)	0.0199 *** (16.88)
Log L	234.5510	234.0457	274.8627
Constant			−1.384 *** (−7.624)
空间固定	Y	Y	Y
时间固定	Y	Y	Y
Observations	630	630	630
R − squared	0.920	0.912	0.917
ID	30	30	30

注：*、**、***分别表示在10%、5%、1%的水平上显著；括号内为 Z 统计量。

相比空间误差模型和空间滞后模型，空间杜宾模型充分考虑了解释变量和被解释变量的空间相关性，还能够对影响效应进行分解，通过综合修正的 R^2、对数似然函数值等指标发现，SDM 模型是产业结构效应分析的最优模型，因此本章主要以距离权重 SDM 模型分析城市化与产业结构优化升级的关系。

在控制变量方面，市场化指数与市场化指数空间滞后项估计系数均为正，且通过显著性检验，表明市场化程度的提高不仅有助于促进本地区的产业结构升级，而且有助于促进周边地区的产业结构升级。从对外开放度估计结果看，对外开放度和对外开放度空间滞后项系数为负且通过显著性检验，说明对外开放度提高不仅不利于本地区产业结构优化升级，而且不利于周边地区产业结构优化升级；外商直接投资回归系数为正未通过显著性检验，而空间滞后项回归系数为正且通过显著性检验，说明外商直接投资虽不能显著促进本地区产业产业结构优化升级，却显著促进了周边地区的产业结构优化升级，表现出显著的空间溢出效应。

技术进步回归系数为正且通过显著性检验，而技术进步空间滞后项系数为正，但未通过显著性检验，表明技术进步能显著促进本地区产业结构升级，而对周边地区产业结构优化升级所起的作用并不显著；财政分权有助于本地区产业结构优化升级，但财政分权滞后项估计系数均为负，且通过了显著性检验，表明财政分权度的提高对产业结构升级的空间负外部效应愈加明显，在一定程度上抑制了周边地区的产业结构升级；基础设施的完善对本地区产业结构优化升级具有明显的促进作用，但基础设施的空间滞后项回归系数为负，且未通过显著性检验，表明本地区基础设施的完善对周边地区产业结构升级具有抑制作用，产生了不显著的空间负外部效应。

（五）城市化与产业结构升级效应分解

仅仅通过空间滞后项的估计系数我们无法准确得知变量是否真正存在空间溢出效应，按照莱萨吉（LeSage，2008）的方法，进一步将影响效应分为总效应、直接效应和间接效应，其中直接效应是指解释变量对本地区造成的平均影响，间接效应是指解释变量通过空间交互作用对其他地区造成的平均影响，总效应是指解释变量对所有地区造成的平均影响。人口城市化和土地城市化对产业结构升级影响的效应分解结果见表 5 - 8。

表 5 - 8 空间杜宾模型的直接效应、间接效应和总效应

变量	直接效应	间接效应	总效应
lnpu	0. 161 *** (2. 648)	0. 398 *** (2. 978)	0. 559 *** (3. 813)
lnlu	- 0. 0917 *** (- 3. 800)	- 0. 136 ** (- 2. 469)	- 0. 227 *** (- 4. 218)
lnmarket	0. 353 *** (5. 304)	0. 603 *** (4. 014)	0. 956 *** (5. 667)
lnopen	- 0. 0464 ** (- 2. 334)	- 0. 120 ** (- 2. 350)	- 0. 166 *** (- 2. 963)
lnfdi	0. 0130 (1. 269)	0. 130 *** (3. 770)	0. 143 *** (3. 653)
lntech	0. 0307 * (1. 891)	- 0. 0228 (0. 708)	0. 0535 * (1. 725)
lnfd	0. 722 *** (17. 04)	- 0. 281 *** (- 3. 704)	0. 441 *** (6. 236)
lnins	0. 0682 ** (1. 980)	- 0. 00451 (- 0. 0628)	0. 0637 (0. 859)

注: * 、 ** 、 *** 分别表示在10% 、5% 、1% 的水平上显著；括号内为 Z 统计量。

人口城市化直接效应、间接效应和总效应的回归系数分别为 0. 161、0. 398、0. 559，且均通过了显著性检验，表明城市化水平的提高促进了本地区和周边地区的产业结构升级。进一步从估计系数大小看，间接效应大于直接效应系数，这意味着本地区人口城市化水平的提高对周边地区产业结构升级的促进效应明显大于本地区人口城市化对产业结构升级的促进作用。土地城市化直接效应、间接效应和总效应的回归系数分别为 - 0. 0917、 - 0. 136、 - 0. 227，表明土地城市化水平的提高不利于本地区和周边地区的产业结构升级。值得注意的是，溢出效应

系数大于直接效应系数，说明周边地区土地城市化对本地区产业结构升级的抑制作用大大高于本地区土地城市化发展对本地区产业结构升级的抑制作用。综合土地城市化和人口城市化对产业结构升级效应分解看，未来实现产城融合、推动产业结构升级，需要走人口城市化道路而非土地城市化。

主要控制变量效应方面，市场化指数直接效应、间接效应和总效应的回归系数分别为 0.353、0.603、0.956，间接效应系数也大于直接效应系数，说明本地区市场化指数的提高对周边地区产业结构优化空间溢出效应显著大于对本地区的促进效应；外商直接投资直接效应为正，系数大小为 0.0130，间接效应为 0.130，且通过了显著性检验，总效应显著为正，效应大小为 0.143，表明周边地区外商直接投资能显著促进本地区产业结构升级，且外商直接投资对所有地区产业结构升级都具有明显的促进作用；从技术进步效应分解结果看，直接效应显著为正，大小为 0.0307，间接效应为负，大小为 0.0228，但未通过显著性检验，这进一步表明技术进步是促进本地区产业结构升级的重要因素，但对周边地区产业结构升级并不存在明显的溢出效应；财政分权直接效应、间接效应和总效应的回归系数分别为 0.722、-0.281、0.441，均通过了显著性检验，表明财政分权强度的提高促进了本地区科技、教育等方面的投入而实现了本地区产业结构优化升级，却抑制了周边地区产业结构优化升级；从基础设施效应分解结果看，直接效应显著为正，大小为 0.0682，间接效应为负，大小为 -0.00451，这进一步表明基础设施的完善是促进本地区产业结构升级的重要因素，但对周边地区产业结构升级并不存在明显的溢出效应，这一方面是由于各地区基础设施建设缺乏协调统筹导致，另一方面是由于本地区完善便捷的技术设施有助于加快要素资源流动，使产业集聚到本地区，而并没有促进周边地区的产业结构优化升级。

本书运用 1998~2018 年 30 个省份面板数据，实证分析了城市化与产业结构升级之间的关系。研究发现：第一，静态面板 FE 和 RE 模型、动态面板 DIF - GMM 和 SYS - GMM 模型估计结果均显示人口城市化与产业结构升级呈现显著正相关而土地城市化与产业结构升级呈现显著负相关。第二，产业结构升级均存在显著的空间自相关性，表明产业结构升级在空间分布上并非随机分布，而是具有空间上的依赖性。第三，空间杜宾模型估计结果初步表明，人口城市化不仅对本地区产业结构升级具有明显促进效应，而且对周边地区产业结构升级具有显著的正向促进与溢出效应，而土地城市化对本地区和周边地区产业结构升级具有显著抑制效应且结论是稳健的。第四，从人口城市化和土地城市化对产业结构升级效应分解看，人口城市化对周边地区产业结构升级溢出间接效应大于对本地区的促进直接效应，而周边地区土地城市化对本地区产业结构升级的抑制作用大大高于本地区土地城市化发展对本地区产业结构升级的抑制作用。未来实现产城融合，推动产业结构升级，需要走人口城市化道路而非土地城市化。第五，其他因素对产业结构升级具有不同的影响。市场化水平的提高对本地区和周边地区产业结构优化具有明显的促进和溢出效应；周边地区外商直接投资对本地区的产业结构升级具有显著促进效应；技术进步是促进本地区产业结构升级的重要因素，但对周边地区产业结构升级不存在明显的溢出效应。

第三节 城市化、社会公平与收入分配效应

城市化进程对于城乡收入分配均等性的影响存在两方面的争论。一方面，农村人口向城市集聚产生了巨大的规模效应，为城市发展提供了源源不断的劳动力资源，促进了城市地区的进一步发展，加大了城乡收入差距。另一方面，农村居民在城市化过程中获得了人力资本积累和相应劳动报酬收入，为回乡消费与兴业投资积累了一定的人力资本和物质资本，会加快农村经济的繁荣发展，缩小城乡差别。本节将采用协整回归分析方法测算城市化对城乡收入差距的影响。

一、理论依据及研究假设

城乡收入差距是全国居民收入差异的核心部分，消除城乡收入差距是解决我国二元经济问题的关键。本节在总结近年来国内外学者对我国城乡居民收入差距成因研究的基础上，确定了影响城乡收入差距的五个因素：经济发展水平、城乡"二元经济"结构、城乡基础设施配置、人力资本差异及户籍制度等体制障碍。

经济发展阶段决定收入差距。针对经济发展水平与城乡居民收入差距的关系，国内外学者进行了大量研究。库兹涅茨于 1955 年提出了著名的"倒 U 理论"。该理论指出：一国的城乡居民收入差距在经济增长初期阶段，会伴随着经济的增长而不断扩大；随后该国居民收入差距出现这样一种趋势：先扩大，后稳定，再减小。当前，中国经济发展正处于"倒 U 理论"的初期阶段，即由传统农业社会向现代化工业社会的转变过程中。新中国成立以来，中国从一个落后的农业国转变成现代化的工业国。中国经济发展迅速，开放水平不断提高，已经建立起较为完备的现代化工业体系，城镇化进程不断加快，多数学者认为中国城乡居民收入差距的扩大与当前所处的经济发展阶段有关。

制度设计实施影响城乡利益分配格局。由马克思主义的城乡发展理论可以看出，我国长期以来执行的财政政策均是以城市建设和国有企业为重点，财政支出中用来支农的比例明显不足。依托《中国统计年鉴》的数据，我们计算了从 1978 年到 2018 年间国家农业支出占财政支出的比重。1996~2004 年，财政支农资金占农业总产值的比重平均为 6.7%，低于发展中国家 5 个百分点，更低于发达国家 23~43 个百分点。而且国家农业支出占财政支出的比重总体下降，1978 年为 13.43%，1980 年为 12.20%；1989~1994 年在 9.2%~10.26% 之间；1995~1999 年，除 1998 年由于增发国债达到 10.69% 外，其余年份处于 8.23%~8.82% 之间；2000~2007 年均值为 7.86%；2008~2018 年有所增长，一直保持在 10% 左右。可见除了长期保持超高比例的城镇财政支出之外，在改革开放之后，国家农业支出占财政支出的比重总体不高。

"二元经济"特征扩大了城乡收入差距。缪尔达尔的"地理二元"理论反映了城市和农村在许多方面存在不对等现象，区域经济的发展是不平衡的，同时赫希曼的"不平衡增长极"理论也论证了相似的观点，这种不均等性包含多个方面，公共产品的质量和数量影响着当地经济的发展。城市交通发达，基础设施便利，政府提供了更多的公共产品，促进了城市经济的繁荣发展。而欠发达的农村地区位置偏远，加之城乡"二元经济"体制的存在，公共产品供给相对薄弱，农村居民获得的教育投资、社会福利及公共服务水平明显低于城市，进一步扩大了城乡居民之间的收入差距。

人力资本差异拉大城乡收入差距。城乡居民之间的人力资本差异与其收入差距存在密不可分的关系，对城乡居民收入差距扩大影响显著，这与佩鲁"增长极"理论和弗里德曼的空间规划理论大相径庭。城乡居民的收入差距受人力资本积累水平影响，而农村教育投入不足扩大了城乡居民受教育水平的差异。城乡教育的经费投入和师资队伍建设存在较大差异，由于农村发展相对落后，教育资本报酬率较低，教师薪酬福利水平与城市教师差距较大，因此，尽管政府不断加大经费投入和政策倾斜，但农村教育的社会资本投入和优秀师资配备仍然不足，影响了农村居民的人力资本积累和文化素养提升，减少了获取高额收入的就业机会。

二、数据来源及变量选取

测量城乡收入差距的常见指标有城乡收入比、城乡收入增长率、恩格尔系数、泰尔指数以及基尼系数等。考虑数据的易得性和可量化性，本章采用泰尔指数度量城乡收入差距水平，选取经济发展水平、城乡生产效率差异、财政支出结构及城乡医疗保健文教娱乐支出比等指标，构建多元线性回归模型，确定影响城乡收入差距的主要变量，数据来源于

2006～2019 年《中国统计年鉴》。具体指标选取如下：

被解释变量为城乡收入差距，采用泰尔指数度量。解释变量主要包括：人均国内生产总值，测量经济发展水平与收入差距的关联性；城市化率即城镇人口占总人口的比重，用来反映城镇化水平；工业化率即第二产业产值占 GDP 的比重，用来衡量工业化水平；城乡二元对比系数，大多数发展中国家经济中存在以农业为主的传统部门经济和以工业为主的现代部门，即处于二元经济结构状态，收入差距主要取决于农业部门与工业部门劳动生产效率的差异，因此采用城乡二元对比系数来衡量城乡居民收入差距，即农业比较劳动生产率和非农业比较劳动生产率之比；农业财政支出比重即农业财政支出占总财政支出的比重，该变量反映国家对农村经济发展的重视程度；城乡医疗保健支出比，城乡居民之间由于户籍等体制原因，导致享有的社会保障福利存在差距，用该变量来反映中国城乡居民在医疗保健方面存在的差异，用城镇与农村居民家庭人均医疗保健消费支出比来衡量；城乡人均文教娱乐消费支出比，用城镇与农村居民家庭人均文教娱乐服务消费支出比衡量。

三、模型构建及结果分析

线性回归分析前，需要确定变量之间是否具有稳定的协整关系，因此，首先使用 ADF 检验方法对所有变量进行单位根检验，以此判定变量的长期稳定性，检验结果见表 5 - 9。

表 5 - 9　　　　　　　　　　稳定性检验结果

检验形式	水平	一阶差分
人均国内生产总值（X_1）	- 2.506016	- 4.017126
城市化率（X_2）	- 1.145760	- 4.077593
工业化率（X_3）	- 1.610513	- 4.737794
城乡二元对比系数（X_4）	- 1.907793	- 4.245139

续表

检验形式	水平	一阶差分
农业财政支出比重（X_5）	-3.279793	-6.613890
城乡医疗保健支出比（X_6）	-2.501996	-3.764286
城乡人均文教、娱乐及服务支出比（X_7）	-1.008632	-4.487827
泰尔指数（Y）	-0.611160	-3.712038
95% 置信区间	-3.673616	-3.690814

由检验结果可知所有指数都是非平稳的，且具有相同的单整阶数，所有变量均服从 I（1）过程，因此需要进行协整分析，具体结果见表 5 – 10。从检验结果可以看出：（1）泰尔指数（Y）与人均国内生产总值（X_1），城市化率（X_2），财政支出结构（X_5），城乡医疗保健支出比（X_6），城乡人均文教、娱乐及服务支出比（X_7）存在长期的稳定关系。工业化率（X_3）、城乡二元对比系数（X_4）与泰尔指数（Y）不存在长期稳定的关系，说明对其长期影响作用较小。伴随着城市化进程加快，二元经济结构差异有所减小，工业化水平与二元经济结构对城乡收入差距的影响越来越小。

表 5 – 10 协整检验结果

序列	原假设	特征值	T统计量	5%临界值	P值
Y，X_1	None * At most 1 *	0.577437 0.248179	20.64014 5.134617	15.49471 3.841644	0.0077 0.0234
Y，X_2	None At most 1	0.410676 0.035672	10.17184 0.653830	15.49471 3.841466	0.0331 0.0356
Y，X_3	None At most 1	0.430566 0.031568	10.71373 0.577713	15.49471 3.841466	0.2297 0.4472
Y，X_4	None At most 1	0.467038 0.031573	11.90499 0.577487	15.49471 3.841466	0.1616 0.4473

续表

序列	原假设	特征值	T统计量	5%临界值	P值
Y，X_5	None* At most 1*	0.687001 0.249808	26.08176 5.173663	15.49471 3.841466	0.0009 0.0229
Y，X_6	None* At most 1*	0.443698 0.314904	17.36224 6.807536	15.49471 3.841466	0.0259 0.0091
Y，X_7	None* At most 1*	0.646103 0.207683	22.88780 4.190287	15.49471 3.841466	0.0032 0.0406

注：＊表示在5%的水平上显著。

协整检验只是表明解释变量与被解释变量之间是否存在长期稳定关系，具体到哪个变量是自变量，哪个是因变量，是单向还是双向因果关系并未明确，因此还需剔除协整关系不显著的变量进行格兰杰因果检验。泰尔指数（Y）与人均国内生产总值（X_1），城市化率（X_2），财政支出结构（X_5），城乡医疗保健支出比（X_6），城乡人均文教、娱乐及服务支出比（X_7）之间的格兰杰因果检验结果见表5－11。

表5－11　　　　　　　　　格兰杰检验结果

序列	原假设	F统计量	P值
Y，X_1	X_1 不是 Y 的格兰杰原因 Y 不是 X_1 的格兰杰原因	7.59147 0.11345	0.0065 0.8936
Y，X_2	X_2 不是 Y 的格兰杰原因 Y 不是 X_2 的格兰杰原因	2.58674 1.54179	0.0906 0.2522
Y，X_5	X_5 不是 Y 的格兰杰原因 Y 不是 X_5 的格兰杰原因	1.29345 3.51890	0.0374 0.0601
Y，X_6	X_6 不是 Y 的格兰杰原因 Y 不是 X_6 的格兰杰原因	2.99862 5.43469	0.0849 0.0193
Y，X_7	X_7 不是 Y 的格兰杰原因 Y 不是 X_7 的格兰杰原因	9.86628 2.02008	0.0025 0.1722

格兰杰因果检验的结果表明：在5%的显著性水平下，人均国内生产总值（X_1）是泰尔指数（Y）变化的格兰杰原因，意味着人均国内生产总值（X_1）对泰尔指数（Y）有显著影响；城市化率（X_2）是泰尔指数（Y）变化的格兰杰原因，意味着城市化率（X_2）对城乡收入差距具有一定影响；财政支出结构（X_5）是泰尔指数（Y）变化的格兰杰原因，意味着财政支出结构（X_5）的变化对城乡收入差距大小具有影响作用；城乡医疗保健支出比（X_6）和城乡人均文教、娱乐及服务支出比（X_7）均是泰尔指数（Y）变化的格兰杰原因，表明两个变量均对泰尔指数有明显作用，但泰尔指数对其变化无显著影响。

根据以上协整检验和格兰杰因果检验结果，以城乡居民收入差距为解释变量构造多元线性回归分析模型，见公式（5-9）。

$$Y = \beta_0 + \beta_1 X_{1i} + \beta_2 X_{2i} + \cdots + \beta_k X_{ki} + \theta_i, \quad i = 1, 2, \cdots, 7 \quad (5-9)$$

其中，k为解释变量的个数，β_i 为回归参数。

建立多元线性回归模型可以判断被解释变量（Y）与解释变量（X_i）之间是否存在统计意义上的显著关系，并确定这种定量关系的大小。常用的估计方法有最小二乘估计、最大似然估计和矩估计，本章选择最小二乘估计法进行估计，检验结果见表5-12。

表5-12　　　　　　　　　回归分析结果

变量	系数	标准差	T检验统计量	P值
C	-0.02306	0.034571	-0.667155	0.5148
X_2	0.001975	0.000357	5.526096	0.0001
X_5	-0.003022	0.002480	-1.218282	0.2419
X_6	0.020971	0.004813	4.357307	0.0006
X_7	0.010054	0.003571	2.815311	0.0131
R^2	0.886671	因变量均值	0.13625	
调整后的 R^2	0.85645	因变量样本均值	0.022245	
扰动项标准差	0.008428	AIC准则	-6.50218	

续表

变量	系数	标准差	T 检验统计量	P 值
残差平方和	0.001065	SC 准则	−6.25325	
似然函数对数值	70.02178	HQ 准则	−6.45358	
F 统计量	29.33961	DW 统计量	1.565519	
F 统计量 P 值	0.000001			

该模型的拟合优度检验结果 $R^2 = 0.886671$，调整后的 $R^2 = 0.856450$，模型拟合效果较好，所有变量的回归系数显著性水平均在 5% 以下。回归结果显示，X_2 的回归系数为 0.001975，代表城市化率每提高 1 个百分点，城乡收入差距将增加 0.001975 个百分点，说明城市化水平的不断提高未能有效地缩小城乡收入差距；X_5 的回归系数是 −0.003022，农业财政支出比重每提高 1 个百分点，则城乡居民收入差距就会下降 0.003022 个百分点，说明提高政府财政支出会缩小城乡居民收入差距。X_6 的回归系数为 0.020971，表明城乡医疗保健支出比提高 1 个百分点，则城乡收入差距就拉大 0.020971 个百分点，扩大对农村的医疗保障支出水平有利于缩小城乡收入差距。X_7 的回归系数是 0.010054，表明城乡人均文教、娱乐及服务支出比提高 1 个百分点，则城乡居民收入比就拉大 0.010054 个百分点。可见，伴随着城市化的快速发展，城乡收入差距并未呈现缩小趋势，城乡之间医疗保健和文教娱乐支出差距越大，城乡收入差异就更大，农业财政支出的增加和农村医疗教育服务水平的提高均能缩小城乡收入差距，而城镇化水平提升促进了资本和劳动力向城镇集聚，进一步扩大了城乡之间的收入差距，因此需要提高进城务工农民的稳定性，实现农民工市民化，才能从根本上缩小城乡居民的收入差距。

第六章

人口城市化水平与质量
协调发展目标设计

城市化是消除城乡二元结构的主要途径，是实现城乡一体化的重要支撑，是释放内需巨大潜力的关键所在，对建成均等共享市民化社会具有深远的历史意义。本章在系统梳理人口城市化水平与质量协调发展理论的基础上，构建了人口城市化水平与质量协调发展数理模型，并利用我国经济发展现实数据进行了协调性检验，同时确立了人口城市化水平与质量协调发展的检验标准。本章将依据人口、经济和社会发展趋势对我国未来人口城市化进行阶段划分，明确人口城市化基本理念、战略目标及实现机制，为人口城市化健康持续发展确立目标方向。

第一节　人口城市化水平与质量协调发展基本理念

人口城市化包含水平与质量两个维度，其中人口城市化质量是城市化持续高速发展的重要保证。在社会转型变革、经济快速发展的现实背景下，难免会有堕距现象的存在，即物质发展的速度远超于意识与制度完善的速度，然而后者正是人口城市化质量的重要保证。目前我国人口城市化普遍存在质量低于水平的现象，人口城市化与经济社会现代化不同步，致使城市化过程需要面对诸多问题与困境，因此，实现人口城市化水平与质量协调发展，即二者之间达到一种相称适应的状态，在政治、经济、文化、社会和生态各个层面都达到平衡、匹配甚至是契合状态，将有助于在更高的层次上实现经济与社会的共同发展。人口城市化水平与质量同步发展程度越高，耦合关联越密切，协调性就越好。这种协同目标需要科学的发展理念支撑，一方面要充分认识与发达国家的现实差距及区域差异，因地制宜，循序渐进，另一方面要切实尊重经济发展规律和人本思想，破除各种壁垒，创新制度体系，实现人口、资源与环境的协调发展。

一、因地制宜，循序渐进

城市化是一个自然历史过程，必须适应经济社会发展现实条件，因此城市化应从我国经济社会现实条件出发，因地制宜，循序渐进，尊重规律，顺势而为。因地制宜主要体现在两个方面：

一是在国家层面要正视我国现代化起步较晚的现实国情，城市化发展过程中面临各种制约条件和体制弊端，主要表现为"迟发展效果"，即经济与社会发展的滞后性和不协调性。正是由于我国没有经历过经济独立化的发展过程，政府推动发展的"规划性"难免会造成区域发展的不平衡，导致"二元经济"结构长期存在，这种"二元经济"形态既表现在经济性质的差别上，又在发展水平上存在差距。因此，中国人口城市化水平与质量协调发展过程中绝不能忽视与超越社会主义初级阶段这一国情，不能完全照搬西方国家的城市化之路，而应秉承因地制宜和本土化发展理念，确立顺应经济发展规律同时具有中国特色的城市化发展目标。

二是在区域层面充分认识城市化发展的地区差异，在普遍发展的前提下允许部分省份和城市超越发展，形成具有集聚、扩散双重效应的增长极，辐射带动周边区域发展，实现城市化梯度发展格局。我国幅员辽阔，各地区人口条件、经济发展程度、资源禀赋及地理位置等各不相同，区位优势差异显著，人口城市化发展水平和质量必然也千差万别，因此，中国人口城市化战略制定不能一概而论，应该遵循权变原则，将顶层设计与地方实践相结合，不可僵化应对，要正确处理好原则性与灵活性之间的关系。

人口城市化水平与质量的协调发展是一个动态化的渐进过程，因此应当遵循层层推进原则，根据具体情况与条件不断进行改变与修正，在尊重区域差别化的基础上促进全面协调均衡发展，结合开放性理念在更大的空间尺度范围内进行统筹发展，构建具有开放性和融合性的城市发展体系。

二、破除壁垒，共享成果

党的十九大报告强调，中国特色社会主义已经进入新时代，当前存在的主要矛盾是与日俱增的美好生活需求和不均衡不充分发展之间的矛盾。其中城乡不平衡发展在很大程度上是城乡二元制度壁垒造成的。人口自由无障碍流动是城市化的终极目标，但是由于严格的户籍、社保、就业、住房等制度性门槛的阻隔，农民工及其后代很难完全融入城市，无法完成市民身份的转变，无法获得同城同权的社会福利和公共服务，无法公平享受社会发展的丰硕成果，反而在一定程度上承担了社会发展的代价。

因此，应破除户籍、就业、教育和社保四大制度壁垒，使同在城市工作生活的农民群体获得同等生存权和发展权，为进城务工人员搭建平台，实现教育机会和就业机会均等化，建立城乡统筹的社会保障体系，促进城乡协调发展，让全体居民共享城市化发展成果。

三、创新制度，协同发展

创新制度的过程也是一个社会改革或改良的过程，这一过程并不是完全打破原有的社会基本制度，而是在现存制度的基础上进行制度创新与创造的过程，从而使制度更具合理性和有效性，它既包括对原有制度的修正，又包括增加新的规则与规范。在人口城市化水平与质量协调发展的过程中，一定要秉持创新这一理念，找到问题的主要矛盾，以政府为主导、从制度入手进行改革，对城乡协同发展起到根本性的推动作用，真正做到城乡居民在人口流动过程中共同享有制度支持，实现制度平等。

创新与协同理念体现的另一个方面，则是在城市化过程中管理者应采用开放式的发展管理理念，科学规划与分析城市功能，完善城市的基础设施。从系统发展的角度出发，打破区域的阻隔，推动城市与城市之间的协同发展，形成功能多样、梯次联动的城市群，以城市群为核心确立主体功能区，促进地区间的协同发展和创新。协同式城市化发展要推动"六化"同步，即实现人口城市化与经济自由化、市场国际化、政治民主化、产业革命化、社会现代化的同步发展。

四、绿色持续，以人为本

绿色持续，就是要用绿色理念引领发展，守住环境质量健康安全的底线，避免过度的环境污染与资源掠夺，重视并积极维护人类生存发展的基础条件。可持续是经济发展和文明进步的根本要求，是不断发展的社会系统长久维持到无限的将来，而不会由于耗尽关键资源而被迫衰竭的一种能力。健康安全的环境质量和公平共享的环境公共服务是新型城镇化的应有之义。在快速发展的城市化进程中，尤其不能盲目扩大城市规模，过度利用开发自然资源，破坏和谐的自然和人文环境，超过环境承载能力极限。城市化发展应充分考虑区域特色优势，倡导集约、智能、绿色、低碳发展方式，适时适度引导人口合理有序流动，实现人口、经济、资源与环境的和谐共生。

用健康城市化的理念来推动人口城市化的发展，建设一个健康有序的绿色城市，是城市化的基本保障，而以人为本则是城市化的核心，是提升人口城市化质量的主要方向。应坚持人本理念，切实提高城镇公共服务水平和社会管理能力，实现真正意义上的农民市民化，让农民享受同等福利待遇，提高整体生活质量。在软实力与硬实力的共同维护与推动下，运用系统工程建立人本、公正、和谐的包容性城市，不仅要提高城镇人口比例，更要实现生产方式、生活质量、生存空间和发展能力的平等化，创造和谐共进的友好型社会，使农村流动人口享有同等教育、医疗、就业及社会保障权益，提升其适应环境和自我发展能力，激发人文活力与文化潜力，增强融入感和幸福感，最终实现人的自由幸福发展。

第二节　人口城市化水平与质量协调发展阶段划分

中国的人口城市化进程与发达国家相比有一定的独特性，其发展历程并不是一帆风顺，而是在历史的跌宕中呈现出非规律性，表现为与工业化水平的不同步、产业结构不合理、城乡差别较大、二元制度壁垒阻隔等。目前中国的人口城市化已基本实现了农民到农民工这一非农化身份的转变，正在步入农民工到城市居民这一市民化转变阶段，也是实现人口城市化水平与质量协调发展的关键阶段。本章在城市化发展阶段理论基础上，从前瞻性的角度出发，将人口城市化发展阶段划分为水平与质量失衡补偿、调试发展与同步适度三个阶段。

一、人口城市化水平与质量失衡补偿阶段

我国人口城市化发展经历了一个劳动分工和人口集聚带来的经济快速扩张的过程，但是价值观念、生活方式和城市文化等现代文明的扩散速度却没有与之同步协调，较大的城乡差距引发了一系列新的社会矛盾和冲突。因此，为了实现社会的可持续发展，从2020年至2025年，人口城市化必然要经历一个水平与质量的失衡补偿阶段。

人口城市化与工业化进程紧密相关，2020年正是全面建成小康社会的决胜时期，我国总体上进入了工业化后期，经济发展状况较好，重

大基础设施建设效果显著，政府对社会的管理也不断转换思路，产业结构逐步升级，不再一味追求经济的高速增长，而是从更长远可持续的角度以及高质量发展的角度进行考量，将经济发展、人民生活、公共服务、生态环境等结合起来，注重供给侧与需求侧的平衡发展，提高居民的收入水平和消费水平，工业化与信息化不断融合，综合性生产能力不断提升，呈现出新型工业化的特征。中国作为一个发展中的人口大国，在短短几十年的时间内由工业化初期推进到工业化后期，跃居全球第二大经济体和世界制造业第一大国，既是人类工业史上的奇迹，也将面临着许多挑战。

在这个阶段，需要政府通过宏观调控，将人口城市化的速度放缓，注重人口城市化质量的提升，管理者要不断为促成社会各领域均衡发展而努力，消除由于赶超型城市化所造成的不利影响。同时还要在注重生态环境的保护、公共服务的供给、乡城流动人口的市民化程度以及满足居民快速增长的需求等方面做好制度设置、价值宣传与政策引导，在全社会各阶层形成提升人口城市化质量的潜在意识与行动导向。

二、人口城市化水平与质量调试发展阶段

2026～2030 年，我国将基本实现工业化，并全面开启建设社会主义现代化的新征程，进一步深化工业化程度，向着全面实现工业化推进。随着经济的发展和产业结构的调整与优化，第二产业进入相对稳定发展阶段，第三产业繁荣发展，居民的收入水平和消费水平将有很大提高，城市功能将相对完善。

但是，在这一阶段，政府在公共服务方面的投入与居民的需求相比仍存在一定的差距，并且此时刘易斯拐点将出现，农村剩余劳动力有限过剩，甚至出现结构性短缺的现象，"城市病"与"农村病"齐发，一些顽固性的社会矛盾与社会问题依旧存在，新制度与新理念的影响力还没有真正产生实质性效果。

人口城市化水平与质量的调试发展阶段是改革过程中新旧制度碰撞

与磨合的必经阶段，我们要从长远的角度看到这一阶段中整个社会进程的螺旋上升性，用开放、包容的心态积极配合与推动社会的发展和这一进程的实现。积极推进农村流动人口的市民化，大力解决工业化发展中存在的不平衡不充分问题，着力发展绿色经济，使得人口城市化速度与资源环境的承载力相适应，努力提升人力资本水平，重视技术的发展与创新，注重社会组织的培育，通过顶层设计的支持与基层力量的投入构建双重动力机制，共同推进人口城市化水平与质量的协调发展。

三、人口城市化水平与质量同步适度阶段

2031～2050 年，我国将全面实现工业化，人口城市化率、人均GDP、制造业比重、三次产业结构、非农就业比例等指标都会达到后工业化阶段的标准，为基本实现社会主义现代化提供坚实的经济基础。通过追赶弥补与磨合调试，人口城市化进入一个协调度与包容度较高的阶段。城市经济发达，技术进步，城市化也逐步实现与经济、工业化、产业结构和就业结构转换的同步发展，生产要素不断替代，第二、第三产业都较为稳定繁荣，且第三产业不断崛起，逐渐占据主导地位。

在同步适度阶段，整个国家与社会将进入绿色可持续的发展模式，居民收入水平较高，城市中的商品与服务种类繁多，最大限度地满足了人民的需求，政府提供的广泛而均等的公共服务也极大地降低了居民在城市中的生活成本，生活质量较高，生态环境绿色健康，人与自然得到了和谐的发展，人口城市化水平与质量稳步提升、同步适度，真正实现了人口城市化、新型工业化、农业现代化与信息化的同步发展。

第三节　人口城市化水平与质量协调发展目标定位

人口的城市化不仅体现为农民在空间与职业上从农村向城市的转移，更是体现为在收入水平、生活方式、思想观念、基本公共服务方面

与城市居民享有同等的待遇。人口城市化水平与质量协调发展的目标就
在于通过个人自主性发展、中介需求满足、制度改革保障、市民身份认
同等循序渐进、逐渐上升的过程，最终实现城乡统筹发展一体化、产业
结构高级化、基本公共服务均等化、城市持续发展健康化和全体城市人
口现代化的战略目标，真正实现城市社会文明的融入与城乡共同发展。

一、城乡发展一体化

城乡协调是社会发展的重要基础，人口城市化水平与质量协调发展
的目标之一就是要实现城乡统筹发展一体化，即在城市化发展进程中，
以城乡协调发展为目标，以体制和政策的城乡一体化为基础，把"三
农"发展与城市发展有机结合，充分发挥城市对农村的带动作用和农村
对城市的促进作用，走城乡互动、城乡交融、城乡一体的城市化发展
道路。

城乡融合并不是要消灭城市和乡村这两种具体的社会形态，而是要
从本质上消灭城乡对立，即从制度上消除城乡之间的高墙阻隔，最终达
到城乡"双赢"发展的格局。通过长期的努力，坚持以人为本的发展
理念，实现城市功能向农村的不断延伸，建立以城带乡的长效机制，共
享资源，使城市对农村起到辐射与带动作用。通过产业联动、产业互
补、以工促农、统一规划，充分发掘农业自身的潜力，发挥工业对农业
的支持与反哺作用，在城乡之间进行协调互动和梯次转移，搭建平台，
引导农村剩余劳动力有序流动转移，促进城乡经济协调互动发展。全面
规划与发展乡村社区与城市社区，协调好城乡之间的关系，依据优势发
展、互益发展、整体发展与地区平衡发展的原则，改革户籍制度，控制
大城市规模，合理发展中等城市，积极发展小城市，使城市居民和农村
居民同步实现全面小康，使其拥有平等的各项权利、同质化的生活条件、
均等化的公共服务，最终形成一个城乡之间的良性发展机制，实现城乡统
筹发展的一体化。以往城乡二元的发展结构，割裂了城乡之间的互动与联
系，造成了城乡发展的不均衡。人口城市化发展关注城乡之间的良性互

动、协调发展，实现城乡一体化，促进经济社会全面、健康的发展。

二、产业结构合理化

产业转型升级是转变中国经济发展方式的核心内容之一。转型与升级是两个既有区别又有联系的概念：产业转型指的是一个地区的经济结构或产业结构中支柱产业的转化，表现为三次产业结构的演进以及要素分工的变化。产业升级是指技术水平、创新能力、研发能力、获利能力等提升的过程，逐步实现从劳动密集型向资本或技术密集型的转变。

工业化的过程也是经济现代化的过程，是国民经济中一系列的重要生产要素在其组合方式上连续发生由低级向高级的突破性变化。这里的高级化主要是指工业化、现代化、人口城市化的发展由高速度向高质量、高端化的转变。通过政府的指导，资金、技术、政策的支持，城市化与市场机制相结合共同推动高级化的产业转型与升级，为地区创造"比较优势创造效应"和"比较优势激发效应"，形成以复杂性生产为主的高精尖制造业，产业结构由资本密集型向技术密集型转变，工业化动力由投资驱动向创新驱动转变，从而促进产业转型升级的高端化。以激励性机制来促进人口质量的提高，降低人口流动的"门槛"，使其以要素分工为优势进入市场经济竞争领域，进行区域间要素的协同发展，以此来激发比较优势，最终促进城市化过程中的城乡融合，实现经济发展的合理布局，形成创新驱动的现代化经济体系。因此，产业结构高级化既是人口城市化水平与质量协调发展的保障，又是人口城市化发展的主要目标。

三、基本公共服务均等化

基本公共服务均等化是建立在一定的社会共识基础之上，政府根据国家经济社会发展阶段和总体水平，为了维持社会的稳定、正义和凝聚力，保障社会成员最基本的生存权和发展权，为其提供与经济社会发展水平相适应、大致均等的基本公共产品和服务，目的是实现人的全面发展。公共服务均等化是最基本的条件均等，充分体现了社会公平正义原则。我国基本公共服务主要包含基本民生性服务、公益基础性服务、公共事业性服务和公共安全性服务。其中，义务教育、基本社会保障、公共卫生医疗、公共就业服务是广大城乡居民最关心的公共服务内容。

将基本公共服务均等化作为人口城市化目标之一，切实满足民众需求，促进居民生活质量的提高与市民身份的认同，使其拥有平等的社会地位，真正实现城市生活在公共服务领域的均等化和无差别化，是人口城市化过程中最基础、最关键的环节。因为基本公共服务均等化是一种最基本生存条件的均等，是城乡居民满足其他需求、发展其他能力的必备条件，它不是简单的平均化，而是公民的基本权利，其核心在于发展机会的均等，对于增进人民福祉、促进社会公平正义有着十分重要的意义，是全面建成小康社会的应有之义，能在不断完善中增进全体人民共建城市、共享发展的获得感，有助于推动实现中华民族伟大复兴的中国梦。我国应尽快实现公共服务的均等化，使得公共服务体系更加完善，通过体制机制的不断健全，推动公共服务在各个领域中取得突破性的新进展。

四、城市持续发展健康化

将城市的可持续发展作为城市化的目标是城市化能够良性发展的基本保障，一方面体现为生态资源的可持续性，另一方面体现为人力资本的可持续性。只有保证发展路径的健康化，才能确保持续性的真正实现。健康的生态环境是城市发展的基础，是高质量人口城市化的重要指标之一，只有可持续的生态资源才能保证城市化拥有不断开拓的空间，只有拥有连续不断的高质量的人力资源，才能不断为城市化注入新的增长活力。应以人口健康和生态平衡为基准，确立生态环境质量底线，强化保障措施，为居民提供清洁的空气、安全的饮水和健康的环境。

生态资源的可持续性体现为城市化的格局更加优化、发展模式更加科学合理。一个健康的城市首先就要在城市的布局上确保科学合理及可持续，包括合理控制人口密度、科学布局城市功能、积极倡导绿色消费、崇尚健康生活方式等。人力资本的可持续性体现为人力资本质量提升的有效性以及对人口健康问题的重视度。面对人口城市化过程中城市人口的激增，一方面要通过产业结构的转型来从需求的角度推动人力资本供给的结构转型，即通过技术和教育来提升人力资本的质量；另一方面在人力资本质量不断提升的同时，还要倡导绿色健康的生活方式，提升医疗卫生水平，提高人均预期寿命。健康的城市化是全社会共同奋斗的目标，是城市可持续发展的重要标志，也是人口城市化水平与质量协调发展的必然要求，发达的现代都市只有拥有科学的发展模式和健康的居民群体，才能不断提高居民在城市生活的幸福感，真正实现可持续发展的城市化。

五、农村流动人口市民化

市民化是一个特殊的社会变迁过程，是农村流动人口由农民逐渐向城市居民转变的过程。在城市化进程中，农村居民不仅逐渐拥有与城市居民同样的身份和权利，同时也在生活方式、行为方式、价值观念等方面与城市居民同质化，从而实现传统乡村文化向城市现代文化变迁。从长远来看，农村流动人口在完成城乡融合的市民身份转化后，与原有的城市居民在共同的城市背景下要进行再城市化，最终实现人口现代化的过程，即指城市人口在日益分化的基础上，进入一个能够自我维持增长和自我创新的状态，从而满足整个社会日益增长的需要，实现全面发展的过程。

在人口市民化过程中十分重要的一个特征与推动因素就是劳动分工，劳动分工是一个由集成合一到功能分离的过程，即在社会性的生产领域之中，由于某一生产环节中的劳动技能不断成熟，逐步产生了相对独立的生产技能，使得劳动生产更加专一与精细，劳动生产率大幅提高。劳动分工就是一个劳动者技能提升的过程，劳动者技能的提升则会进一步提升其收入水平和社会地位，同时改善工作环境和社会福利水平。除此之外思想观念、生活方式等都会与之同向变化，为逐步实现农村转移人口的市民化提供物质与动力支持。

农村流动人口市民化的关键是提高农民人力资本水平，使其具有在城镇稳定就业和幸福生活的能力。应重视农民的人力资本积累，加大农村基础教育投入，完善农民职业教育体系，切实提高农民工基本文化素养和专业技术水平，增强农民工适应城镇生活的能力。此外，还应坚持自愿、分类、有序原则，加快户籍制度改革，促进农民在各类城市中合理有序流动。继续限制特大城市人口过快增长，适度开放大中城市落户条件，全面放开小城镇落户限制，强化城市体系的专业分工协作，发展特色产业体系，实现城市化和产业化的有机融合。

第四节　人口城市化水平与质量协调发展战略设计

战略是人口城市化水平与质量协调发展的总体设想，涉及未来时期带动全局发展的方针、政策和任务。因此，战略是未来导向的，着重于较为长远的总体谋划。在理性分析的基础上进行前瞻性思考，不断寻求成长和发展的机会并能够识别威胁，才能保证人口城市化水平与质量的持续协调性。战略设计是战略管理过程中十分重要的环节，是在环境分析的基础上研拟发展目标和实施方案，从而能将战略意图转化为最优的战略决策，以获取更长期的发展优势。人口城市化水平与质量协调发展战略设计是未来城市化发展的总体构思与设想，是城市化量质权衡的系统规划与部署。

一、明确使命，发展初期共识

共识是行动的基础，要在全社会最大限度形成发展共识与强烈的使命感，减小行动的阻力。我国目前已经进入了全面建设小康社会的决定性阶段，经济转型升级，人口城市化进程不断加快，因此，必须深刻认识到人口城市化水平与质量协调发展的重要意义，要牢牢把握机遇，对社会发展形势进行准确判断，积极做出战略性的发展规划。因此，依据人口城市化发展的理念和目标，明确美好愿景和发展方向，坚持城市化是现代化的必由之路，是促进经济快速稳定发展的有力支撑，是优化产业结构和消除二元经济结构的重要途径，是构建平等共享市民化社会的主要推动力。要积极促成高层领导的支持和顶层设计的强势推动，在全社会建立起人口城市化质量提升与城市化水平提高的协调发展共识，在管理层和目标群体中明晰责任，从而在初期观念上保证城市化长期持续良性增长。

二、法规保障，确立目标群体

法规保障是促进人口城市化水平与质量协调发展的规范性力量。法律法规的保障一方面体现为对原有法规的了解与尊重，另一方面要积极完善法规。我国人口城市化是在转移人口较多、生态环境较为脆弱、资源相对短缺、区域发展极不平衡的背景下进行的，因此，对城市化过程中出现与潜在的社会问题要具有敏感性，从我国社会主义初级阶段基本国情出发，分析厉害关系，了解各方需求，在遵循人口城市化规律的前提下走出适合中国城乡发展的新型城市化道路。同时还要明确行动的目标群体范围，在协调发展的初期阶段，将目标群体锁定为农民工及其后代，通过各方力量来帮助农村转移群体顺利完成市民身份与社会角色的转型；在协调发展的后期，要将全体城市居民纳入目标群体，从全局出发，构建合理的城市格局与发展模式，创造宜人的城市生活环境，不断完善政策机制，实现全部人口的协同发展与再城市化。

三、解释环境，提供信息支持

基于内外部环境的优势、弱点、机会和威胁等背景分析消除信息盲点，在统筹全局的情况下推进改革，最大限度地缩小信息鸿沟，保证行动的公开透明。我国人口城市化初始水平较低，改革开放后城市扩张迅速，快速的城市化进程吸纳了大量的农村转移人口来到城市，国民经济得到了快速的发展，但也要充分认识到"赶超型"城市化过程中容易出现种种问题与矛盾，如来到城市的农村转移人口难以融入城市生活、人口城市化质量不高且其提高速度慢于以人口数量和土地面积为基准的城市化水平、城市化推进空间规模结构不合理、城市化质量区域差距大、体制机制不健全、发展模式不可持续等问题。因此，要在环境分析的基础上具体问题具体分析，在不同的区域采用权变性与灵活性的战略路径，充分发现城市所在区域的优势，正视发展中存在的问题，积极寻找机会明确新的增长点，在科学分析的基础上制定特色化的城市发展战略。

四、评估方案，确认战略议题

我国人口城市化水平目前正处在一个快速发展的区间，学者们通过背景分析与环境解释也逐步意识到这种粗放型的城市化发展模式会带来"城市病"和"农村病"等种种问题与社会矛盾，进而影响我国的现代化进程，因此应充分认识到随着内外环境的变化，人口城市化必然要进入一个以提升人口城市化质量为主的转型发展阶段。在提高人口城市化质量的过程中，战略设计阶段还要确认当前社会所面临的基本政策选择，列举战略议题的清单，根据问题的紧迫性以优先顺序予以排列、确认出人们关心的重大议题领域。而在当前人口流动的过程中，户籍制度就是一个需要着重解决的重要问题。从国家与历史分析的角度，户籍制度确实在我国特定的历史时期为控制不合理的人口流动起到过十分重要的作用，但是随着经济的发展与社会的转型，这种刚性的社会控制机制已经不能满足市场经济下的自由选择机制，在一定程度上抑制了农村转移人口在城市中的身份转型与融合。因此在短期内应将人口城市化战略议题确定为消除制度的阻隔，从而为长远的城乡融合奠定良好的制度基础与发展环境。

五、选择战略，实施行动规划

在综合分析各项战略的基础上，选择策略方向，构建科学的评价指标体系，以有序提升城市化进程中农村转移人口的市民化能力，以人口城市化的适度性和包容性为目标来提升人口城市化质量。

应改革户籍管理制度，促进全社会范围内的基本公共服务均等化，提高城市的基本公共服务水平。建立农村流动人口的市民化推进机制，推动城乡统筹协调一体化发展。优化城市的布局与交通网络，合理进行城市空间结构和管理格局的规划，提高城市可持续发展能力，建设生态城市、绿色城市，加快农业现代化与新型城市的建设，创新城市管理，完善城市化发展的体制机制，制定适合社会发展、具有可能性与可行性的战略，进行科学的规划实施，创设行动议程，促成社会各个系统的同步发展。

第五节　人口城市化水平与质量协调发展实现机制

从人口城市化水平与质量协调发展的关键要素出发确立"六大实现机制"，即经济增长方式转变机制、城市体系功能定位机制、产业结构优化机制、人力资本提升机制、社会福利补偿机制、市民身份认同机制。

一、经济增长方式转变机制

改革开放以来，市场化机制不断健全，以城市作为空间载体，产业结构转型升级速度加快，经济增长势头强劲。但其快速增长的方式也使社会的发展面临许多问题与困境，出现了一系列结构性的问题，如生产成本提高，资源环境承载能力下降，经济增长过于依赖外生力量的拉动，经济持续稳定增长的空间受到挤压，居民收入分配的结构性差异逐渐拉大，城乡及区域收入差距明显。因此要切实转换经济增长方式，加快我国社会主义现代化的经济转型。

（一）转变政府职能，推进政企分离

政府职能是行政机关在管理活动中的基本职责和功能作用，是国家职能的具体执行与体现，因此政府职能的转变即包括"基本职责"和"功能作用"两个方面的变动。从其承担的责任来看，转型过程包括了责任范围的调整和责任重点的转移；从其所起到的功能作用的变动来看，主要表现为政府作用力在纵向上的移动。明确政府责任，大力发展社会主义市场经济，由领域合一到领域分离，推动市场的自由化发展。

从原型社会向转型社会转化过程最明显的表现就是政企分离。政府不再过多地介入市场，让企业拥有较大的自主权与独立产权，使得人口城市化能最大限度地遵循市场规律进行，依据市场需求进行招聘和培训，推动劳动力市场供需的有效对接，减小结构性失业的概率，避免因政府失灵所带来的负面效应。工业化质量的提高是人口城市化质量提高的重要基础，当前正是"两个一百年"奋斗目标的历史交汇期，要实现高质量工业化的转变，就要从市场机制的角度通过市场选择来推动经济变革，实现粗放式经济模式向集约式经济模式的转变、投资驱动向创新驱动的转变、资本密集型向技术密集型的转变，从而为全面建成小康社会和建设社会主义现代化强国提供有力支撑。

（二）适当政府管制，尊重市场竞争

由于市场缺陷也会引起资源配置无效率的市场失灵状况，因此在自由市场体制下，在尊重市场机制的同时，政府也应该进行适当管制，在一定程度上矫正这种市场失灵。政府管制目的在于维护公共物品的正常运转，防止外部成本的产生，消除由于契约失灵所导致的信息不对称问题，维护平衡以防止偏差行为产生。面对我国工业化发展不均衡不充分的问题，应该充分发挥政府的宏观调控作用，通过政策支持与引导来矫正区域发展、产业结构、实体经济与虚拟经济、工业化速度与资源环境承载力之间的不平衡问题，走新型工业化道路。

（三）完善诱因机制，创造公平环境

对供给面和需求面采取不同的赋税和补助手段进行相应的征税和补偿，以维持经济活动的平衡。对于在城市化过程中出现的工业化污染这种外部不经济现象，就要向生产者征税；对外部经济的生产者要给予相应的补助款或减免赋税，鼓励其扩大规模、持续发展。高质量的经济发展，还必须从供给侧结构性改革的角度，着力提高实体经济的供给质量，加快进行科技创新，大力建设实体经济，使现代金融与人力资源协同发展，推进以制造业为主的实体经济转型升级，从而进一步推动高质量的工业化进程，使我国成为实体经济大国，让人口城市化充分发挥对实体经济转型升级的需求引导作用，形成可持续的工业化道路。

（四）调节收入分配，共享发展成果

在人口城市化的过程中，要在初次分配和再分配领域推进公平平等，通过公共支出手段，优化消费环境与消费结构，最大限度地避免由于政府和市场失灵所导致的分配的不公，为经济的平稳持续增长创造良好的社会条件。通过对城乡居民收入分配的合理调节，促进其在经济地位上的良性平等，缓和其心理上的相对剥夺感，通过收入政策的调节优化，使全体社会成员都能共享城市化所带来的发展成果。

二、城市体系功能定位机制

构建科学合理的城市化宏观布局，对城市功能进行准确定位，把城市群作为主体形态，促进大中小城市明确产业定位和社会分工，实现优势互补和协同发展。城市功能即一个城市的职能，是一个包含着功能类型与功能作用空间范围的复合概念。不同的功能分布于不同的城市发展

空间，同时，在不同的城市空间尺度中，发挥主导作用的城市功能也有所不同。因此，不同的城市功能类型与其发挥作用的空间共同构成了城市功能体系，它具有复合性、动态性、等级性、复杂性和具体性的特点。城市定位是通过确定城市在地理空间所在区域的位置，再对城市自身的优势、外部环境、区位条件等进行深入分析，通过合理的定位使城市获得更大的发展与竞争优势的过程，城市功能定位具有综合性、主导性和前瞻性。

（一）区位优势定位

对城市的自身条件、历史脉络进行宏观背景分析，了解区域特点与区位条件，对城市区域的条件进行详细分析，根据城市生态环境承载力、水资源、土地资源、大气环流特征，优化城市的空间布局和结构，统筹规划，确定城市发展过程中所要面临的机遇与挑战。按照合理布局、以大带小、分工协作的原则，发展功能互补的城市群。

（二）确定现状及定位区域

确定城市的现状区域与定位区域。这是两个从时间范围来定位的概念，现状区域是指经过现实条件分析得出的对整个城市体系发展影响最大的区域，定位区域则是指未来发展中对城市体系影响最大的区域。因此，在城市体系功能定位的过程中，既要充分认识到现状区域对城市发展的重要作用，还要运用具有前瞻性的眼光与战略思想发现城市的潜力区域，在更大的时空背景下预见到城市的可能性与未来的发展方向，确定定位区域。要做到统筹中心城区的改造和新城新区的建设，改善城乡结合部的人居环境，提高整个城市空间的利用效率。

（三）明确城市主体功能

城市功能定位是对区域的外部环境、发展条件以及未来动态变化进行科学分析的基础上，对未来区域的功能类型做出前瞻性、战略性的安排，从而对未来的城市发展进行合理的预测与描绘。它是对区域发展条件的总结，是城市化发展的引导目标，为行动策略提供了方向。城市功能的明确，对政府、企业和居民行为都有十分重要的影响，它影响到城市化进程中城市对人口流动、资金投资起到的推力与拉力。因此，要统筹制定城市群总体发展规划，明确空间结构、功能定位和远期目标，建立跨区域的城市协调发展机制。增强中心城市的辐射带动功能，注重城市群中交通运输网络的综合性建设。只有正确科学地界定城市功能，才能有效提升城市的可持续发展能力。

三、产业结构优化机制

工业化是每一个国家经济发展的必由之路，它是一个由农业主导向工业主导的产业结构演进过程。工业化过程中，人口城市化水平与产业结构、就业结构的转变趋势有密切关系，工业产值和就业比重必然会带动非农产值及其就业比重的上升。工业化会引起产业结构的转变，从而带动就业机构的转变，进而推进人口城市化。但是我国目前的状况是产业结构发展不平衡，劳动密集型的发展模式不可持续，第二产业吸纳劳动力增长缓慢，并且由于对第二产业的政策偏好，导致经济增长过度依赖主导功能突出的工业发展。城市化对于推进经济增长的动力机制无法得到有效的发挥，反过来又遏制了城市化的可持续发展进程。因此需要确立产业结构优化机制，充分发挥服务业发展优势，促进产业结构升级。

（一）依据区域要素禀赋确定城市发展战略

不同的城市区域有不同的要素禀赋，具有地区差异性的城市不能依据同样的指标和路径进行产业结构的优化。各个地区应当通过分析自身比较优势，培育发展具有城市地方特色的产业体系，以劳动力作为要素禀赋的城市就应该大力发展劳动密集型产业，技术或资本占优势的城市则应发展技术或资本密集型产业。只有充分发掘地方特色，明确自身的要素禀赋结构和比较优势，以此来确立发展战略，并遵循权变原则进行及时调整，才能促进地区产业结构优化的实现。

（二）产业政策助力城市竞争力提升

城市化进程中各地区的产业政策一方面体现了地方政府对上级政府产业政策的执行情况，另一方面还展示了地方政府针对本地实际情况与具体经济发展程度所制定的特色设计。在产业政策制定的过程中，地方政府应在符合总体战略设计的前提下拥有一定的自主权，提出适合本地发展的产业政策，促进城市创新能力的增强，营造良好的就业环境，从而提升本地城市竞争力。

（三）合理合规开发土地，维护良性市场机制

土地问题也是人口城市化过程中的关键问题。城乡经济的互动需要搭建土地流转的平台，加速土地的流转，实现土地的确权登记，提高土地资源的利用效率，建立城市用地规模结构的调控机制，实施严格的耕地保护制度和集约用地制度，深化国有建设用地有偿使用制度和征地制度改革，实现土地在城市化过程中的可持续发展。在城市化的过程中，农业的现代化也是一个很重要的环节，而我国农业现代化的关键就是要解决土地规模经营和农业科技推广的问题，其中前者最为重要。在环保机制下合理合规开发土地资源、维护农业的市场环境与农民的利益是城乡统筹发展的重要一环。

（四）推动技术进步，培育新的经济增长点

技术创新是当前供给侧改革发展的重要领域，不仅有利于促进全社会生产力发展，而且对社会结构转型也意义重大。技术创新能促进要素合理流动与产业升级，改变原有单纯依靠人口红利的低劳动成本的经济发展模式。依靠技术进步进行产业结构升级，实现劳动密集型向技术密集型转变，促进高质量发展方式转变。提高技术型劳动者地位，支持高校开展专业技术型培训，提升技术性人才与专业性人才比例，扩大高层次人才引进力度，建立完善的技术创新体系，同时加快科技成果的转化

利用，改变传统资源消耗型的经济发展模式，从技术提升角度促进经济的可持续发展。

四、人力资本提升机制

人力资本是指经过培训和教育的劳动者所具备的知识和能力，是经过不断的学习投资而在劳动者身上体现的资本价值，它同时还包括生理、心理、精神等方面的能力。人力资本是能动的资源，是高增值性资源，无法储存，需要不断地投资、维持与提升才能保持其价值和增值。但是我国在人口城市化的过程中，从短期来看，存在着农村转移人口受教育水平不高、适应能力不足的问题，从长远来看，对城市化后整体城市人口的创新性人才成长与发展机制不充分、针对性不强，在区域与行业中都存在着人力资本分布不均匀等问题。因此，应当意识到人力资本对于社会可持续发展的重要性，按照尊重意愿、因地制宜的原则，以乡城流动人口为重点，建立公平高效的人力资本提升机制，提升农民在城镇就业的稳定性。

（一）注重价值宣传，树立正确观念

充分认识到人力资本投资的重要性，树立人力资本提升的战略理念，树立人力资本价值运营观念，保证持续积累与较高的使用效率，树立科学平等的人才观。重视人力资本，首先要意识到人力资本价值的重要性，人力资本作为劳动者所具有的潜在的创造性的劳动能力，在经济发展中不断创造新的价值。因此，应充分认识到人力资本价值对经济发展、人口城市化与产业结构转型的重要作用，在全社会范围树立起正确的人力资本投资理念，加大人力资本投资力度。

（二）完善制度安排，健全管理机制

人力资本的提升最重要的一个环节是高层领导的支持与权威力量的推动，这就需要政府带动和优化配置，通过相应的制度安排来健全管理

机制，从而弥补市场缺陷。制度的完善和机制的健全体现在农村转移人口落户制度、人力资本产权制度、教育培训制度、收入分配制度、评价制度、管理制度、流动配置机制、工资增长监测机制和价值实现机制等方面。当今是一个知识经济的时代，知识与人才是推动社会进步最重要的力量与财富，因此更应该重视人力资本相关制度与管理机制的健全与完善，构建一个公平竞争的劳动力市场，创造优惠条件吸引各方人才。保证生产、再生产、文化传承、权威系统这四个先决条件的满足，促进人的解放，从人的生存与发展两个基本方面推进人的自主性实现，开放对农村转移人口的落户条件，使其享有完整的社会保障和基本公共服务支持，通过平等完善的教育体制，在就业创业服务体系的支持下，使城市中每一个居民都能具备在城市中基本的生存能力，在自我实现与满足中促进整个社会的进步与发展。

（三）加强教育投入，重视专业技术

研究显示，一个国家的经济增长水平与国民高等教育入学率正相关，国家的经济增长水平差异并不是由资源储备和物质资本差异来定的，而是取决于人力资本的数量和质量。国家必须重视教育形成的人力资本积累。针对农村转移人口群体，首先要保障其随迁子女享有平等的受教育权利，为其提供快捷便利的学籍转接服务，真正将农民工后代教育投入列支到政府每年的财政投资预算中去，推出人力资本投资政策，重视人力资本的系统积累和持续提升。同时，开放培训市场，由市场依据需求来主导培训机制，政府进行宏观调控，完善普通教育、职业教育、在职和再就业培训，尤其要提升专业技术职业地位，提高人力资本存量，为经济发展及产业结构优化转型奠定坚实的人力资本基础。

（四）增强发展能力，提高综合素质

随着人口城市化进程的加快，经济增长水平不断提升，产业结构不断升级，这些经济环境的变化客观上要求居民综合素质的全面提升。因为人口城市化的过程也是一个社会流动的过程，而只有合理的人口流动才能促进社会的良性运行。合理的人口流动既包括量的合理性，又包括质的合理性。量的合理性是指适应社会需要和承受能力的流动量，而质的合理性则是指人口流动过程中所体现的原则与社会的基本制度要求是相适应的。人口城市化水平与质量不协调的关键一点就是水平的变迁要快于质量的提升，即社会已经在物质上体现了有形的发展与进步，但是在居民的能力与意识上还存在着文化堕距。因此，提升综合素质，鼓励居民增强发展能力，推动乡村文化向现代文化变迁，让全体居民逐渐养成现代化的生活方式和思维方式，是人口城市化过程中不可忽视的一个环节。只有所有的城市居民，尤其是农村转移居民，在物质与精神上共同进步与富有，才能在合理的人口流动中创造人与人之间真正的平等，有效激发人的积极性与开拓进取精神，形成一个开放、动态的社会分层结构，拓宽各层次之间的接触界面，促进各层次之间的相互联系与了解，加强社会整合，给社会不断注入活力。

（五）维护城市环境，提高生活质量

可持续的自然环境是城市化良性发展的重要保障。城市环境的维护不仅包括对原有自然环境、历史文化环境的保护，还包括在城市建设的过程中从战略性、前瞻性的角度出发对保护环境的重视与能动性。只有保证在人口城市化的过程中尊重自然发展规律，对居民的主观和客观生活条件进行适度改善，提高其生活满意度，在制度与资源的可持续性上确保下一代的发展权利，从最人性化的角度构建生态城市、绿色城市、幸福城市、人文城市，切实提高人口的生活质量，让每一个在城市中的居民都能有尊严地、平等地工作与生活。提高能源利用效率，减少能源消耗，寻求新技术替代；重视生态环境保护，增加森林、草地、湖泊、湿地等绿色生态空间比重，提高水源涵养能力；监测环境质量，加强环境治理和综合整治，注意水资源和空气质量保护，提高资源环境的承载力。

五、社会福利补偿机制

我国目前处在社会体制转轨和发展转型时期,不同社会结构功能变迁的速度不同,易出现社会失调,并且由于体制机制变化与社会变迁不相适应,不能及时进行制度创新,出现种种社会问题,其中占据重要地位的社会福利补偿机制存在明显的滞后性。完善社会福利制度的主旨就是要实现社会公平正义,使所有成员共享社会发展成果。就我国目前现实状况而言,各种福利差距依然存在,不同群体享有的社会福利水平差别较大,社会代价的支付主体呈现出明显的错位性,主要表现为低保制度待遇水平较低、社会保障制度覆盖范围有限、农民工及其家属的社会保障问题突出、针对贫困人口和弱势群体的发展权保障不足等。因此要完善社会福利补偿机制,解决普通民众在城市化过程中面临的就业难、就医难、就学难、住房难等问题,真正实现全社会范围内基本社会公共服务的均等化。

(一)社会保险

社会保险是保基本惠民生的社会保障制度,由政府、企业和个人三方共同筹资,应对重大疾病、自然衰老、生育子女、意外工伤和失业死亡等风险,为劳动者提供必要的经济支持和物质帮助,以此来降低劳动者的各种生存风险,保障基本生活需求得到满足,面临生存危机可以有效化解。社会保险包括医疗保险、养老保险、失业保险、工伤保险、生育保险、残障保险、死亡抚恤和护理保险等。

目前,人口城市化过程中面临的很大的一个问题就是城乡居民的保险由于户籍制度的阻隔而无法实现异地使用与续接,提高了流动人口在城市中的生活成本,降低了城市生活的幸福感与稳定感,抑制了生活质量的快速提高。因此,应该尽快实现城乡社会保障体系一体化,真正在法律上和制度上实现全民保险,构建保基本、多层次、全覆盖、可持续的社会保险制度。出台城乡间、地区间社会保险转移续接机制,建立全国联网、标准统一的社会保障管理信息系统,实现农村转移人口在城市保险续接的电子化与单一窗口化，真正实现异地领取与直接结算，加速城乡融合的进程。对于正在城市中拼搏的农民工及其后代，政府可以主导建立相关的救助组织，从物质和精神上对其进行救助，维护社会的稳定发展。

（二）社会救助

要在人口城市化质量提升的过程中逐步完善基本的社会服务制度，为城乡居民提供必要的兜底帮扶活动，从而保证其在城市中平等的生存权和发展权。从社会救助方面，要健全对低保对象的认定制度，推进城乡低保的统筹发展。适度提高低保救助水平，合理界定医疗服务的救助对象，降低法律援助的门槛，推进医养结合模式的发展。增进民生福祉，吸引更多的社会力量参与进来，培育多元化的服务供给主体，加快推进社会事业的改革。完善社会救助制度体系，扩大救助范围，让国家物质和服务援助能送到真正需要的人手中，切实提高援助对象的生活水平与生活能力。推进社区建设，让农村转移人口在城市社区中无论在政策制度还是人文关怀上都能感受到公正平等，真正享受到城市化的发展成果。

（三）教育保障

在城乡人口流动的过程中，为农民工子女所提供的教育保障不足会形成事实上的社会排斥，阻碍其享有平等的生存权和发展权，这种在教育上的不平等将会进一步导致贫困的"代际循环"，为社会的稳定发展埋下不稳定因素，引发一系列的社会问题。因此，对待流动人口，要保障其在教育机会上的平等，对随迁流动儿童及时安排入学，并且通过规则教育使其更好地融入社会。与此同时，不仅要保障每个人都享有义务教育的权利，还要通过相应的教育保障措施，整合社会资源，通过多种方式提高流动儿童的教育水平，提高职业专业技术在教育中的地位，大力提升整个社会的受教育程度，用教育保障提高人口文化素质。

（四）住房保障

人口城市化水平与质量不协调发展的重要表象之一就是城乡流动人口在住房上与城市居民的差距，其大部分人的住房位置都在城中村、离市中心很远的城乡结合部、周边农村，并且以租赁为主，居住面积狭小，而城市居民主要居住在市区，在生活质量与便利度上形成很大的差距。虽然城中有经济适用房，但大部分的居住者为城城流动人口。由于居住地理位置的阻隔，在人口城市化的过程中，并不能很好地实现城乡人口真正的融合。因此，政府应当健全基本住房保障制度，推动公租房保障的落地实施，取消户籍制度对住房的限制，加大保障性安居工程的建设力度。依据当地的经济发展水平合理确定住房价格。对城市棚户区的住房进行改造，完善其配套的基础设施，并在建设中加强对工程质量的监管力度。在制定城市住房规划时，也要注意不能完全按照市场的规律来进行，经济适用房不能太集中。要在政府的宏观调控与住房保障制度的支持下发挥各方能动性，推进城乡人口融合与全体城市居民共同现代化与市民化。

六、市民身份认同机制

我国的农民工在城市化过程中进步明显，在融入城市的过程中并不是完全处于被动与弱势地位，他们有极大的意愿并愿意付出努力与城市人口进行融合。但是，市民身份认同机制问题导致农民工城市融入难度增加，这在很大程度上受制于城乡阻隔的二元经济社会格局。从农民工后代的角度来说，在他们出生时其父母就已经离土离乡，他们在城市中长大，由于户口的限制却不能与城市的孩子享有同等的权利与保障，但又与农村环境长期隔离，使农民工后代既不认为自己是农村人，又在制度上被城市人排除在外，成为这一城乡阻隔制度下的"边缘人"。社会需要正视这一问题，及时采取有效措施来应对这种阻断的社会格局，避免社会失范与社会问题频发。因此，要全面完善市民身份认同机制，实现城市化进程中农村转移人口的市民身份有效认同，从制度、意识等方面全力推进平等社会的构建。

（一）逐步弱化户籍制度约束

我国二元社会管理体制以户籍制度为基础，成为城乡融合的主要障碍，依附于户籍的身份差异导致城乡人口在公共服务领域不能得到平等的社会福利待遇，这也使得许多地区在城市化质量提升的道路上遇到了瓶颈，很难进一步取得实质性进展。由于户籍制度的阻隔，农村流动人口在城市的生活成本大大提高，就业选择机会降低，从事的工种劳动强度大，实际收入低，很难在城市中获得较高的经济地位，还会受到明显的户籍歧视，从而不断降低其心理认同感与社会融合感。由于相应教育与救济制度的缺失，其权利意识与政治社会化程度低，使得城市中对流动人口的社会排斥感不断加强。因此，弱化户籍制度的约束是人口城市化质量提升的关键。应开放户籍准入门槛，实施居住证制度，弱化户籍制度本身附加的政治功能。针对户籍开放后可能带来的人口超载问题，可以鼓励中小城市采取政策优惠的良性竞争机制吸引人口迁入，真正从根源性上消除市民身份认同提升过程中高墙的阻隔。

（二）真正实现教育机会均等

要想避免农民工二代成为"边缘人"，其根本的解决方法就是实现教育机会的真正平等，使其在社会流动与分层中具备良性互动的能力。社会互动对复杂的社会关系网络和社会结构会产生一定的影响，通过良性的社会互动，自我价值得以实现，个体需要得以满足，社会得以持续运行。人口城市化的终极目标是现代化，而现代化变迁过程的主要特征是社会分工加深、技术进步加快和体制创新能力增强，这些变化导致对劳动力素质的要求也会不断提高。产业结构变迁会产生更多技术替代劳动的新兴产业，传统教育模式下的劳动力将不再适应这种高标准的产业发展要求，对其进行相应的教育投入和技能培训是必要的选择。劳动力的教育、收入与职业声望之间的联系日益紧密，教育系统成为重要的职业分配机制，构成了社会分层的基本指标。要真正实现教育机会的平等，首先应储备改革的资源，提高对高收入人群的税收，建立科学完善的、能体现社会公平平等的税收制度，在户籍制度改革的基础上，实行真正有意义的最低社会保障，提升正规教育水平，鼓励公益社会组织对农村流动人口进行有意义的教育改进与再社会化。

（三）农民社会关系市民化

社会关系又可称为社会网络，是行动者在互动中所形成的社会联系。社会关系是社会互动的背景，在不断的社会互动中形成新的社会关系网络以获取各种社会资源。社会关系是客观存在的，有效的社会关系在经济社会的发展中可以通过促进信任、提供信息、化解风险、降低交易成本等机制来发挥十分重要的作用。从网络分析法的角度来看，世界是由网络而不是由群体组成的，人与人之间的关系居于首要地位，而其属性则居于次要地位。要使城乡融合过程中城乡居民彼此之间都能产生身份归属感与心理认同，就要通过各种方式增加其社会资本，通过人际吸引、目标共同认定来提高群体的凝聚力，提高群体的整合力量。政府也要进行宏观介入，通过各种媒体媒介的宣传，搭建各种交流平台，去掉城里人对农村新居民的偏见，促进社会成员基于劳动与职业间的联系而形成社会群体，在群体间的平等关系中逐步实现社会关系的市民化。

（四）鼓励农民工建立社会团体

面对人口城市化过程中因为水平与质量不协调而造成的种种社会矛盾，培育社会自主的利益表达和矛盾化解机制，对于经济与社会稳定有着十分重要的意义。因此，可以在政府的主导下建立基层组织团体，鼓励农民工建立代表自身利益的社会团体和能够发展个人综合素质的社会组织，形成一个推动人口城市化质量提升的自下而上的动力机制。在利益团体中制定基本规则与原则，为农民工提供咨询与培训，以组织的形式加强与其他组织工会的对话与沟通。提升农民工及其后代的政治意识，让其能够表达自己的利益与看法，维护自身的发展权益，让更多的人能够听到农民工的声音，看到农民工为城市建设做出的努力与贡献。而由农村转移人口所组建的正式或非正式的社会组织和协会，不仅能使其在城市生活中有丰富的文化活动，还能完善城市社会的公共文化服务体系，提升农村转移人口在现代城市文明中的综合素质，均衡各方群体利益，促进各组织之间的互帮互助，提高社会的正向参与，培养真正的市民归属感。

（五）发挥社区平台功能，缓解矛盾冲突

由于人口城市化依旧处在磨合调试阶段，堕距与不均衡问题存在，还会存在某些不和谐的社会现象。各级政府应在加强制度完善与城乡居民道德建设的过程中，密切关注各种矛盾冲突，注意地方治理与农民工、流动人口之间的关系。应加强以社区为基层单位的制度建设，通过社区中多元主体的平等合作来共同管理社区，通过社区的"善治"推动整个城市的"善治"，发挥城市社区平台功能，依靠社区的力量与资源不断进行社会整合，促进社区治理人员积极平和地解决社区中的矛盾冲突，形成社区治理合力，促进现代公民社会的建立，使农村流动人口获得充分的尊重感与安全感。

第七章

人口城市化水平与质量
协调发展路径

基于城市化发展阶段及适度水平、城乡收入及社会福利差距、产业结构升级优化、全要素生产率等城市化发展目标及效应分析，本章将针对人口城市化质量提升过程中面临的主要问题提出适合未来人口城市化的政策建议和发展路径，力争解决人口城市化水平与质量协调发展的"合理性"与"可行性"问题。当前我国人口城市化正处于转型发展的重要阶段，但由于只重视空间城市化的扩张，忽视人口城市化以及城镇功能的转变，导致人口城市化的水平与质量不适应社会经济的发展需要。今后人口城市化发展应立足于我国的国情、历史文化和经济发展水平等，通过一系列转变实现城市化水平与质量协调发展，打破非均衡的城乡二元结构，实现城乡一体化转变；改变粗放型的城市化发展道路，以城市群为重点，实现大中小城市协调发展的集约型城市化发展模式转变；通过深度城市化全面提升城市质量，实现农民市民化的转变，同时按照均等化原则提供城市基本公共服务，全面提升城市发展质量。

第一节　转变经济增长方式，保持经济稳定增长

我国城市化进程虽然不断加快，但是水平与质量还处于不协调状

态，经济增长方式粗放，不利于经济持续稳定发展。未来要实现城市经济高质量的增长，应加快产业结构调整，发挥"一带一路"建设对经济转型的促进作用，优化经济发展空间格局，探寻经济发展的新支点，实现以"内涵增长"为主的经济增长方式。同时注重城市集约发展，通过不断完善的市场机制实现资源的合理配置，提高城市规划水平和管理水平，优化空间格局，节约资源利用，保护生态环境，提高城市承载能力，走可持续发展道路。

一、依托"一带一路"倡议，实施全方位开放

新型城市化主要通过优化城乡结构实现城乡平衡发展，"一带一路"倡议的实质是优化经济发展空间格局，通过优势互补、加强合作由经济实力强、辐射带动作用大的地区发展带动整体发展。目前中国西部地区经济发展相对落后于东中部地区，而"一带一路"涉及的省份中大部分是西部民族地区，丝路经济带的北、中、南三大经济轴线及其辐射空间几乎覆盖了我国大多数民族地区，包括内蒙古、新疆、宁夏、青海、甘肃、陕西、广西、云南、贵州等少数民族聚居和散居的省份。并且"一带一路"从东亚地区到发达的欧洲经济圈，形成了六大国际经济合作走廊，打造了中国对外开放的新格局。从经济发展层面看，保证"一带一路"倡议的顺利实施，可实现东、中、西部地区优势资源的自由流通，加快民族地区的工业化进程，形成经济发展合力，促进少数民族地区的发展，加速新型城镇化建设，推动新一轮西部大开发战略，从而促进区域均衡发展，实现真正意义上的共同富裕。同时在国内市场趋于饱和的情况下，大力拓展了海外市场，"一带一路"辐射的部分地区拥有比较完整的产业体系，形成了完备的现代化工业体系和技术门类，通过与其他国家的产能合作、产业发展，参与世界经济合作，形成对外开放的新格局，加强与沿线国家地区的合作，稳步推进中国经济的持续发展。

各省（区、市）应充分利用"一带一路"建设的机遇，加快推动

企业"走出去"，实现资本输出与优势产能输出的有机结合，与"一带一路"沿线国家形成优势互补，陆上可利用发达的交通网络，依托经济走廊和铁路运输打造贸易通道，加强与沿线发展中国家在能源、矿产等的领域合作，根据自身的产业优势和工业需求，扩大与这些国家的进出口贸易，进口矿石、石油等资源能源，重点出口轻工、五金和生活类产品，同时依托"一带一路"建设，开拓欧洲高端市场，加强与欧洲的工业、农业、服务业合作，提升国际市场影响力。海上可以利用自身在造船等海洋装备制造方面的优势积极与东盟国家进行合作，拓宽产业发展空间，积极引导企业进入泰国、马来西亚等东盟国家，利用自身产业优势参与东盟各国公路、铁路和港口等基础设施建设，通过境外研发、营销体系的设立促进产业结构转型和现代企业制度改革，借助"一带一路"全方位开放契机，促使企业由制造向管理、研发、设计等高端生产环节转变。

二、推动集约型城市化，促进经济可持续发展

城市化的外在表现是自然环境逐渐被人工环境替代和资源环境利用效率的不断提高，其本质是各类要素在城市地域内不断聚集。过去我国城市化是一种粗放型的城市化发展模式，只注重城市数量的增加和空间的外延式扩张，忽视了城市功能的正常发挥和综合质量的提升，造成资源利用效率低下和生态环境的恶化，降低了城市承载能力。因此，为实现城市化的协调发展，应改变粗放型的经济发展方式和城市发展模式，应协调人口、经济、城市建设和资源环境之间的关系，实现高经济效益、低资源消耗和低环境污染的可持续发展目标。制定创造性的发展战略，打造适宜人类居住的环境，调动各方积极性，在包容和开放中实现保护性开发，避免出现城镇化过程中的资源浪费问题。

一是提高资源利用效率。首先，推广节水措施和设施，发挥政府的引导作用，改革完善水资源的管理体制，提高全社会节水意识，加强水污染的防治，保护水环境；采用市场化机制即合同节水管理模式，建设

智慧型节水平台，使用水循环系统，提高水资源的综合利用程度。其次，合理开发并集约利用土地资源，加强土地规划指导，进行城镇土地清查整理，盘活建设用地，提高土地集约利用程度；鼓励紧凑的土地利用模式，不断提升土地利用效率和集约程度，探索土地利用新途径，开发利用地下空间资源。

二是加快绿色化产业转型。促进工业绿色化转型，积极发展节能、节地、环保的先进装备制造业、高加工度原材料工业和精细化工产业。重视农业规模化、机械化、集约化、标准化、品牌化发展，探索发展可持续绿色化都市型农业、节水农业、绿色有机农业和现代种业。挖掘文化、现代金融、现代商贸物流、电子商务、会展等现代服务业发展潜力，努力构建服务经济为主的产业结构。挖掘区域旅游资源优势，培育区域知名旅游品牌，促进旅游资源与文化、科技、资本的融合，通过产业链延伸、产品叠加和产能挖掘推进旅游业健康发展。新兴高新技术产业能够提升城市的发展层次，减少重污染和高能耗企业的数量，提升城市的生态环境，应有重点、分步骤推动产业结构向高端、高效、高附加值的新兴高新技术产业转变，增强城市的辐射能力。培育绿色低碳产业，提倡使用清洁能源，壮大循环经济规模，广泛应用低碳技术，严格限制高耗能高污染行业发展，扎实推进石油化工等高耗能高污染行业清洁生产审核和技术改造，促进资源循环高效率使用。

三是倡导绿色生活方式。培育绿色消费理念，推行简约适度、低碳环保、文明节约的生活方式。加强媒体宣传，合理引导绿色消费模式；优化城市内外快速交通体系，强化末梢交通网络建设；鼓励以公共交通为主的低碳出行方式，建立智能交通诱导系统，提高居民出行效率；推广绿色建筑和预制安装技术，建立健全绿色建筑财政政策激励机制、标准规范及评价标识体系，实现绿色建筑规模化发展。

四是保护城市生态环境，走低碳节约发展道路。大力发展绿色经济和循环经济，全面推进经济增长方式转变；建立环境保护约束机制，加强环境管理；加快建设城市环保设施，创新污染治理手段，对城市污染进行综合整治；优化自然系统对城市发展的生态服务功能，维持城市良好生态环境。

五是兼顾区域文化特色，深挖文化资源，走文化传承的和谐城市化道路。在城市化建设中，摒弃牺牲普遍价值文化的发展方式，寻求历史文化与城市化的结合点，在具体建设过程中要因地制宜，根据民族或地区特殊的习俗、历史、宗教和生活习惯设计产业流程和产品特色，发挥区域的优秀文化特色，促进城市化与文化认同的协调发展。

三、完善市场经济体制，发挥资源配置基础作用

城市化的实质是资源的优化配置，随着我国市场机制的不断完善，市场主体功能得到了有效发挥，市场已成为城市化的直接动力与重要内生变量。但是城市化进程仍然受制于行政体制，行政手段干预能力较强，城市规模确定和生产要素流动有时受行政命令影响较大，因此，要正确发挥市场机制的资源配置和效率改进功能，促进城市化高质量快速发展。

首先，消除体制障碍，发挥市场机制对资源配置的基础作用。打破城乡间的分割和区域间的封锁，通过市场实现劳动、资本、技术等生产要素向城市适度聚集，以市场化推进工业化和城市化，降低经济发展成本，实现城乡一体化发展。在加快城市化发展进程中，不同地区城市化道路应有所差别：东部地区应主要提升城市化质量，重点发展珠江三角洲和长江三角洲等发达地区，发挥核心区域集聚扩散效应；中部地区应兼顾城市化水平和质量，适度发展大中型城市，同时大力发展小城镇有效吸纳农村人口；西部地区则应重点发展"大城市、小城镇"，一方面提升大城市的核心竞争力，另一方面发展小城镇，促进城乡之间的融合发展。

其次，将市场化作为推进城市化的核心动力机制。目前经济发展的主要动力机制有企业创新力、个人能动力、工业化发展力、政府行政推动力和市场化竞争力，其中，最根本的是市场化竞争力。在新的历史条件下，应积极推进传统体制改革，在借助工业化推动的同时，充分发挥

市场在城市化进程中的基础性调节作用，建立起城市化发展新机制。同时，合理利用政府的管理优势，为市场化运营提供良好的制度环境，实现市场机制和政府管理的有效衔接。

此外，提高传统工业区市场化程度，促进区域经济协同发展。东南沿海地区市场化水平较高，经济发展速度较快。而传统工业区受固有体制制约，市场化程度和深度远远低于东部沿海地区，产权、资本、技术、人力等生产要素受旧体制束缚，市场化水平不高，难以优化配置，国有企业对民营企业的"挤出效应"明显，经济发展缺乏来自市场竞争主体自发的内在动力，经济发展速度较东部沿海地区明显落后，存在经济发展缓慢、企业缺乏活力、劳动力就业困难、人才外流等一系列问题。推进传统工业区市场化机制改革、发挥市场在资源配置中的决定性作用是解决这些问题的关键所在。应转变政府管理职能，加强对私营企业的经济扶持，营造良好的发展环境。一方面要简政放权，进一步拓宽私营经济行业领域，鼓励民间资本和外国资本投资创业；另一方面要加大力度扶持小微企业发展，依据地方产业特色培育中小企业产业集群，形成核心竞争力。推进市场化机制改革重点是加快政府职能转变，减少政府对企业经营活动的干预，提高市场机制的调节功能和速度，鼓励公有制经济和非公有制经济的公平竞争，促进地区资源和生产要素合理流动，逐步形成公平竞争的市场制度环境，提升劳动力在经济发展过程中的创新意识和法制契约观念，营造积极的就业、创业环境，实现区域之间协同发展。

第二节　引导人口合理流动，优化人口空间布局

由于我国人口基数大、总量多，且现有的城市基础设施还不能满足城市人口的切实需要，因而在城乡一体化的进程中，既要考虑引导人口的合理分布，又要考虑城市体系的布局和优化。坚持全局性原则，从整体把握城市发展现状，做到统筹规划、统一布局，实现大、中、小城市

和小城镇的协调发展，优化城乡布局，从实际出发，将流动人口纳入城市总体规划设计中，优化城市人口容量评估机制，促进人口与经济的协调发展。积极稳妥地推进以人为核心的城镇化，统筹考虑城乡发展、产业布局、资源环境等因素，科学规划合理布局，以城带乡，城乡共建，重点发展县城和小城镇，加快现代农业发展，构建产城融合发展新格局，优化区域产业布局，引导企业向城镇集中，着力破除城乡二元结构，达到人口流动的合理预期。

一、建立多层次城镇发展体系，促进人口合理集聚

合理的城镇规模受两个方面条件制约：一是城镇化水平应与经济发展水平相契合。经济发展与城镇化之间具有密切联系，城镇化能够在投资、消费等方面为经济发展提供推力，城镇化水平偏低会导致投资、消费不足，难以有效发挥资本集聚效应和经济增长推动作用。二是城镇承载能力制约。城镇化超过适度水平，将会导致公共资源紧张、环境破坏等问题，不利于经济社会持续发展。根据城镇化水平制约条件，结合各地区城镇化发展现状，确定城镇合理布局：控制大城市人口增速；适度放宽中等城市落户限制，提高中等城市人口城镇化率；放开小城市落户限制，快速提高小城市城镇化水平。依据城镇合理布局任务，结合各地区城镇化发展实际情况，注重城镇体系与产业布局的有效结合，确定特大城市、大城市和中等城市常住人口城市化率调整目标，充分提升城镇体系和产业集群吸纳就业的能力。

首先，保持大城市城镇化速度与质量高度协调。利用特大城市对科技人才、生产资料和先进技术等生产要素的集聚能力，大力发展高端制造业或现代服务业，强化战略新兴产业，提高资本深化程度，合理控制特大城市人口规模，提高城镇化质量。培育先进制造和生产服务等高端产业，夯实产业发展基础，提升城市综合品质，创造更多就业岗位和就业机会，增强都市区人口吸引力。以人口为基本要素，增强都市区周边重点镇与城市发展的统筹规划和功能配套，促进基础设施和公共服务向

周边城镇延伸，提高周边城镇人口承载力。

其次，改善中等城市城镇化速度与质量水平错配状况。依托中心城市的带动作用，促进区域协调发展，增强核心区域辐射带动作用，提升中等城市综合品质，引导人口合理集聚。中等城市应利用传统工业生产条件和资源禀赋优势，改造原有产业基础条件，培育特色产业，吸纳农村剩余劳动力，提高人口城镇化水平，推动资源型城市转型，推动公共服务均等化、工业生产方式转变和第三产业比重提高，进而提高城镇化质量，改善城镇化水平与质量错配状况。

最后，实现小城市城镇化速度与质量水平适度协调。随着大城市对流动人口吸纳能力的下降，小城镇和小城市作为城乡节点将成为未来人口集聚的重点区域。要依托区域资源优势和生态特征，积极推进小城镇建设，发展特色产业体系，完善基础设施建设，培育重点小镇吸纳转移人口能力，同时整合县域范围内的资源，着力打造以县为中心的经济增长极。实施积极的人口迁入政策，降低人才的落户门槛，优先解决有就业能力和生存能力的人口落户问题，提供均等共享的公共服务，实现常住人口全覆盖。

二、优化主体功能区人口布局，实行差别化调节政策

全面落实主体功能区战略，严格按照主体功能区定位推动城市化发展。制定和完善与主体功能区相配套的人口政策。依托于区域产业定位和发展方向，持续推进资源环境承载能力综合评价，准确测定主体功能区人口承载能力，有序落实责任分解和任务分工，分阶段、有重点地实行差别化人口迁移政策。按照国土空间优化开发、重点开发、限制开发和禁止开发四类主体功能区布局，对地质灾害影响区范围内以及重要水源涵养保护地和生态功能区的居住人口，进行动态监测，实施限制人口迁入政策，有序推进生态移民。对人居环境临界适宜的地区进行优化疏解，基本稳定人口规模，鼓励人口向重点宜居市镇收缩集聚。对人居环境适宜和资源环境承载力不超载的地区，重视提高人口城镇化质量，培

育人口集聚的空间载体，引导产业延伸和专业集聚，增强人口吸纳能力。

根据不同地区资源环境承载力和经济发展水平等现实因素，划分为不同等级人口功能区，主要包括重点集聚区、稳定优化区、适度增长区和限制增长区四个类型。引导稳定区流动人口向周边地区迁移，优化人口稳定区内部人口结构；人口重点集聚区的区位优势明显，其经济增长率高而人口增长率较低，人地关系相对缓和，有较大的人口增长空间，可引导容纳更多的人口；加快适度增长区产业结构升级，推动工业化和城镇化发展，吸引流动人口合理集聚；人口限制增长区生态环境敏感度较高，为保持经济和生态的可持续发展，应限制人口过快增长。充分发挥空间调控对流动人口分布的作用，引导人口在各主体功能区合理布局。

三、推动重点城市群发展，发挥集聚扩散效应

城市群是人口承载和经济集聚的主要地域形态，也是推动城镇化过程中的重要形式。城市群能够产生要素集聚效应，对区域经济社会发展具有重要意义。推动城市群集聚，形成城市群内部合理分工，充分发挥地区资源禀赋优势，打造具有地区特色的产业结构体系，形成城市群产业链供需匹配，推动人口在城市群内部合理流动。重新建构中国地域生产力结构，形成以"大城市群—大都市圈—核心都市"为核心的多梯度集群化、多节点网络化城市群空间结构，全面提升城市化综合水平和质量。

中国已经初步形成了层级递进、分布广泛的城市体系，以长江三角洲、珠江三角洲和京津唐地区为代表的城市集群首位度相对较高，对周边地区形成了强有力的辐射扩散效应。未来城市化发展应以这些城市群和都市圈为中心，构建更加合理的城市结构体系，培育重点区域的经济增长极，扩展中心城市的影响力，缩小区域经济差距，优化经济发展格局，释放城市化的巨大经济增长潜力。

引导城市群对周边地区的产业转移和产业升级。中央和各地政府应积极引导重点城市群与周边地区之间的产业承接和转移，充分发挥城市群的扩散效应，带动周边落后地区共同发展。改进政府行政效率，删繁就简，建立产业园区，为区域工业总体发展提供产业基础；城市群辐射地区要积极发挥中央政府的政策支持优势，引导产业顺利在本地区扎根。积极寻求中央政府转移支付，在城市群周边加强基础设施建设，打造良好的投资环境。

第三节　加快产业结构升级，增强城市就业吸纳能力

要增强城市的人口吸纳能力，需要明确本地区的产业发展资源条件并进行合理定位，以产业结构升级带动劳动人口乡城迁移。加快产业结构升级，推动资本、先进生产技术等生产要素在城镇集聚，大力发展第三产业，增加产业吸纳就业能力，创造就业需求，吸引农村剩余劳动力迁入城镇，实现产业结构高级化与城镇化相联动。

一、重视传统产业升级，提升创新竞争力

技术进步是促进产业结构演进的重要因素，同时也是推进城市化发展的主要动力。当前传统产业普遍存在技术含量不高、生产方式落后、能源利用效率较低等问题，表现为一些以石化、钢铁等传统产业为基础的城市面临产业转型和城市化发展的双重压力，因此，技术进步就成为改变传统生产方式和城市化质量提升的关键因素。为此，要构建技术自主创新体系，努力提高自主创新能力，采用新技术改造传统行业，提高技术开发利用水平，促进产业结构转型升级。通过新型工艺研发和应用打破传统产业升级的技术瓶颈，从政策措施、保障机制和发展理念等方面为技术改造提供保障，使技术改造成为产业结构演进的重要推力，提

升传统工业整体技术水平和核心竞争力。信息化是传统产业提升层次、范围和质量的主要转型方向，通过信息化来带动工业智能化和现代化。

以企业为主体，通过技术引进和自主创新两种模式，提升企业创新竞争力。依托高等院校、科研机构和大型技术开发中心，集中社会资源开发共性及配套技术。围绕产业升级和结构调整，利用国内外先进技术，改造具有核心竞争力的重点企业，提高其自主创新能力。对于技术革新较慢的落后企业，采取重新整合的方式，使其迅速适应变革形势，加入先进企业的技术变革中。同时鼓励部分大型企业与国际企业合作联盟，推进技术集成创新与应用，在实现企业间优势互补和利益共享的同时，鼓励其消化吸收国外先进技术，并不断创新改进。

以企业和市场需求为导向，加强企业同高等院校和科研院所的合作，通过建立产学研技术合作平台，提高基础研究能力，为技术研发奠定坚实的基础。加大对科学技术应用研究的资金投入力度，鼓励高等院校和科研院所开发核心关键生产技术，加强与企业之间的沟通和交流，促进科技成果市场转化率；制定和完善鼓励技术创新政策体系，对于创新型企业或个人提供税收优惠、表彰奖励和资金支持；尊重科学，采用法律手段保护知识产权；优化收入分配机制，提升技术贡献的收入分配比例。

二、完善产业发展体系，优化产业空间布局

随着经济振兴战略的逐步推进，振兴政策的拉动效应和资源聚集效应对于城镇化发展的影响将进一步显现，经济增长速度和产业升级幅度将明显提高。应按照经济发展要求和市场化标准，完善产业发展体系，建立政府与企业之间有效、公平的合作机制，紧密结合地区经济发展和企业生存发展需要，建立互促互利的产业延伸企业集群，充分发挥国有大型企业的示范效应和引领作用。加快传统工业技术改造步伐，在原有产业基础上，通过对高技术产业发展的支持，产业结构开始向高端化、精细化、信息化和服务化方向发展。从长期来看，把握经济振兴与产业升级历史机遇，发展优势新兴产业，有利于提升产业优势竞争力，提高企业职工薪酬

待遇，构建产业创新集聚地，吸引创新型人才，提升产业创新能力。

首先，打造本地区优势产业。每个区域都有自己的发展基础和条件，各地政府应对产业分布有一个大致合理的估计，从大局出发进行初步顶层设计，明确本地区经济发展的资源禀赋与比较优势，确立产业结构升级的逻辑起点，立足当地经济的实际促进经济发展。通过深化产业分工来调整产业结构，提高本地支柱产业竞争力，切忌盲目模仿和照搬照抄，遵循"你无我有，你有我优，你优我特"的产业发展模式，摆脱无序的恶性竞争与产能过剩，打造本地区的独特优势吸引劳动力流入，提高先进产业对于农村劳动力的吸纳能力。

其次，大力发展战略性新兴产业。各地应结合自身资源禀赋，重点扶持发展前景较好的新兴产业，摒弃高能耗、高物耗的旧发展模式；对接国家重点发展领域和顺应日益发展的市场需求，围绕重点核心领域，加大技术研发力度，培育重大专项科技人才，提升自主创新能力，为加快战略性新兴产业的发展打下坚实基础；加快完善战略性新兴产业体制机制，构建多元化投资长效机制，促进产业稳定生存与发展，吸引更多优秀人才就业创业。

最后，整合重要资源优化产业布局，推进产业集群发展，提升区域综合竞争力。一是要根据各地区产业特色，以工业集群为载体，大力发展优势突出、竞争力强的产业园区。二是要突破地域界限，建立重大产业项目协同合作机制，促进企业间跨区域合作联动，形成重点突出、优势互补的产业发展新格局，尽量避免产业趋同和资源浪费。此外，要构建信息交流产业平台，统筹规划确立各地区企业发展重点。沿海经济带作为重点开发地区，应充分发挥区位优势，引进高质量产业发展项目，实现特色产业、资本要素和劳动资源的合理集聚，辐射带动周边地区发展，进而提高区域总体竞争能力。

三、扶持重点服务行业，促进产城融合

在产业升级过程中，应以现代服务业为核心，促进产城融合。应立

足于产业发展需求，考虑经济发展目标与人口总量结构变动，建立产业转型与农村劳动力流动的协调发展机制。"微笑曲线"表明，服务环节的附加值明显高于制造环节的附加值，服务业发展潜力和增值空间大于制造业，利用供给侧改革的有利契机，充分发展重点服务行业，不仅能够实现产业转型与优化，还能促进劳动力合理有序流动，提升劳动要素效率水平。秉承"传统、低端服务业特色扶植，新兴、高端服务业重点扶植"的发展理念，充分考虑未来发展前景、产业转型需要及就业吸纳能力，改造传统服务业，发展现代金融业、特色旅游业、养老产业和物流业等附加价值高、资源消耗少、环境污染小的现代服务业，提高城镇化质量，实现城镇化水平和质量的高梯度协调。

首先，应重点发展现代金融业。金融是现代城市经济的核心产业，应坚持金融市场化导向，积极发展银行、保险、证券、担保、期货等行业，创新金融产品，开展多样化金融业务，服务城市重点产业发展、基础设施建设和市民消费生活。强化金融机构的聚集度和业务覆盖，以城市网络为腹地，提高金融服务的辐射力，把城市建成辐射力强、资本要素流动性高的区域金融中心。

其次，应培育高端特色品牌旅游业。结合各地人文资源和自然风光特点，培育一批竞争力强的高端旅游服务项目，有效利用当地优质旅游资源，构建旅游精品集成平台，发挥资源集成效应，促进农村劳动力集聚，实现产业转型优化。在打造旅游高端业态的同时，培育特色乡村旅游，建立生态旅游示范区，充分挖掘当地农村留守女性与老年劳动力资源，促进农村产业转型升级，增强农村经济活力。旅游消费需求日益多样化，逐渐由高端回归自然，更加崇尚乡土怀旧、乡愁抒发的乡村旅游模式。在区位优势不好、商业开发不足、景观原始神秘，习俗朴素自然的部分乡村发展特色乡村旅游项目将成为新的旅游增长点。这种特色旅游不仅可以有效地利用当地的自然资源与劳动力资源，还可以带动服务业全面发展，提升地区发展空间。

再次，应扶持长期护理养老产业。在人口老龄化和倒三角式家庭结构的冲击下，独生子女一代照料老人的机会成本较高，传统家庭养老模式不断弱化，社会养老需求日益增加，政府设立养老机构的能力有限，不能满足庞大的市场需求。同时，涉足养老产业的社会资本往往更愿意选择投资高端养老项目，平民化的长期护理服务将成为养老产业的未来发展方向。通过第三方购买服务方式，建立民营大众性长期照护中心，提供老年护理、临终关怀、医疗专护等养老服务。开设老年护理培训学校，对没有专业技能的就业人口进行医疗护理、康复训练和长期照护等专业技能培训，从生活起居照顾到术后康复理疗，全面提升适龄劳动力护理水平，构建多维养老护理体系，提升养老服务质量，拓宽养老服务领域，助推养老产业转型与优化，同时也为劳动力提供充足就业机会和专业服务技能，有利于提高就业的稳定性和收益性。

最后，应壮大现代物流业。物流业是城市网络沟通的重要产业，涉及地域范围广阔，吸纳就业能力较强，有利于消费水平整体提升。整合现有物流资源，加快完善物流企业、物流基础设施平台、物流信息系统平台、物流业服务体系组成的现代物流产业体系，结合地区优势因地制宜发展资源型物流、临空型物流、临港型物流和商贸型物流。推动城乡快递公司连锁化和信息共享，加快城乡结合部物流发展，促进电子商务的农村"嫁接"，提倡发展第三方物流模式，拓展物流服务功能，实现农村物流行业的全覆盖。重点加强鲜活农产品冷链物流发展，支持大宗鲜活农产品产地预冷、初加工、冷藏保鲜、冷链运输，形成重点品种农产品物流集散中心，使物流业成为产业升级与农村劳动力非农转移的有效载体。

第四节　加大教育资源投入，提升农民人力资本水平

人力资本是支撑产业结构转型升级和经济创新发展的重要因素。劳动力是各种生产要素中最具创造性和活力的因素，只有劳动力数量和质量都达到现代经济发展要求，才能促进城市化水平与质量协调发展。当

前我国农村劳动力整体素质偏低，很大一部分农民在城市就业能力有限，只能从事低端服务行业，缺乏竞争力。部分农民对人力资本投资不够重视，这种保守观念对城市化高质量发展产生了一定阻碍。加强农民人力资本投资意识，强化政府投资主体功能，创新农民职业教育培训体系，加强农村教育基础设施建设和教师培养，提升农民整体人力资本水平，是改善农民工就业能力、实现农民工在城镇稳定就业的最有效途径。

一、强化政府投资主体职能，设立农民教育专项资金

城乡教育投资水平差异显著，农村地区获得的基础教育投入普遍不足，致使农民人力资本水平较低，在城市和新兴产业就业创业能力不足。农村居民整体工资收入水平较低而人力资本投资成本较高，仅靠农民自身力量不足以支付人力资本投资费用，这就需要发挥政府投资主体职能，通过系统组织、合理协调建立具有导向性和管理性功能的公共教育投资机制，弥补农民家庭人力资本投资的不足。

首先，应加大农民职业技能培训资金支持。技能培训具有明显的公共品特征和正外部性，政府部门应发挥主导主体功能，同时组织引导社会力量参与。为此，政府应增加农民职业技能培训的财政投入和资金补贴，特别应增加非农技能培训设施建设和实习基地建设的资金投入，减轻农民工培训负担；建立农民培训补贴和助学金制度，对自愿到具备资质的培训机构参加包括创业培训、境外就业培训的农民工，可按有关规定申请享受一定的职业培训补贴；针对农村劳动力就业现状和就业需求，组织开展分类培训，建立制度化培训机制，提供免费专业技能培训；整合多部门培训模式，提高专项培训资金的使用效率；结合不同产业、行业和岗位生产实际要求，雇用职业教育院校老师开展操作型和技能型教学，创新实际应用教学模式，严格培训标准，提高培训后持证率，切实增强农民工就业创业能力。

其次，应建立农民工子女专项教育扶贫资金。把教育工作当作各级

政府教育政绩的考核指标来落实，提升教育经费在地方政府财政支出中的比重。针对农民工子女的学杂费和公用经费，由中央和流入地政府建立农民工子女专项教育扶贫基金，直接划拨经费到个人，提高教育专项资金利用效率；确定各级政府转移支付责任分担比例，中央及省级政府在增大投入份额时，可适当降低基层地方政府的配套比例，确保农村基础教育有充足的资金支持并落实到位；将农民工随迁子女义务教育纳入公共教育体系和财政保障范围，坚持以流入地为主、以公办学校为主的"两为主"政策，实现随迁子女在流入地参加中考和高考。

二、创新技能培训机制，健全农民职业培育体系

农村劳动力流动的根本原因是产业转移，而产业转移的实质是技术的转移。拥有一技之长的农村劳动力在城市就业稳定性较高。当前我国农村转移劳动力的技术水平普遍偏低，不能满足产业转型的技术需求，导致劳动力市场供需存在结构性的矛盾。为适应经济发展的产业需求，需充分利用职业教育技术资源，构建职业农民培育制度体系，推动传统农民向新型职业农民的转变。健全职业培训、就业服务、劳动维权"三位一体"工作机制，为产业转移提供充足的劳动力资源，促进劳动力合理有序流动，有利于产业转型与农村劳动力流动的协调发展。

首先，开展需求调研，实现就业与培训无缝对接。开展企业用工需求调查和农村外出务工人员就业情况调查，对未来一个阶段劳动力市场需求的数量、质量和结构做出有效预测，同时对相应阶段劳动力市场的供给状况做出分析，从而准确把握农村劳动力转移就业的新特点和趋势。以市场需求为导向，调节劳动力供给状况，由培训机构对农村劳动力进行有针对性的教育和培训，优化劳动力供给质量和结构，使劳动力市场供需达到阶段性的匹配。借鉴部分地区成功经验，在农民工集中度较高的地区进行调查，了解当地企业的劳动力需求情况，及时掌握需求信息，调整优化农村劳动力的培训实训模式，采取定向与培训相结合的职业教育新模式，组织待业或失业状态的农民工参加职业技能培训和相

关领域再就业指导，为农民工提供更准确的就业信息和就业指导建议，注重跟踪回访，实现培训与就业的有效衔接。

其次，整合教育资源，完善农村劳动力培训体系。文化素质与技能水平是顺利就业、提高就业质量的根本。为扩大农民工就业规模，增强就业稳定性，应高度重视和加强文化素质培养与就业技能培训。各级政府应制定有针对性的、适合农民特点的职业培训计划，加强对劳动适龄人口职业培训，通过培训提高其就业竞争能力和创业能力。根据就业市场需要，明确目标任务，制定农民教育培训规划，建立常年性、专业性的职业学校和培训中心，举办行业技术培训班，动员城市职业技术学校到农村组织培训，提高农民劳动技能和就职能力。坚持实用、实际、实效原则，整合农村各类教育资源，秉承"教育同市场接轨，培训同市场挂钩"的培训理念，增加农村地区职业学校数量，并以市场需求为导向，及时调整学科设置，形成覆盖不同人群、不同年龄阶段的农村教育体系。引入市场竞争机制，调动各类教育机构参与职业技能培训的积极性，同时发挥政府的调控能力，以市场购买、资金补贴等方式，引导教育资源集中，优化教育培训资源的分布和结构。借鉴高校领域"一流高校""一流学科"等建设工程，对区域内高质量的培训机构和培训机构中的特色学科进行重点培养和扶持，并采取动态的进出机制，促使各培训机构积极提升教育质量。在培训内容上，要有效率地利用教育资源，既要以产业和市场为导向，又要针对农民工群体特点，恰当而贴合实际，增加基础性和实用性课程比重，使农村劳动力迅速掌握市场所需技能，避免理论多于实践；培训方式上，在保证教学质量的前提下，应加强课程安排的灵活性和多样性，做到集中教学与分散教学相结合、长期性培训与短期性培训相结合。

三、加大农村教育基础建设，提升农村教师职业素养

教育水平的高低与当地经济发展水平存在极大关系。当前，城市与农村的经济发展差距不断拉大，大量教育资源向城市聚集，导致城乡教

育水平差异更加显著。缩小城乡人力资本差异，需要加强农村教育环境的建设，缩小与城市教育资源配置的差距，同时改变教育经费分配机制，为农村构建良好的教育环境，增加农村居民的人力资本积累，最直接最有效地改变城乡不平等的发展格局。

一是要加大农村教育基础建设投资力度。国家要提高农村地区教学硬件设备的投资力度，缩小城乡教学硬件资源差距。合理调整学校布局，撤并办学条件差且生源明显不足的学校，在交通不便的农村地区保留低年级教学点；通过政府拨款等途径筹集资金，加快农村学校教育信息化建设步伐，建设覆盖城乡的教育资源库，对教育资源进行开发和整合，促进教育资源共享共用，不断探索与丰富适合农村的教育信息化发展模式，增加信息技术在教育中的应用，推进农村教育现代化。

二是要提升农村地区教师职业素养。首先，完善农村教师福利制度，提供必要的物质鼓励和津贴支持，提高农村教师工资收入，改善农村教师的生活水平，并在住房、养老和医保等社会福利方面给予适当倾斜，解决他们的生活后顾之忧；设立专项补助经费和奖励基金，对家庭经济困难和偏远地区的教师进行专项补贴和资金支持；给予农村教师家庭学龄儿童优惠入学政策。其次，努力实现城乡教师同工同酬，缩小同级专业职务的城乡教师工资福利待遇差距，提升优秀教师在农村任教的稳定性。最后，加强农村教师进修培训，安排农村教师到城市学校观摩学习，加强城乡学校之间的沟通交流，将更科学、更全面的教学理念和教学方法传播到农村，缩小城乡间教育水平的差异。同时，通过制度化的方式，激励优秀教师到农村地区教学，并将是否到基层进行服务列为教师职务评定晋升的指标，提高城市优秀教师团队为农村和贫困地区学校服务的积极性。

四、利用信息激励方式，增强农村居民人力资本投资理念

提高农村居民人力资本投资水平可以有效提升其在城镇就业能力，为城市化和社会经济持续发展提供持续动力，缩小城乡收入差距。农村

居民人力资本投资收益意识较弱，应积极引导农民观念转变，加大对农民人力资本投资的激励。

首先，通过宣传引导方式，改变农村居民人力资本投资理念和优化知识结构意识。应普及农村义务教育，重视基础教育投入，实现农民素质的全面提升，为今后走向就业市场奠定坚实的素质基础；在对农村居民进行职业培训时，应增加其对人力资本投资重要性的认识，使居民更加了解人力资本积累对个人和家庭长远发展的重要意义，帮助他们树立正确的人力资本投资理念；各级教育机构要加强宣传引导，做到教育过程中理论学习与思想转变并重，增强农村居民人力资本投资意识。

其次，利用信息激励方式，提高农民人力资本投资积极性。通过农村居民易于接受的宣传方式，增强职业培训认同度，提高职业培训关注度，使农村居民深入了解将从职业培训中学到的理论应用于实际生产后所能带来的经济效益，提高职业培训的吸引力；构建统一的劳动力市场信息平台，及时将劳动力市场供需状况等信息传递给职业培训机构和有就业意愿的农村居民，减少信息不对称造成的效益损失；采用发布农业新技术成功案例等信息方式，使农村居民认识到新的生产方法或技术对自身和家庭所带来的长期收益，增强农村居民对新理论、新技术的接受程度，提高其主动学习的积极性，尝试运用现代化农业技术，推动农业生产方式转型升级，释放农村地区的经济发展潜力，提高农村居民收入水平，实现城乡均衡发展。

第五节　完善包容共享福利体系，吸纳农村劳动力稳定就业

包容共享即为农民工提供分享城镇化成果的均等机会，在城镇获得平等就业机会，获得同质的公共服务和福利待遇。由于受到种种限制，农村劳动力融入城市非常困难，很多流动是暂时性或候鸟式迁徙，城市在吸纳农村劳动力就业的同时却没有相应地使其成为真正意义上的市

民，农民不能享有与城市居民平等的待遇，并没有实现本质上的城市化。完善社会保障相关制度与社会服务体系，有利于提升农村劳动力就业的稳定性，实现高质量的城市化。

一、扩大养老保险覆盖面，建立城乡养老保险梯度对接机制

首先，扩大养老保险覆盖面，将农民工和失地农民全部规范纳入养老保险体系。对于农民来说，缴费金额在一定程度上会影响其参与养老保险的积极性。因此，允许确实难以足额支付保费的农民工变更缴费方式，对于由于客观原因导致短期内无法按时足额缴纳保费的，可以减免滞纳金，同时，适当增加就业困难者缴费补贴，提高农民工参保率。

其次，建立城乡养老保险梯度对接机制，实现城乡居民养老保险与城镇职工养老保险制度合理对接。居民养老保险向城镇职工养老保险转移时，个人账户直接转移，财政补贴部分也相应划转，参保者根据职工养老保险的标准继续向个人账户缴费；社会统筹部分的缴费年限按某种标准折算为职工养老保险缴费年限继续累积；参保人员按转入地的职工养老保险计发办法缴纳基础养老金。城镇职工养老保险向城乡居民养老保险转移时，若其参加城镇职工养老保险超过 10 年，不建议转移到居民养老保险，而是通过补缴或缓缴的方式继续参加城镇职工养老保险并享受其待遇。参加城镇职工养老保险不足 10 年的，自愿转入城乡居民养老保险时，个人账户直接转移，并按照转入地养老保险政策继续向个人账户缴费；企业缴纳的社会统筹部分是个人养老的权益，应对其折算后一并转入居民养老保险个人账户；原缴费年限计入农村养老保险缴费年限累加计算；参保人员按转入地的养老保险计发办法享受基础养老金和个人账户相应权益。

二、缩小城乡医疗筹资给付差距，实现医疗服务均等化

新农合制度对满足农村居民医疗保障需求发挥了重要作用，也对城乡医疗保险筹资与给付水平收敛产生了积极影响，但目前城乡医疗保险

缴费与给付水平仍存在较大差距，不利于城乡均衡发展。只有城乡医疗保险改革与二元经济结构转换相契合，以人均纯收入增长率为城乡居民医疗保险筹资给付标准的调整依据，才能逐渐实现城乡医疗保障的协调发展。

第一，确立城乡医疗差距缩小的阶段目标。就我国目前经济状况和发展趋势而言，基本医疗卫生服务可采取分步走的战略。具体步骤如下：首先，建立广覆盖的基本医疗卫生服务体制，实现对象上的广覆盖。提高医疗保险的覆盖面和参保率，让每位公民均等享受改革成果。其次，实施城乡统一的医疗保障体系，彻底打破城乡二元结构和职业限制的壁垒，整合城乡医疗卫生保障机制，缩小城乡医疗卫生服务水平差距，扩大市级定点医疗机构就医即时结报覆盖面，建立参合农民出院即时结算制度，加快实现并完善市内各级新农合定点医疗机构垫付制度，方便参合农民在全市范围内就医及时获得补偿。最后，制定基本医疗卫生服务的测度标准体系，实现城乡居民平等享受基本医疗卫生服务，明确基本医疗卫生服务最低标准，并且根据各地区经济发展水平差异，确立一定的浮动区间，确保农村居民的最低保障标准得到满足。

第二，健全经费保障机制，提高财政补贴力度。首先，确保实现城乡医疗服务均等化发展的财政投入，在中央和地方设置合理的财政分权制度，特别是要加强县、乡、村三级财政投入的责任和范围，根据各地区的实际发展情况，因地制宜，明确财政投入的金额，确定基本医疗服务支出在国民生产总值中的比重，并进行核算和审查和监督。其次，实现基本医疗卫生服务资金来源多元化，政府要采取各种措施，例如减少税收等，吸引国内更多的企业和社会人士参与医疗卫生服务，并联合世界其他国家政府和金融机构，为我国的基本医疗卫生服务增加外国资本和民间资本投入。最后，健全国家财政转移支付制度，确定科学的转移支付目标，清理不必要的经费使用项目，减少人为因素对转移支付的影响，提高城乡基本医疗服务经费的使用效率，严格规范基本医疗卫生服务经费转移接续审批程序。

第三，实现决策、供给和监督三个主体多元化。实现决策主体多元化，建成涵盖城乡弱势居民代表、专家学者、新闻媒体等主体的参与渠道，从不同的角度进行交流，倾听各方利益诉求和意见建议，探索更为有效的城乡基本医疗卫生服务模式。实现供给主体多样化，通过合理合法的市场竞争，允许社会非营利机构、有资质的社会力量参与基本医疗卫生服务市场，借助各种媒介提供高质量的服务，提高服务运作效率和专业化水平。实现监督主体多元化，确立包括行政、司法、社会大众、新闻舆论等多个监督主体，同时积极吸纳各类专业技术人才，建立健全资金监管和服务监督机制。

第四，建立城乡医疗良性互动机制。一是合理配置城乡医疗设备，将城市医院中利用率低的设备转移到农村的医疗卫生机构，提高医疗资源使用率。二是加强医疗卫生人员交流互动，高效率利用医疗人才。通过设立各种奖励特惠政策，吸引人才参与到农村医疗服务中去，鼓励农村医疗人员参与各种继续教育和培训活动，提高医疗专业化水平。三是鼓励大城市公立医疗机构为农村医疗人员提供交流培训机会，同时鼓励医院派专家指导以及利用网络服务等灵活多样的方式助力农村医疗建设，对于提供交流培训的医院实施相应优惠政策。

三、构建多维评价体系，优化城乡救助财政分担机制

农民工、失地农民是我国社会转型时期出现的新社会群体，对低保制度而言也是新的保障对象，涵盖农民工、失地农民的最低生活保障制度是具有时代特征的特殊过渡性制度。将农民工和失地农民作为特殊群体纳入最低生活保障制度，有利于提高乡城流动人口在城镇就业的稳定性。

首先，建立城乡最低生活保障线"双维度"调整标准。从两个维度进行最低生活保障线动态调整：一是最低生活保障线标准与经济发展相联动，随着经济发展水平逐渐提高，居民消费需求也在增加，满足基本生存需求的最低消费标准会随着经济发展而提高，因此应合理调整最

低生活保障线，通过最低生活保障线上调保证低收入居民基本生活；二是以城乡最低生活保障差距收敛为标准，进行城乡最低生活保障标准调整，适度加快农村最低生活保障线调整速度，逐渐实现城乡最低生活保障救助均等化。通过"双维度"调整，既能够满足城乡低收入居民基本生活，防止补偿收入的相对水平下降，也能够逐渐缩小城乡福利差距。

其次，构建城乡社会保障协调发展的评价测度机制，从不同维度对城乡社会保障协调发展度进行测度，实时反馈协调发展水平，为政策调整提供依据。城乡社会救助协调发展评价体系包括以下几个维度：一是覆盖率维度，从城乡社会救助覆盖范围判断协调程度，城乡社会救助覆盖农村居民、农民工和失地农民，表明城乡社会救助已经实现了全口径制度对象覆盖，在覆盖范围层面达到协调；二是管理体制维度，以城乡社会救助管理体制一致为依据，进行城乡社会救助协调发展水平判断；三是资源传递维度，城乡社会救助是否发挥了资源传递功能，是否满足了城乡低收入居民基本生活，是判断城乡社会救助是否协调的标准之一。

最后，完善城乡社会救助财政分担机制。现阶段城乡最低生活保障等社会救助制度筹资主要由中央和地方财政分担，合理确定中央和地方财政分担有利于实现社会救助制度可持续发展。在进行财政分担机制确定时，合理确定国民基本生活保障资金在各级财政分担的比例，加大影响财政支出客观因素的权重。可从两方面进行财政分担机制设定：一是中央政府尽快建立全国低保救助体系，制定城乡最低救助标准，这也是中央财政有效实施省级财政转移支付并形成合理财政分担机制的前提。具体标准的设定可以根据经济和财政指标将全国划分为几个片区，分别制定相应的救助标准，并增强可操作性，对于财政负担能力低的省份通过规范的转移支付弥补城乡间基本救助服务的财力差距。二是完善省级以下政府财政的分担机制，解决地方社会救助资金供给不足问题，为中央财政提供必要的基金补充和责任分担。

四、完善居民住房计划，提高农民工城市融入度

随着城市化进程的加快，大量农民离开家乡到大城市就业创业，为城市经济发展做出了卓越贡献。拥有属于自己的房子、安居乐业是他们毕生的梦想。政府如果将外来人口纳入城市住房建设规划，将吸引和留住更多的年轻劳动力人口，增强他们的城市融入感，实现真正意义上的农民工市民化。

首先，保障农民工工资收入按时发放。农民工既可以选择租赁的方式，也可以选择购买的方式在流入地居住生活，但是无论采取哪种方式，收入稳定都是至关重要的因素。在高度发达的城市区域，农民工由于身份及经济差异始终处于弱势地位，薪酬水平在一定程度上与其付出并非完全对等，工资拖欠或不能完全兑现还时有发生。农民工的收入预期与住房条件密切相关，提高其收入水平，确保工资按时足额发放，对其住房能力提升具有显著影响。

其次，完善保障性住房规划。逐步扩大住房保障覆盖面，将公益与保障型住房向农民工倾斜，增加农民工的城市融入感，将有稳定就业的农业转移人口纳入公共租赁住房保障和住房公积金制度覆盖范围。改善住房的居住设施，提高居住质量，保障性住房的选址不必选择发展前景好，交通、教育等基础设施发达的地区，棚改户、旧房翻新等方式也可以获取保障性住房房源。也可以将旧厂房、烂尾楼等进行重新规划，更新周边的基础设施，满足农民工基本生活需要。根据农民工需求，建筑不同类型的保障性住房，供农民工自主选择，增强其城市归属感，使其更好地融入城市生活中。

最后，加强住房租赁市场管理。由于就业的流动性和收入的不稳定性，因而更多的农民工会选择租赁方式。农民工进入新环境初期，不熟悉当地环境和市场的变化，信息存在不对称，就会存在房屋所有者或者中介机构欺骗农民工的情况，因此，政府应该在了解农民工住房需求的基础上，建立合理的住房租赁政策，规范农民工住房租赁市场，加强市

场监管力度。

第六节　重构平等制度体系，消除劳动力流动障碍

城市是具有多元化和异质性特征的人口聚集载体。由于城乡居民户籍身份不同，导致农民工在经济权益和社会权益方面与城市居民有所差别，享受不了城市居民应有的权利和保障，阻碍了城市化水平与质量的协调发展。要实现城市化质量的全面提升，需构建平等的制度体系，实现农民市民化的转变，按照均等化原则提供城市基本公共服务，确保农民工权力的获得和身份的转化，积极地发挥政府的作用，完善相关政策和制度体系，尽快消除城乡劳动力在收入水平、福利保障和公共服务方面的差异，使农民工群体享有和城市居民同等水平的国民待遇。通过户籍制度、就业体制和公共服务等政策调整，重构城乡协调发展的制度框架和政策体系，消除城镇化发展中政策的二元性，注重政策制定和贯彻执行的紧密结合，让城乡居民在经济发展和社会权力上享有平等机会，解决农民工在城市就业的后顾之忧，积极推进农民市民化进程。

一、深化户籍制度改革，增强农村劳动力居留稳定性

户籍制度是影响农村劳动力合理流动的重要因素，改革城乡二元化的传统户籍制度，消除城乡居民在户籍上存在的身份差异，有利于促进城乡劳动力合理流动，促进城乡社会管理体系协调发展。现行户籍制度附加了形式多样的利益关系，既无法体现社会公平，也阻碍了城市化发展进程，应依据"循序渐进"的改革原则，有步骤、分阶段地加快户籍管理制度改革的步伐，打破户籍制度壁垒，逐步实现农民工在住房、养老、医疗保障等方面的平等权益，形成促进人口有序流动的管理方式和制度体系，加速人口向城镇聚集，为城镇化快速发展提供制度保障。

第一，分类细化落户政策，建立差异化落户政策体系。合理确定城

市城区落户条件，根据居民在一个地区的居住期限，建立登记入户制，推进居住证制度覆盖全部未落户城镇常住人口，保障居住证持有人享有国家规定的各项基本公共服务；根据不同城市的具体情况，以连续居住年限和参加社会保险年限等为条件，实行"梯度化"户口迁移制度，引导人口合理流动，使农民工逐步享有与本地户籍人口同等的职业教育资助、就业扶持、住房保障、社会福利和社会救助等权利。

第二，全面放开小城镇落户限制。推进农村人口向小城镇转移是提高城镇化水平的重要途径，小城镇人口集聚主要有三个途径：一是农村劳动人口在中小城镇就业；二是农村子女进城入学带动家庭城镇化决策；三是农村居民在小城镇购买住房。针对小城镇人口集聚主要来源，在小城镇购买住房或有稳定工作的劳动人口，以及共同居住生活的配偶、子女和父母等直系亲属均可以在城镇登记落户。

第三，有序放开中等城市落户限制。目前中等城市在一定程度上存在城镇化水平与质量错配问题，提高中等城市户籍人口城镇化率是解决这一问题的重要途径。在具有稳定工作、购买住房或能够出具租住凭证的落户限制条件基础上，可增加城镇社会保险缴费年限条件。中等城市、大城市和特大城市的城镇社会保险缴费年限可逐渐增加，形成社会保险缴费年限梯次限制。

第四，合理确定大城市落户条件。在城镇化发展过程中，既要充分利用特大城市资本集聚效应，推动技术创新，也要考虑城市综合承载能力，控制特大城市人口增速。在特大城市地区，建立和落实积分落户制，积分要综合考虑年龄、参加社会保险年限和人力资本水平等方面，设定合理落户积分标准。在大城市具有稳定就业收入、购买住房或具有租住房屋、参加城镇社会保险的劳动人口及共同居住生活的直系亲属均具备落户条件。相比中等城市，城镇社会保险缴费年限规定可适度增加。

第五，实现户籍管理信息化，简化落户程序。逐步将人事、劳动、生育、统计、工商、银行等重要部门网络与公安机关的人口信息网络联网，组成交叉融合的互联网络，实现全国人口信息联网和户籍管理信息

化，实时了解流动人口就业、居住和生活信息，从而为人口管理、经济
建设和社会发展提供更好更及时的信息服务。可以根据当事人在当地的
居住时间、生活地域和职业分布等统计信息，用确认事实的方式代替审
查条件的方式，结合当事人的意愿，只要符合条件就准予进行户口登
记，即用准入制替代行政审批制，让在城市务工的农村居民更加便利地
融入城市，并且保障其逐渐享受与当地居民同等的权益。与此同时，对
那些久居城镇、与城镇居民结婚而被农村注销户口尚未落户的人员、已
有固定住所的人员和在农村无依无靠及其他特殊情况来城镇投靠直系亲
属的人员，应本着以人为本的原则尽快解决落户问题。

二、统一城乡劳动力市场，提供人性化就业服务

农村劳动力流动的目的是获得工作收入、改善生活环境和提高社会
地位，其中关键因素是工资收入和就业机会。我国劳动力市场从初始建
立就存在城乡分割问题，对农民工的歧视和偏见还未消除，农村劳动力
自由择业权利还未获得充分保障，关注农民的就业现状，应建立城乡协
调的劳动力市场和管理就业机制，对劳动力资源进行统一开发、利用和
管理，实现农村劳动力的合理有效配置，充分发挥市场在促进劳动力有
序转移中的作用。

第一，建立公平自由的劳动就业制度。首先，打破部门与行业的传
统垄断，营造统一公平的劳动力市场环境，不再对某些特殊行业给予特
别的对待，不再对某些特殊部门给予特别的优惠，不再对某些特殊个人
给予特别的照顾，所有行业和部门都以市场原则为准，遵循市场价格规
律和竞争原则，促进劳动力从低效部门向高效部门流动，降低劳动力的
"退出成本"。其次，政府以及各级公共职业介绍机构应该向农村劳动
者与城市劳动者平等开放，向其提供及时的就业信息与政策服务。最
后，在尊重劳动者个人选择意愿的同时鼓励农民工返乡就业，随着政府
对农村精准扶贫工作的逐步开展，乡村振兴将保障农村劳动力有更多的
就业机会。

第二，完善政策体系，公平对待进城农民。建立高效运转的劳动法制、就业体系及市场规则，实现劳动者在同等条件下竞争，规范雇主和农民之间劳动合同的签订和执行管理，依法保护农民工就业权益；将农民工与城镇居民平等纳入公共就业服务范围，降低农村劳动力进城的就业门槛，遵循以人为本原则，提供人性化的就业服务，对于"外出务工许可证"和"流动就业证"等阻碍农村劳动者进城就业的歧视性规定应予以取消，归还、赋予和保护本该属于农民自由择业的权利，打破城乡分割的就业制度；同时提高农民工社会参与水平，保障农民工享有平等的社区政治生活权利以及公共服务权利，让农民工有机会表达自身的利益诉求，维护和实现自身权利。

第三，加强对农民工就业信息和就业服务的帮助。加快城乡就业信息网络建设，建立全国统一的农村劳动力供求信息平台，将地区性、区域性农村剩余劳动力信息汇总形成全国性的农村剩余劳动力供求信息，从根本上避免农村劳动力转移的盲目性，促进全国统一的劳动力市场形成。打通城乡劳动力交流渠道，培育有利于农村劳动力转移的城乡就业协调机制，为城乡所有劳动者提供就业培训和就业指导，提高就业概率；扶持职业介绍中介，鼓励发展公办或私营职业介绍服务组织，对职业介绍机构运营情况进行细致审核并进行有效监管，不断提高服务水平，明确办理流程，简化农民工办理就业转移的相关手续，切实从信息源头和岗位提供两个方面帮助农民工持续获得稳定工作。

三、建立最低工资调整机制，提升农民工生活幸福感

在城镇劳动力市场中，农民工所能获得的工资水平明显低于城镇职工，影响了其在城镇居留和就业的稳定性。建立工资增长监测机制，提高流动人口工资待遇水平，使其能够在城镇稳定就业、长久发展，吸引农村有能力的劳动者到城市工作，并长期留在城市。只有提高农民工的最低工资标准，提升其在城市生活的满意度，才能真正实现农民工市民化。依据工资溢出效应，提升最低工资标准对于低技能农民工群体具有

显著效应。目前，农民工最低工资标准较低，仍有一定的提升空间，有些用工单位虽然为了补偿工作强度和工作环境的差异提高了部分群体的工资收入水平，但是政府部门还应适当提升最低工资标准，促进农民工整体收入状况的改善。

第一，建立并完善工资集体协商制度，提高农民工组织化程度，增强其议价能力。建立健全工资集体协商规则及细则，形成完善的制度约束环境，进一步明确未来集体协商机制实施细则，有效降低制度实施的"形式化"。通过知识技能培训提升农民工在劳动力市场中的结构力量，提升农民工集体议价能力和协商机会。此外，还应提升农民工维权意识，提升农民工集体赋权的制度空间和承接条件，保障工资集体协商机制的配套体制环境，实现基本生存权到发展型公民权的扩展。

第二，推进农民工用人单位工会建设。农民工工资的增长除了受外部制度的制约，还受到劳资双方力量对比的影响，但大多数情况下劳资力量对比悬殊，工资的标准在大多数情况下由企业主导，因此需要发挥工会的力量，帮助农民工提升工资水平，维护合法权益。首先，要让农民工有会可加，利用新媒体及农民工聚居区，进行工会作用的集中宣传，动员农民工加入工会。其次，充分发挥工会的作用，改变一些非公有部门中工会组织"虚挂名头""空设部门"等状况。此外，降低农民工会费的自付比例，制定适合于农民工的会费办法，采取用人单位资助、上级工会补助等多种形式。

第三，充分发挥农民工社会关系网的信息交流作用。谋得一份工作是农民工在城市立足和寻求进一步发展的关键，而当前我国城市劳动力市场缺乏有效的就业信息平台和互动机制，使得农民工在与企业进行信息传递和沟通方面处于弱势。亲友介绍在农民工寻找工作方面仍然发挥着重要作用，农民工多数通过初级社会关系网这样的非正式渠道寻找就业机会。在社会关系网中建立除亲戚以外的其他社会关系，将更有利于提升农民工的工资水平和就业持续性，社会关系网络使农民工从中获取不同性质的资源，关系资源的收入效应决定社会资本的作用方式及结果。社会关系在提高农民工经济地位的同时，还能为农民工提供生活帮助和精神慰藉，真正促进农民工市民化。

四、完善土地要素流动机制，提高土地资源配置效率

破除土地流动障碍，农民才能真正摆脱制度约束，在城乡之间自由流动。土地要素流动性主要受制于初次产权分配，完善土地产权制度，增强土地流转性，努力寻求契合农业发展趋势的土地经营权流转制度，同时提高城市土地用途变更的监管力度，严格贯彻落实保护耕地政策，在提高土地利用率、保护土地资源的同时，使农民真正自主选择就业途径。

首先，对现行土地制度进行废、补、修。"废"就是要废除现行土地制度中不利于农业产业化和城市化发展的制度，"补""修"是补充和修改关于农地流转的经济利益相关规定，制定适当的征收补偿标准。充分发挥市场机制的杠杆功能，构建多维征地补偿标准，改革农地流转征地补偿标准中单纯补偿平均年产值倍数的旧标准，实现农村土地的权价匹配。此外，政府还可以制定灵活的补偿标准，参考土地的地理位置、流转征收后的增值状况，在合理合法的前提下扩充补偿范围和调整补偿标准，明晰农村土地产权，杜绝以发展农村建设为名掠夺土地资源。

其次，健全土地法律法规，维护农民土地权益。根据现阶段农村土地流转中发生的新情况，对原有法律进行补充完善，适时修订土地流转的法律法规，促使土地流转市场规范化。整合土地政策管理机构、健全土地法律法规，实现城乡土地优化配置。发挥政府职能，成立专门办理土地流转的政府部门，探索高效规范的土地流转业务处理流程，提高土地流转效率，实现土地资源合理利用。关注土地流转过程中的纠纷问题，为土地流转的双方提供法律援助，完善土地纠纷司法救助并制定土地利用问责制度，保障土地使用者的合法权益。加快推进农民工市民化政策，解决城市常住人口与户籍人口的缺口问题，保证土地城镇化与人口城镇化步调一致，实现城乡土地优化配置。

最后，促进土地利用集约化，发挥空间集聚效应。加快土地流转制度改革步伐，提高城市土地集约化水平，严格贯彻落实土地保护制度，保证耕地和农民的土地产权不受侵犯。解决城市化过程中出现的城市用地挤占农业用地情况，降低城市建设用地的扩张速度，提高土地利用率，使得城市在现有的空间范围内能够容纳更多的企业和人口。完善土地利用管理机制，制定有利于发挥集聚效应的土地政策，对土地进行科学管理和规划，建立紧凑型城市，提高城市空间密度，同时建立起保护耕地和提高土地使用效率的长效机制。通过加强立体化的交通，如高架桥、地铁等，以及公共交通等基础设施建设，优化城市交通体系，降低城市拥堵现象发生概率，合理规划城市空间。

五、转变社会管理方式，构建信息化管理服务平台

首先，转变社会管理方式，提升城市管理服务水平。社会管理方式是实现公共管理理念和目标的重要途径。长期以来，大多数地区仍然以自上而下的行政权力和行政手段进行管理，这种"指挥式""控制式"的管理方式难以适应市场经济的发展要求。随着社会主义市场经济的完善和发展，经济形式、分配格局、就业机制不断变革。经济效益提升的同时，单位体制变化、户籍制度改革等社会经济的进步举措给社会管理带来了新问题。应通过拓展社会管理与服务渠道，推进社会管理制度与方式创新，通过建立解决群众诉求的"绿色通道"、城市网格化管理体系、社会矛盾调解体系、外来人口管理服务体系、社会组织管理体系等一系列措施，在社会管理工作方面进行一系列创新与改进，使社会管理方式逐步由单一式的强制干预向沟通协调、积极引导的灵活化方式转变，提升社会管理水平，创造良好的就业创业环境。以社区、街道办事处或社会团体为基本单位举办社会活动，吸引农民工及其随迁家属积极参与，从家庭、学校、社区、社会组织等不同层面为农民工随迁子女建立起全方位的青少年服务模式，保障其学习、生活、心理等健康发展，实现随迁子女健康成长，缩短农民工及子女与城市社会的心理距离，使

农民工能尽快参与并融入城市生活中，在城市中安居乐业。

其次，加强城市流动人口管理，打造流动人口信息化管理综合服务平台。设立"城市病"预警管理机制。市区常住人口超过300万的城市加强人口预警管理，超过500万人的城市加强城市综合管理，超过1000万人的城市合理控制人口规模，对城市流动人口进行空间布局和合理疏导。将流动人口的服务管理纳入社会服务体系，建立健全科学的人口发展指标体系，构建人口资源共享数据库和人口动态监测评估机制。全面推进部门间人口信息共享制度，切实提高全员人口信息数据的覆盖率和准确率，科学检测和评估人口发展状况，及时发布人口总量、结构、分布预测和安全预警信息，为人口规划和宏观调控提供政策支持。

将流动人口信息化建设纳入政府信息化建设的规划，加大对流动人口信息的统计力度，充分发挥社区作用，对区域内流动人口定期普查，借助互联网技术对流动人口实行动态监测，实现人口管理信息化。统一流动人口管理标准，建立健全流动人口监督管理体系，完善流动人口管理法规政策，实现流动人口科学化和制度化管理。依托大数据、云计算等技术，建立流动人口综合服务平台，严格规范流动人口信息采集制度，实现流动人口在生育、教育、就业和保障等方面的信息采集有效衔接，为流动人口管理提供信息基础，实现流动人口信息监测全覆盖。

参 考 文 献

[1]《邓小平文选（第三卷）》，人民出版社 1993 年版。

[2]《国家新型城镇化规划（2014—2020 年）》，http：//politics. rmlt. com. cn/2014/0317/244361. shtml。

[3]《马克思恩格斯选集（第 1 卷）》，人民出版社 1972 年版。

[4]《马克思恩格斯选集（第 1 卷）》，人民出版社 1995 年版。

[5] 阿玛蒂亚·森：《以自由看待发展》，任赜、于真译，中国人民大学出版社 2002 年版。

[6] 埃比尼泽·霍华德：《明日的田园城市》，金经元译，商务印书馆 2000 年版。

[7] 艾伯特·赫希曼：《经济发展战略》，曹征海、潘照东译，经济科学出版社 1991 年版。

[8] 敖丽红、韩远、贺翔：《中国新型城镇化发展与供给侧结构性改革的路径研究》，载《中国软科学》2016 年第 11 期。

[9] 白贵：《我国公共福利差距的测定及影响因素研究》，载《财经理论研究》2016 年第 1 期。

[10] 白先春：《我国城市化进程的计量分析与实证研究》，南京财经大学博士学位论文，2004 年。

[11] 蔡昉、杨涛：《城乡收入差距的政治经济学》，载《中国社会科学》2000 年第 4 期。

[12] 曹飞：《新型城镇化质量测度、仿真与提升》，载《财经科学》2014 年第 12 期。

[13] 曹飞：《中国省域新型城镇化质量动态测度》，载《北京理工

大学学报（社会科学版）》2017 年第 3 期。

[14] 曹广忠、马嘉文：《中国城镇化与非农化的空间分异、相互关系和形成机制》，载《地理研究》2016 年第 12 期。

[15] 曹裕、陈晓红、马跃如：《城市化、城乡收入差距与经济增长——基于我国省级面板数据的实证研究》，载《统计研究》2010 年第 3 期。

[16] 曾红萍：《城市化路径的实践与反思：从就地城镇化到激进城市化》，载《西北农林科技大学学报：社会科学版》2015 年第 15 期。

[17] 曾鹏、向丽：《农业转移人口就近城镇化意愿的地区差异》，载《人口与经济》2017 年第 4 期。

[18] 曾鹏、向丽：《中西部地区人口就近城镇化意愿的代际—性别差异研究》，载《统计与信息论坛》2017 年第 11 期。

[19] 陈辉民、徐运保：《高等教育、城市化与经济水平相关性研究》，载《现代教育管理》2016 年第 3 期。

[20] 陈利、朱喜钢：《中国城镇化的地域非均衡及其动态演进——来自基尼系数及核密度估计的经验证据》，载《统计与信息论坛》2017 年第 5 期。

[21] 陈明星、陆大道、张华：《中国城市化水平的综合测度及其动力因子分析》，载《地理学报》2009 年第 64 期。

[22] 陈强、胡雯、鲍悦华：《城市发展质量及其测评：以发展观为主导的演进历程》，载《经济社会体制比较》2014 年第 3 期。

[23] 陈硕、高琳：《央地关系：财政分权的度量及作用机制再评估》，载《管理世界》2012 年第 6 期。

[24] 陈锡文：《以新型城镇化与新农村建设双轮推进城乡一体化》，载《求索》2017 年第 11 期。

[25] 陈曦：《城乡基础养老保险一元化缴费率研究》，辽宁大学博士学位论文，2015 年。

[26] 陈英姿、王一帆：《我国新型城镇化战略中的循环经济建设研究》，载《人口学刊》2015 年第 6 期。

［27］陈甫军、景普秋：《中国新型城市化道路的理论及发展目标预测》，载《经济学动态》2008 年第 9 期。

［28］陈友华：《理性化、城市化与城市病》，载《北京大学学报（哲学社会科学版）》2016 年第 6 期。

［29］程莉、周宗社：《结构偏差、滞后城市化与城乡收入差距》，载《经济经纬》2014 年第 1 期。

［30］褚丽娟、孙成伍：《我国城市化水平的空间相关性及影响机制》，载《经济问题》2015 年第 11 期。

［31］崔裴、李慧丽：《城市化与产业结构升级的两种模式》，载《城市问题》2012 年第 6 期。

［32］崔宇明、代斌、王萍萍：《城镇化、产业集聚与全要素生产率增长研究》，载《中国人口科学》2013 年第 4 期。

［33］戴金辉、孙小素：《城镇化水平与城镇居民生活质量协调发展的测度》，载《统计与决策》2016 年第 23 期。

［34］单良、韩放、宋关东：《我国人口半城镇化空间差异的多尺度分析》，载《中国软科学》2017 年第 5 期。

［35］党兴华：《关中地区城市化水平地域差异及影响因素分析》，载《当代经济科学》2005 年第 1 期。

［36］德力格尔、袁家冬、李媛媛：《东北老工业基地城镇化发展水平的绩效评价与驱动机制研究——以吉林省为例》，载《资源开发与市场》2016 年第 12 期。

［37］杜传忠、郭树龙：《中国产业结构升级的影响因素分析——兼论后金融危机时代中国产业结构升级的思路》，载《广东社会科学》2011 年第 4 期。

［38］杜鹏、王彦庚：《银川—吴忠空间相互作用研究》，载《宁夏社会科学》2003 年第 3 期。

［39］段浩、许偲炜：《新型城镇化中的"人地钱"挂钩制度：回应、困境与完善》，载《农村经济》2018 年第 10 期。

［40］段瑞君、安虎森：《中国城市化和经济增长关系的计量分

析》，载《经济问题探索》2009年第3期。

[41] 樊纲、余晖：《长江和珠江三角洲城市化质量研究》，中国经济出版社，2010年版。

[42] 范毅、冯奎：《行政区划调整与城镇化发展》，载《经济社会体制比较》2017年第6期。

[43] 方创琳、刘晓丽、蔺雪芹：《中国城市化发展阶段的修正及规律性分析》，载《干旱区地理》2008年第4期。

[44] 方创琳、王德利：《中国城市化发展质量的综合测度与提升路径》，载《地理研究》2011年第11期。

[45] 方齐云、许文静：《新型城镇化建设对绿色经济效率影响的时空效应分析》，载《经济问题探索》2017年第10期。

[46] 冯娟、蒋团标：《中国广西北部湾经济区的城镇化质量与规模评价——基于熵权法》，载《技术经济》2017年第12期。

[47] 弗朗索瓦·佩鲁：《新发展观》，张宁、丰子义译，华夏出版社1987年版。

[48] 干春晖、余典范：《城市化与产业结构的战略性调整和升级》，载《上海财经大学学报（哲学社会科学版)》2013年第4期。

[49] 戈艳霞：《中国的城镇化如何影响生育率？——基于空间面板数据模型的研究》，载《人口学刊》2015年第3期。

[50] 辜胜阻、刘磊、李睿：《新型城镇化下的职业教育转型思考》，载《中国人口科学》2015年第5期。

[51] 辜胜阻、郑超、曹誉波：《大力发展中小城市推进均衡城镇化的战略思考》，载《人口研究》2014年第4期。

[52] 郭东杰、王晓庆：《经济开放与人口流动及城镇化发展研究》，载《中国人口科学》2013年第5期。

[53] 郭远智、周扬、成天婵、刘彦随：《浙江省县域人口城镇化解构及其类型划分》，载《经济地理》2018年第10期。

[54] 国家城调总队福建省城调队课题组：《建立中国城市化质量评价体系及应用研究》，载《统计研究》2005年第7期。

[55] 韩峰、洪联英、文映：《生产性服务业集聚推进城市化了吗?》，载《数量经济技术经济研究》2014 年第 12 期。

[56] 韩增林、温秀丽、刘天宝：《中国人口半城镇化率时空分异特征及影响因素》，载《经济地理》2017 年第 11 期。

[57] 何富彩、李怀：《城市化背景下财政支出结构对城乡居民收入差距的影响》，载《上海经济研究》2016 年第 12 期。

[58] 何文举、邓柏盛、阳志梅：《基于"两型社会"视角的城市化质量研究——以湖南为例》，载《财经理论与实践》2009 年第 11 期。

[59] 和立道：《医疗卫生基本公共服务的城乡差距及均等化路径》，载《财经科学》2011 年第 12 期。

[60] 侯慧丽：《城市公共服务的供给差异及其对人口流动的影响》，载《中国人口科学》2016 年第 1 期。

[61] 侯亚杰：《户口迁移与户籍人口城镇化》，载《人口研究》2017 年第 4 期。

[62] 黄璜、杨贵庆等：《"后乡村城镇化"与乡村振兴——当代德国乡村规划探索及对中国的启示》，载《城市规划》2017 年第 11 期。

[63] 黄庆华、周志波、陈丽华：《新型城镇化发展模式研究：基于国际比较》，载《宏观经济研究》2016 年第 12 期。

[64] 纪春艳、张学浪：《新型城镇化中农业转移人口市民化的成本分担机制建构——以利益相关者、协同理论为分析框架》，载《农村经济》2016 年第 11 期。

[65] 简新华、罗钜钧、黄锟：《中国城镇化的质量问题和健康发展》，载《当代财经》2013 年第 9 期。

[66] 金浩、李瑞晶、李媛媛：《基于 ESDA – GWR 的三重城镇化协调性空间分异及驱动力研究》，载《统计研究》2018 年第 1 期。

[67] 考斯塔·艾斯平—安德森：《福利资本主义的三个世界》，郑秉文译，法律出版社 2003 年版。

[68] 孔晓妮、邓峰：《人口城市化驱动经济增长机制的实证研究》，载《人口与经济》2015 年第 6 期。

[69] 孔燕：《党的领导核心对城乡关系理论的探索》，载《世纪桥》2008 年第 5 期。

[70] 拉尼斯、费景汉：《经济发展理论》，载《美国经济评论》1961 年第 4 期。

[71] 蓝庆新、陈超凡：《新型城镇化推动产业结构升级了吗？——基于中国省级面板数据的空间计量研究》，载《财经研究》2013 年第 12 期。

[72] 雷潇雨、龚六堂：《城镇化对于居民消费率的影响：理论模型与实证分析》，载《经济研究》2014 年第 6 期。

[73] 李爱民：《中国半城镇化研究》，载《人口研究》2013 年第 4 期。

[74] 李宝芳：《新型城镇化背景的人口迁徙趋向》，载《重庆社会科学》2017 年 5 期。

[75] 李宝礼、胡雪萍：《城镇化、要素禀赋与城市产业结构升级——基于中国 345 个城市的空间计量分析》，载《贵州财经大学学报》2016 年第 3 期。

[76] 李彬、韩增林、张坤领：《辽宁省城市化质量与速度协调状况分析》，载《城市问题》2015 年第 5 期。

[77] 李春生：《城镇化对产业结构升级的作用机制与实证分析》，载《经济问题探索》2018 年第 1 期。

[78] 李春生：《中国两个城镇化率之差的内涵、演变、原因及对策》，载《城市问题》2018 年第 1 期。

[79] 李恩平：《城市化时间路径曲线的推导与应用——误解阐释与研究拓展》，载《人口研究》2014 年第 3 期。

[80] 李逢春：《中国对外直接投资推动产业升级的区位和产业选择》，载《国际经贸探索》2013 年第 2 期。

[81] 李光钰：《城镇化视阈下环境问题对社会稳定的影响研究》，载《理论学刊》2016 年第 6 期。

[82] 李国正、王超、刘丽：《取消农业户口背景下农民工定居意愿与户籍人口城镇化研究》，载《广西社会科学》2017 年第 4 期。

［83］李金昌、程开明：《中国城市化与经济增长的动态计量分析》，载《财经研究》2006年第9期。

［84］李具恒、张美玲：《新型城镇化的逻辑：发于人口归于人本》，载《西北人口》2017年第6期。

［85］李凯、刘涛、曹广忠：《中国省区城镇化空间格局与驱动力演变》，载《城市发展研究》2018年第6期。

［86］李明秋、郎学彬：《城市化质量的内涵及其评价指标体系的构建》，载《中国软科学》2010年第12期。

［87］李琪、安树伟：《中国地级及以上城市的城市化质量比较研究》，载《经济论坛》2012年第12期。

［88］李淑娟、高红旗：《基于AHP的城市化水平综合测度体系研究——以青岛市为例》，载《科技管理研究》，2011年第11期。

［89］李铁、徐勤贤：《城镇化视角下的人口发展》，载《人口研究》2017年第1期。

［90］李婷：《威廉姆逊的倒"U"型理论》，http：//www. study365. cn/baike/57819. html。

［91］李通屏、程胜、倪琳、钱佳：《中国城镇化的消费效应研究》，载《中国人口科学》2013年第3期。

［92］李拓、李斌：《中国跨地区人口流动的影响因素——基于286个城市面板数据的空间计量检验》，载《中国人口科学》2015年第2期。

［93］李许卡、杨天英、曾瑶：《服务业对城镇化效率的影响机理探析》，载《上海经济研究》2017年第12期。

［94］李勇辉、英成金、罗蓉：《保障性住房有效推动了人口城镇化吗——基于土地财政的视角》，载《广东财经大学学报》2017年第5期。

［95］李玉梅、童玉芬：《我国城镇化进程中劳动力资源变动趋势模拟研究》，载《人口与发展》2015年第2期。

［96］李振、王晓煜：《城镇化对金融杠杆的动态影响探析》，载

《现代管理科学》2016 年第 12 期。

[97] 梁书民：《中国城镇化区域差异的原因分析与发展对策》，载《人口与发展》2015 年第 2 期。

[98] 蔺雪芹、王岱、任旺兵、刘一丰：《中国城镇化对经济发展的作用机制》，载《地理研究》2013 年第 4 期。

[99] 刘成坤、本宝伟、赵昕东：《就业、城镇化、城乡收入差距与中国的人口增长》，载《西北人口》2017 年第 6 期。

[100] 刘国斌、韩世博：《人口集聚与城镇化协调发展研究》，载《人口学刊》2016 年第 2 期。

[101] 刘敏、顾严：《加快提高户籍人口城镇化率的空间情景》，载《经济体制改革》2017 年第 3 期。

[102] 刘琼、杜晓航、盛业旭：《基于阶段对比的中国人口城镇化与土地城镇化协调关系》，载《中国人口·资源与环境》2018 年第 1 期。

[103] 刘瑞明、石磊：《中国城市化迟滞的所有制基础：理论与经验证据》，载《经济研究》2015 年第 4 期。

[104] 刘士林：《新型城镇化与中国城市发展模式的文化转型》，载《学术月刊》2014 年第 7 期。

[105] 刘素冬：《对我国城市化质量的深度思考》，载《苏州科技学院学报（社会科学版）》2006 年第 1 期。

[106] 刘田：《中国城乡收入差距收敛性及倒 U 形检验》，载《当代经济科学》2013 年第 1 期。

[107] 刘晓靖：《罗尔斯的"差别原则"及其当代意义》，载《河南师范大学学报（哲学社会科学版）》2007 年第 2 期。

[108] 刘艳春、孙凯：《基于分位数回归的辽宁省城市化动力因子分析研究》，载《经济问题探索》2016 年第 10 期。

[109] 刘艳军、李诚固、孙迪：《区域中心城市城市化综合水平评价研究——以 15 个副省级城市为例》，载《经济地理》2006 年第 3 期。

[110] 刘耀彬：《城市化与生态环境的耦合机制及调控研究》，经济科学出版社 2007 年版。

［111］刘志彪：《以城市化推动产业转型升级——兼论"土地财政"在转型时期的历史作用》，载《学术月刊》2010 年第 10 期。

［112］龙晓君、郑健松：《全面二孩背景下中国省际人口迁移格局预测及城镇化效应》，载《地理科学》2018 年第 3 期。

［113］卢泰宏、贺和平：《渠道理论中的"相互依赖"新模式》，载《财贸经济》2004 年第 12 期。

［114］陆大道：《区位论及区域研究方法》，科学出版社 1988 年版。

［115］路琪、周洪霞：《人口流动视角下的城镇化分析》，载《宏观经济研究》2014 年第 12 期。

［116］罗知、万广华、张勋、李敬：《兼顾效率与公平的城镇化：理论模型与中国实证》，载《经济研究》2018 年第 7 期。

［117］吕连菊、阚大学：《城镇化对能源消费的非线性影响研究——基于 PSTR 模型》，载《软科学》2016 年第 12 期。

［118］马孝先：《中国城镇化的关键影响因素及其效应分析》，载《中国人口·资源与环境》2014 年第 12 期。

［119］马子量、郭志仪、马丁丑：《空间交互视角下的中国省级区域城市化进程分析》，载《中国人口科学》2014 年第 5 期。

［120］马子量、郭志仪：《城市化发展中的产业升级：集聚推动、溢出效应与空间衰减——基于西北地区的空间计量》，载《统计与信息论坛》2016 年第 2 期。

［121］孟繁瑜、李呈：《中国城镇化与新农村建设协调统一发展研究——国家土地政策的负外部性路径依赖分析与破解》，载《中国软科学》2015 年第 5 期。

［122］孟向京、姜凯迪：《城镇化和乡城转移对未来中国城乡人口年龄结构的影响》，载《人口研究》2018 年第 2 期。

［123］穆怀中、丁梓楠：《产业层次的初次分配福利系数研究》，载《中国人口科学》2011 年第 3 期。

［124］穆怀中、范洪敏：《城市化对环境质量的影响——基于 27 个国家面板数据的分析》，载《城市问题》2016 年第 9 期。

[125] 穆怀中、沈毅：《中国农民养老生命周期补偿理论及补偿水平研究》，载《中国人口科学》2012 年第 2 期。

[126] 穆怀中、王珍珍：《高等教育人力资本对人口城镇化的门槛效应研究》，载《人口与发展》2017 年第 6 期。

[127] 穆怀中、王珍珍：《高等教育人力资本与包容性城镇化》，载《经济经纬》2017 年第 5 期。

[128] 穆怀中：《城乡社会保障体系建设中的"生存公平"问题》，中国社会保障网，2007 年 9 月 22 日。

[129] 穆怀中：《社保体系建设应遵循"生存公平"原则》，载《中国改革报》2007 年 9 月 28 日。

[130] 穆兰：《基于因子—聚类分析的四川省区域城市化水平综合测度研究》，载《经济研究导刊》2012 年第 25 期。

[131] 倪国华、蔡昉：《膨胀还是坍塌：城镇化对育龄妇女生育规划的影响研究》，载《中国软科学》2015 年第 6 期。

[132] 聂伟、风笑天：《城镇化：概念、目标、挑战与路径》，载《学术界》2014 年第 9 期。

[133] 牛慧恩：《城市化水平测度方法与实证研究——以深圳市特区外地区为例》，载《城市规划》2003 年第 11 期。

[134] 潘锦云、姜凌、丁羊林：《城镇化制约了工业化升级发展吗——基于产业和城镇融合发展的视角》，载《经济学家》2014 年第 9 期。

[135] 彭文成、谢广岭：《中国城市化过程中城乡社会福利水平差距的研究》，载《企业导报》2011 年第 10 期。

[136] 彭宇文、谭凤连、谌岚、李亚诚：《城镇化对区域经济增长质量的影响》，载《经济地理》2017 年第 8 期。

[137] 皮垂燕、王宏道：《我国城市化的质量分析》，载《统计与决策》2007 年第 19 期。

[138] 齐红倩、席旭文、刘岩：《福利约束与农业转移人口逆城镇化倾向》，载《中国人口·资源与环境》2018 年第 1 期。

［139］霍利斯·钱纳里、莫尔赛斯·赛尔昆：《发展的格局》，李小青等译，中国财政经济出版社 1989 年版。

［140］乔根森：《农业剩余劳动二元经济的发展》，载《牛津经济论文》1967 年第 3 期。

［141］秦佳、李建民：《中国人口城镇化的空间差异与影响因素》，载《人口研究》2013 年第 2 期。

［142］秦腾、章恒全等：《城镇化进程中居民消费对水资源消耗的影响效应研究》，载《软科学》2016 年第 12 期。

［143］青连斌：《关于新型城镇化与社会建设》，载《人民论坛》2017 年第 14 期。

［144］任媛、张悦：《新型城市化战略下的住房问题探讨——以农民工为视角》，载《经济体制改革》2016 年 6 期。

［145］戎爱萍、郭卫东：《人口迁移与新型城镇化发展研究》，载《经济问题》2014 年第 8 期。

［146］施建刚、王哲：《中国城市化与经济增长关系实证分析》，载《城市问题》2011 年第 9 期。

［147］史育龙、申兵、刘保奎、欧阳慧：《对我国城镇化速度及趋势的再认识》，载《宏观经济研究》2017 年第 8 期。

［148］斯塔西·亚当斯：《社会交换中的不公平》，商务印书馆 2008 年版。

［149］宋丽敏：《城镇化会促进产业结构升级吗？—— 基于 1998 - 2014 年 30 省份面板数据实证分析》，载《经济问题探索》2017 年第 8 期。

［150］宋丽敏：《中国人口城市化水平预测分析》，载《辽宁大学学报》2007 年第 335 期。

［151］宋小芬：《产业结构演进的一般性与多样性——一个一般性原理及对中国工业化的分析》，暨南大学博士学位论文，2008 年。

［152］苏红键、魏后凯：《改革开放 40 年中国城镇化历程、启示与展望》，载《改革》2018 年第 11 期。

[153] 苏剑、贺明之：《对中国城镇化进程的一个定量解读》，载《经济学动态》2013 年第 9 期。

[154] 苏素、朱家庆：《基于基尼系数的公共福利分配地区公平性研究》，载《经济纵横》2008 年第 22 期。

[155] 孙华民、王磊：《人口城镇化与土地城镇化协调性研究——基于产业支撑视角》，载《财经问题研究》2017 年第 12 期。

[156] 孙猛、许世存：《流动人口就业收入的禀赋效应与地区效应分析》，载《人口学刊》2018 年第 40 期。

[157] 孙中伟：《农民工大城市定居偏好与新型城镇化的推进路径研究》，载《人口研究》2015 年第 5 期。

[158] 谭清美、夏后学：《市民化视角下新型城镇化与产业集聚耦合效果评判》，载《农业技术经济》2017 年第 4 期。

[159] 谭鑫、皮亚彬：《城市化质量测度及其影响因素分析》，载《生态经济》2016 年第 6 期。

[160] 檀学文：《稳定城市化——一个人口迁移角度的城市化质量概念》，载《中国农村观察》2012 年第 1 期。

[161] 陶小马、陈旭：《再论我国大城市化的现实意义、发展目标和应对策略》，载《城市规划学刊》2013 年第 6 期。

[162] 佟新华：《吉林省人口城市化与产业结构的动态关系研究》，载《人口学刊》2015 年第 4 期。

[163] 涂丽、乐章：《城镇化与中国乡村振兴：基于乡村建设理论视角的实证分析》，载《农业经济问题》2018 年第 11 期。

[164] 万广华：《城镇化与不均等：分析方法和中国案例》，载《经济研究》2013 年第 5 期。

[165] 王朝明、马文武：《中国城镇化进程中的贫困问题：按要素分解分析》，载《中国人口·资源与环境》2014 年第 10 期。

[166] 王春光：《我国城镇化发展的"量"与"质"》，载《人民论坛》2018 年第 18 期。

[167] 王德利、方创琳：《城市化发展质量研究进展与展望》，载

《现代城市研究》2012 年第 7 期。

[168] 王德利、方创琳：《基于城市化质量的中国城市化发展速度判定分析》，载《地理科学》2010 年第 5 期。

[169] 王德利：《中国城市群城镇化发展质量的综合测度与演变规律》，载《中国人口科学》2018 年第 1 期。

[170] 王锋、秦豫徽、刘娟、吴从新：《多维度城镇化视角下的碳排放影响因素研究——基于中国省域数据的空间杜宾面板模型》，载《中国人口·资源与环境》2017 年第 9 期。

[171] 王家庭、唐袁：《我国城市化质量测度的实证研究》，载《财经问题研究》2009 年第 12 期。

[172] 王建康、谷国锋等：《人力资本集聚对我国新型城镇化的影响——以 2000～2012 年省级面板数据为例》，载《人口与发展》2015 年第 4 期。

[173] 王建顺、林李月、朱宇、柯文前：《典型城镇化地区流动人口流动模式转变及其影响因素——以福建省为例》，载《南方人口》2018 年第 6 期。

[174] 王金营、李佳黛：《京津冀各市新型城镇化发展评价——基于京津冀协同发展的考察》，载《人口与经济》2017 年第 6 期。

[175] 王金营：《经济发展中人口城市化与经济增长相关分析比较研究》，载《中国人口·资源与环境》2003 年第 5 期，第 52～58 页。

[176] 王康、孙健、周淑芬：《中国城镇化水平、劳动贡献率与经济增长区域差异性的实证研究——基于省级面板数据的分析》，载《人口与发展》2017 年第 2 期。

[177] 王立新、刘松柏：《经济增长、城镇化与环境污染——基于空间联立方程的经验分析》，载《南方经济》2017 年第 10 期。

[178] 王丽艳、郑丹、游斌：《实现人口城镇化与土地城镇化良性互动发展问题研究》，载《当代经济研究》2014 年第 12 期。

[179] 王倩：《新型城镇化背景下农民工随迁子女教育融入研究》，载《广西社会科学》2016 年第 12 期。

[180] 王守坤：《空间计量模型中权重矩阵的类型与选择》，载《经济数学》2013 年第 3 期。

[181] 王小鲁、夏小林：《优化城市规模推动经济增长》，载《经济研究》1999 年第 9 期。

[182] 王小鲁：《中国城市化路径与城市规模的经济学分析》，载《经济研究》2010 年第 10 期。

[183] 王晓丽：《中国人口城镇化质量研究》，南开大学博士学位论文，2013 年。

[184] 王晓云、杨秀平、张雪梅：《基于 DEA - Tobit 两步法的城镇化效率评价及其影响因素——从人口城镇化与土地城镇化协调发展的视角》，载《生态经济》2017 年第 5 期。

[185] 王业强、魏后凯：《大城市效率锁定与中国城镇化路径选择》，载《中国人口科学》2018 年第 2 期。

[186] 王瑜、崔馨月、陈传波、汪三贵：《农民工跨越市民化经济门槛分析——基于生活工资 Anker 法的新测量工具》，载《经济地理》2018 年第 9 期。

[187] 王玉波、姚双双：《土地财政与城镇化关系时空差异研究》，载《华中农业大学学报（社会科学版）》2017 年第 3 期。

[188] 王钰：《城市化质量的统计分析与评价——以长三角为例》，载《中国城市经济》2011 年 20 期。

[189] 王玥：《基于城乡迁移劳动力的养老保险制度对接研究》，辽宁大学博士学位论文，2012 年。

[190] 王智勇：《中国的城乡划分与城镇化评估——基于国际比较的视角》，载《人口与经济》2018 年第 2 期。

[191] 魏学海、王岳龙：《城市化、创新与全要素生产率增长——基于省际面板数据的经验研究》，载《财经科学》2010 年第 3 期。

[192] 温涛、王汉杰、韩佳丽：《城镇化有效驱动了居民消费吗？——兼论人口城镇化与空间城镇化效应》，载《中国行政管理》2017 年第 10 期。

[193] 吴宾、夏艳霞：《农业转移人口市民化研究热点述评——基于共词分析视角》，载《湖南农业大学学报（社会科学版）》2017年第2期。

[194] 吴福象、沈浩平：《新型城镇化、创新要素空间集聚与城市群产业发展》，载《中南财经政法大学学报》2013年第4期。

[195] 吴垠：《中国城镇化的供给侧结构性改革——一个政治经济学分析框架》，载《政治经济学评论》2017年第8期。

[196] 伍骏骞、何伟、储德平、严予若：《产业集聚与多维城镇化异质性》，载《中国人口·资源与环境》2018年第5期。

[197] 西奥多·舒尔茨：《经济增长与农业》，郭熙保等译，北京经济学院出版社1991年版。

[198] 辛宝英：《农业转移人口市民化成本障碍及其对策研究——以农村土地流转为视角》，载《马克思主义与现实》2017年第6期。

[199] 熊俊：《对中国城市化水平国际比较中若干问题的探讨——兼论中国城市化水平的滞后性》，载《中国人口科学》2009年第6期。

[200] 熊湘辉、徐璋勇：《中国新型城镇化水平及动力因素测度研究》，载《数量经济技术经济研究》2018年第2期。

[201] 徐学强、周一星、宁越敏：《城市地理学》，高等教育出版社2000年版。

[202] 许经勇：《我国城市化的目标：城乡一体化》，载《马克思主义与现实》2006年第6期。

[203] 薛俊菲、陈雯、张蕾：《中国市域综合城市化水平测度与空间格局研究》，载《经济地理》2010年第30期。

[204] 颜姜慧、朱舜：《农村人口转移趋势及空间指向研究》，载《中国人口·资源与环境》2017年第5期。

[205] 颜鹏飞、唐轶昂：《我国居民收入分配差距研究——兼评库兹涅茨的"倒U理论"》，载《福建论坛经济社会版》2002年第3期。

[206] 杨海军、肖灵机、邹泽清：《工业化阶段的判断标准：霍夫曼系数法的缺陷及其修正——以江西、江苏为例的分析》，载《财经论

丛》2008 年第 2 期。

[207] 杨菊华：《新型城镇化背景下户籍制度的"双二属性"与流动人口的社会融合》，载《中国人民大学学报》2017 年第 4 期。

[208] 杨立助：《城市化与城市发展战略》，广东高等教育出版社 1999 年版。

[209] 杨连星、张杰：《城镇化质量指标体系的评价研究》，载《现代管理科学》2015 年第 5 期。

[210] 杨青青、潘杰义、李燕：《基于熵值法的城市竞争力评价》，载《统计与决策》2008 年第 9 期。

[211] 杨新华：《新型城镇化的本质及其动力机制研究——基于市场自组织与政府他组织的视角》，载《中国软科学》2015 年第 4 期。

[212] 杨迎春、刘江华：《推进新型城镇化建设应加强对能源的集约利用》，载《经济纵横》2014 年第 1 期。

[213] 杨振生：《就近城镇化研究：可行性分析、实践探索与运行启示》，载《山东社会科学》2017 年第 5 期。

[214] 游士兵、任静儒、赵雨：《我国人口老龄化加速发展对城市化发展速度的影响》，载《中国人口·资源与环境》2016 年第 6 期。

[215] 于涛方：《中国地级城市城市化质量与水平关系及变迁：基于人口普查的分析》，中国城市经济学会年会暨"新常态下中国城镇化及城市发展的新思路"研讨会会议论文，2015 年 6 月。

[216] 余壮雄、李莹莹：《资源配置的"跷跷板"：中国的城镇化进程》，载《中国工业经济》2014 年第 11 期。

[217] 袁博、刘凤朝：《技术创新、FDI 与城镇化的动态作用机制研究》，载《经济学家》2014 年第 10 期。

[218] 袁晓玲、王霄、何维炜等：《对城市化质量的综合评价分析——以陕西省为例》，载《城市发展研究》2008 年第 2 期。

[219] 张车伟、张士斌：《中国初次收入分配格局的变动与问题——以劳动报酬占 GDP 份额为视角》，载《中国人口科学》2010 年第 5 期。

[220] 张桂文：《从古典二元论到理论综合基础上的转型增长——

二元经济理论演进与发展》，载《当代经济研究》2011年第8期。

[221] 张绘：《城镇化进程中促进西部地区经济可持续发展的策略》，载《经济纵横》2017年第9期。

[222] 张锦宗、朱瑜馨、周杰：《人口—经济对中国城市化的影响分析》，载《人口与经济》2009年第1期。

[223] 张力：《基于模糊层次分析法对大连市城市化水平综合测度》，载《经济研究导刊》，2010年第26期。

[224] 张莉：《面向公共政策的城乡划分与城镇人口统计》，载《城市发展研究》2018年第6期。

[225] 张明斗、孙振华：《城市化水平的综合测度及空间效应研究》，载《财经问题研究》2015年第10期。

[226] 张鹏岩、杨丹、李二玲、李颜颜：《人口城镇化与土地城镇化的耦合协调关系——以中原经济区为例》，载《经济地理》2017年第8期。

[227] 张士杰、李勇刚：《城镇化质量、动力因子与新型城镇化的路径选择——基于中部六省的实证研究》，载《华东经济管理》2016年第12期。

[228] 张卫、糜志雄：《我国新型城镇化的发展趋势、挑战及对策》，载《宏观经济管理》2018年第8期。

[229] 张卫东、石大千：《基础设施建设对人口城市化水平的影响》，载《城市问题》2015年第11期。

[230] 张晓琴、谢煜：《县域城镇化发展：生态理念、耦合机理及其实现路径》，载《农林经济管理学报》2016年第6期。

[231] 张秀生、卫鹏鹏：《区域经济理论》，武汉大学出版社2005年版。

[232] 张妍、黄志龙：《中国城市化水平和速度的再考察》，载《城市发展研究》2010年第11期。

[233] 张杨波：《新型城镇化、扩大内需与消费升级》，载《浙江学刊》2017年第3期。

［234］张耀军、柴多多：《京津冀县域人口城镇化时空格局及驱动力研究》，载《人口研究》2017年第5期。

［235］张跃胜：《中国城市化水平空间异质性与收敛性测度》，载《城市问题》2016年第7期。

［236］张臻汉、张彦通：《低碳发展与中国城市化发展模式》，载《兰州大学学报：社会科学版》2012年第40期。

［237］张宗军、孙祁祥：《外生型城镇化发展的驱动机制与融资路径转换——基于SDM的实证检验》，载《经济科学》2018年第5期。

［238］赵家羚、姜安印：《生产性服务业集聚对城镇化的影响——基于中国35个大中城市面板数据的分析》，载《城市问题》2016年第11期。

［239］赵武、蔡宏波：《我国农村劳动力流动现状研究——关于托达罗人口流动模型的理论修正》，载《郑州航空工业管理学院学报（社会科学版)》2007年第2期。

［240］郑秉文：《拉美城市化的教训与中国城市化的问题——"过度城市化"与"浅度城市化"的比较》，载《中国党政干部论坛国外理论动态》2011年第7期。

［241］郑继承：《新型城镇化推进与区域经济发展的关系研究——基于云南省际数据的实证分析》，载《经济问题探索》2015年第9期。

［242］郑颀：《中国城市化与经济增长协调性研究》，首都经济贸易大学硕士学位论文，2012年。

［243］郑亚平、聂锐：《从城市化质量认识省域经济发展差距》，载《重庆大学学报（社会科学版)》2007年第5期。

［244］钟荣桂、吕萍、于璐源：《中国城镇化进程中城乡住房融合研究——一个文献综述》，载《经济问题探索》2017年第10期。

［245］钟水映：《人口流动与社会经济发展》，武汉大学出版社2000年版。

［246］周建国：《从"半城市化"到城市化：农民工城市化路径选择探究》，载《江西社会科学》2009年第11期。

［247］周丽萍：《中国人口城市化质量研究》，浙江大学博士学位论文，2011 年。

［248］周毅、李京文：《城市化发展阶段、规律和模式及趋势》，载《经济与管理研究》2009 年第 12 期。

［249］周振、孔祥智：《中国"四化"协调发展格局及其影响因素研究——基于农业现代化视角》，载《中国软科学》2015 年第 10 期。

［250］朱建华、陈曦、戚伟、陈田：《行政区划调整的城镇化效应——以江苏省为例》，载《经济地理》2017 年 4 期。

［251］朱健、徐雷、王辉：《人口城镇化发展与城乡人口老龄化的互动关系》，载《经济地理》2018 年第 10 期。

［252］朱勤、魏涛远：《中国人口老龄化与城镇化对未来居民消费的影响分析》，载《人口研究》2016 年第 6 期。

［253］朱要龙：《土地制度安排与半城镇化问题研究：分野、论争及引申》，载《中国人口·资源与环境》2018 年第 11 期。

［254］朱郁郁、闫岩、董淑敏：《人口高密度平原地区的城镇化路径探讨——基于安徽省北部地区的调研与实践》，载《城市规划学刊》2017 年第 8 期。

［255］Arellano, M. and Bover, O, Another Look at the Instrumental Variable Estimation of Error – components Models. *Journal of Econometrics*, Vol. 68, No. 1, 1995, pp. 67 – 75.

［256］Banister D, Barriers to the implementation of urban sustainability. *International Journal of Environment & Pollution*, Vol. 10, No. 1, 1998, pp. 65 – 83.

［257］Berry B. J., Internal structure of the city. *Law and Contemporary Problems*, Vol. 30, No. 1, 1965, pp. 111 – 119.

［258］Bertinellil and Black D., Urbanization and growth. *Journal of Urban Economics*, Vol. 56, No. 1, 2004, pp. 81 – 98.

［259］Black D. and Henderson V., Urban evolution in the USA. *Journal of Economic Geography*, Vol. 3, No. 4, 2003, pp. 343 – 372.

［260］Blundell，R. and S. Bond，Initial Conditions and Moment Restrictions in Dynamic Panel Data Models. *Journal of Econometrics*，Vol. 87，No. 1，1998，pp. 45 – 56.

［261］Bond，S. R. ，Dynamic Panel Data Models：A Guide to Micro Data Methods and Practice. *Portuguese Economic Journal*，Vol. 1，No. 2，2002，pp. 15 – 23.

［262］Brandon P. S. ，Lombardi P. L. and Bentivegna V. ，Evaluation of the built environment for sustainability. E & Fn Spon，1997，pp. 39 – 52.

［263］Carlino G. A. ，Chatterjee S. and Hunt R. M. ，Urban Density and Rate of Inventions. *Journal of Urban Economics*，Vol. 61，No. 3，2007，pp. 389 – 419.

［264］Caves D. ，Christensen L. and Diewert D. ，The economic theory of index numbers and the measurement of input，output and productivity. *Econometrica*，Vol. 50，1982，pp. 1394 – 1414.

［265］Ceyhun Elgin and Cem Oyvat，Lurking in the cities：Urbanization and the informal economy. *Structural Change and Economic Dynamics*，Vol. 27，2013，pp. 120 – 125.

［266］Chan K. W. ，Urbanization in China：what is the true urban population of China? Which is the largest city in China. *Unpublished Memo*，Vol. 5，2009，pp. 32 – 38.

［267］D. W. Johnson，The Functional Distribution of Income in the United States，1850 – 1952. *The Review of Economic and Statistics*，Vol. 36，No. 2，1954，pp. 175 – 182.

［268］E. E. Lampard，*Economic Development and Cultural Change*. Chicago：The University of Chicago Press，1955.

［269］E. G. Raventstein，The Laws of Migration. *Journal of the Statistical Society of London*，1985，pp. 167 – 235.

［270］Färe，R. ，Grosskopf，S. ，Norris，M. and Zhang，Z，Countries，Productivity Growth，Technical Progress and Efficiency Change in Industrialized Countries. *American Economic Review*, 1994, pp. 84.

[271] Fisher J. C. and Pry R. H. , A simple substitution model of technological change. *Technological Forecasting & Social Change*, Vol. 71, 1971, pp. 75 – 88.

[272] Guan, Xueling, Zhou, Min, Zhang and Ming. Using the ARDL – ECM Approach to Explore the Nexus Among Urbanization, Energy Consumption, and Economic Growth in Jiangsu Province, China. *Emerging Markets Finance & Trade*, Vol. 2, 2015, pp. 391 – 399.

[273] Harris, J. R. and Todaro M. P. , Migration, Unemployment and Development: A Two – sector Analysis. *American Economic Review*, No. 2, 1970, pp. 126 – 142.

[274] Holden E. , Ecological footprints and sustainable urban form. *Journal of Housing & the Built Environment*, Vol. 19, No. 1, 2004, pp. 91 – 109.

[275] Jabareen Y. R. , Sustainable Urban Forms Their Typologies, Models, and Concepts. *Journal of Planning Education & Research*, Vol. 26, No. 1, 2006, pp. 38 – 52.

[276] Jie Huo, Xu – Ming Wang, Ning Zhao and Rui Hao, Statistical characteristics of dynamics for population migration driven by the economic interests. *Physica A*, Vol. 451, 2016, pp. 123 – 134.

[277] Jorgenson D W, The Development of a Dual Economy. *Economic Journal*, Vol. 71, No. 282, 1961, pp. 309 – 334.

[278] Karmeshu, Demographic models of urbanization. *Environment and Planning B: Planning and Design*, Vol. 1155, No. 1, 1988, pp. 47 – 54.

[279] Klaus R. and Kunzmann. Urbanization in China: learning from Europe? A European perspective. *International Journal of Urban Sciences: Journal on Asian – Pacific Urban Studies and Affairs*, Vol. 2, 2015, pp. 119 – 135.

[280] Kolko J, Urbanization, Agglomeration, and Coagglomeration of Service Industries. *NBER Chapters*, 2010, pp. 151 – 180.

[281] Lee, Everett S. , A theory of migration. *Demography*, No. 1, 1996, pp. 47 – 57.

[282] LeSage J P, An introduction to spatial econometrics. *Revue d'économie industrielle*, Vol. 3, 2008, pp. 19 – 24.

[283] Lewis W. A. , Economic Development with Unlimited Supplies of Labor. *Manchester School of Economic Studies*, No. 2, 1954, pp. 139 – 191.

[284] Lucas Jr R, *Growth theory and Sustainable Development*. Cheltenham: Northampton MA, USA Edward Elgar, 1999, pp. 25 – 35.

[285] M. V. Licínio, A. C. Freitas, H. Evangelista, A. Costa – Goncalves, M. Miranda and A. S. Alencar, A high spatial resolution outdoor dose rate map of the Rio de Janeiro city, Brasil, risk assessment and urbanization effects. *Journal of Environmental Radioactivity*, Vol. 126, 2013, pp. 55 – 66.

[286] Markku Loytonen, The Box – Jenkins Forecast of HIV Seropositive Population in Finland 1991 – 1993. *Geografiska Annaler*, Vol. 73, No. 2, 1991, pp. 121 – 131.

[287] Michaels G. , Rauch F. and Redding S. J. , Urbanization and structural transformation. *The Quarterly Journal of Economics*, Vol. 127, No. 2, 2012, pp. 535 – 586.

[288] Miller and David, *Social Justice*, Oxford University, 1976.

[289] Nan Li, Ronald Lee and Shripad Tuljapurkar, Using the Lee – Carter Method to Forecast Mortality for Populations with Limited Data. *International Statistical Review*, Vol. 72, No. 1, 2004, pp. 19 – 36.

[290] Nickell, S. , Biases in Dynamic Models with Fixed Effects. *Econometric Journal of the Econometric Society*, Vol. 49, No. 6, 1981, pp. 56 – 67.

[291] Northam R. M. , *Urban Geography*. John Wiley & Sons, 1979, pp. 65 – 67.

[292] Perroux, F. Note sur la notion de " pôle de croissance ", Économie Appliquée, Vol. 7, 1995, pp. 307 – 320.

[293] Razin A. , Yuen C. W. , Factor mobility and income growth:

two convergence hypotheses. *Review of Development Economics*, Vol. 1, No. 2, 1997, pp. 171 – 190.

[294] Renaud B. , *National Urbanization Policy in Developing Countries*. New York: Oxford University Press, 1981, pp. 17 – 18.

[295] Richard R. Nelson, A theory of the low – level equilibrium trap in underdeveloped economies. *American Economic Review*, Vol 46, 1956, pp. 894 – 908.

[296] Stanley K. Smith and Terry Sincich, Stability Over Time in the Distribution of Population Forecast Errors. *Demography*, Vol. 25, No. 3, 1988, pp. 461 – 474.

[297] Taylor A. M. , Williamson J. G. , Convergence in the age of mass migration. *European Review of Economic History*, Vol. 1, No. 1, 1998, pp. 27 – 63.

[298] Tobler W. R. , A Computer Movie Simulating Urban Growth in the Detroit Region. *Economic Geography*, Vol. 46, No. 1, 1970, pp. 234 – 240.

[299] World Bank, Sharing Rising Incomes – Disparities in China. 1997.

后　　记

　　硕士研究生阶段提出了城市规模适度水平的核心思想及检验标准。采用熵－DEA方法从投入产出角度对不同等级的城市发展效率进行了比较分析；基于空间布局合理、要素结构优化、系统功能完善、人口与资源环境协调等视角对各规模层次的城市可持续发展能力进行了科学评价；利用位序规模分布模型对我国城市首位度水平进行了实证检验。研究发现，特大型城市在规模效率和可持续发展能力两个评价标准下均为最适宜发展类型，当时我国城市首位度不高，中小城市发展效率还存在改进空间。

　　攻读博士期间开始研究人口城市化与城镇就业的协同演化关系。通过对人口城市化与城镇就业发展的现实考察，采用队列要素法、城乡增长率差法预测了人口城市化对城镇劳动力供求均衡的促进效应，同时构建了城市化率决定模型，从就业规模和就业结构两个方面讨论了城镇就业对城市化水平的作用机制。立足于人口城市化与城镇就业协同优化目标，提出了经济增长方式转变、生育支持政策体系构建、人力资本教育投资及城乡劳动力市场统一等政策建议。论文创作正值孕期，其中细节不尽如人意，之后便是亲身抚育幼子的一段时光，就此"沉沦"，戏称人生"失去的六年"。

　　2013年申报并获得国家社科基金青年项目"中国人口城市化水平与质量协调发展研究"（项目编号：13CJL047）。项目获准立项，犹如强心剂注入，重新燃起了我的学术斗志，本书系项目最终成果的修订版。全书在系统梳理人口城市化水平与质量协调发展理论及研究成果的基础上，构建了人口城市化水平与质量协调发展数理模型，并利用我国经济发展现实数据进行了协调性检验，同时确立了人口城市化水平与质量协调发展的检验标准，依据人口、经济和社会发展趋势对我国未来人口城市化进行了阶段划分，明确了人口城市化发展理念、主要目标、基本原则、重点任务、实现机制及协调路径，为人口城市化健康持续发展提供了理论依据和数据支撑。

全书核心内容概括为"两翼、一主线、一载体、六模型、四标准、两目标、三效应、六机制、六路径"。本书立足于社会经济发展阶段，以人口城市化水平与质量为"两翼"，以人口城市化"量质权衡"为"主线"，以农村迁移劳动力为"载体"，构建人口城市化水平与质量协调发展"四模型"；以适度性、包容性、协调性和稳定性为检验"四标准"，以城乡平衡发展和高质量城市化为"两目标"，检验适度人口城市化的社会经济发展"三效应"，确立人口城市化水平与质量协调发展的"六机制"和"六路径"。

感谢恩师，笔者学术素养形成深受其益。恩师潜心学术，从不懈怠，从教五十载，著作等身，学术影响深远。恩师集才华与智慧于一身，诙谐幽默，疫情期间线上授课，经典"段子"此起彼伏，掀起了"马导热"。恩师淡泊名利，与世无争，如世外高人般超脱自在，得恩师教诲，吾等一生之幸。

感谢父母，重视子女学业成就和性格培养。父母抚育并供养兄妹三人完成学业，未曾举债一分，使得我们求学期间无忧无虑，身处陌生城市中亦不觉低人一等。感谢父母，身体力行传授为人持家之道：善良，勤勉，坚韧，包容与爱。

感谢学生，关键时期助我一臂之力。张夏峰、王冬梅、闫诗佳、程显扬、赵小莹、乔中娜、付华清、宋美瑾、王泽宇牺牲了大量宝贵时间，从文献资料搜集到数据整理分析，为我分担了极其重要的烦琐工作，期待你们都有好的前程。

感谢爱人，一路相持相惜。虽不善言辞，却依然能感知你的宽容与爱。超越凡尘的智慧与思想，我大抵能懂，理想与现实的较量中，我不如你。

正值笑着笑着就会哭的年纪，少了力气去争，但还是要忍不住努力。

宋丽敏

2020 年 6 月 6 日